1 Minato, ich verspüre durchaus ein sexuelles Verlangen

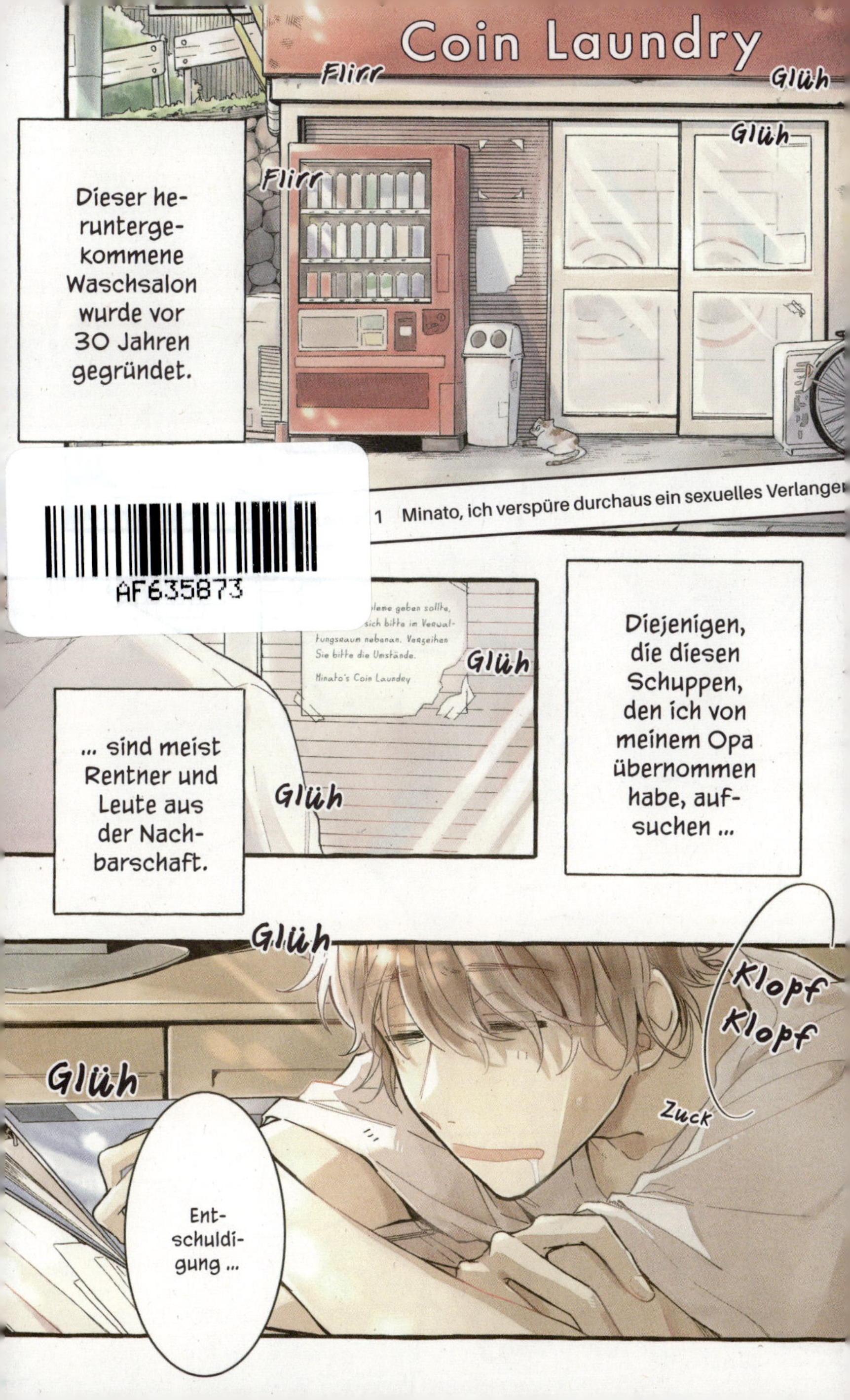

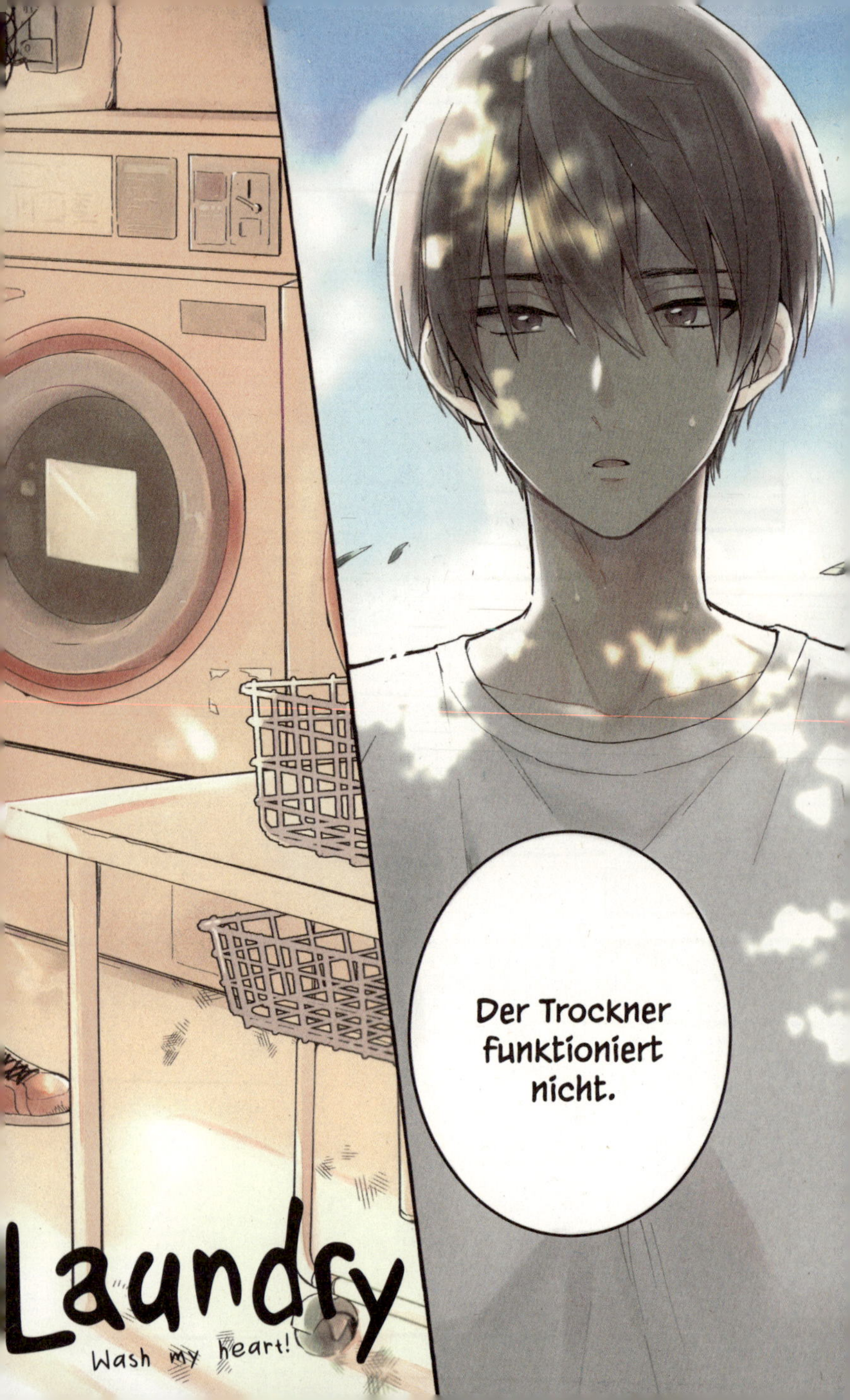
Der Trockner funktioniert nicht.
Laundry
Wash my heart!

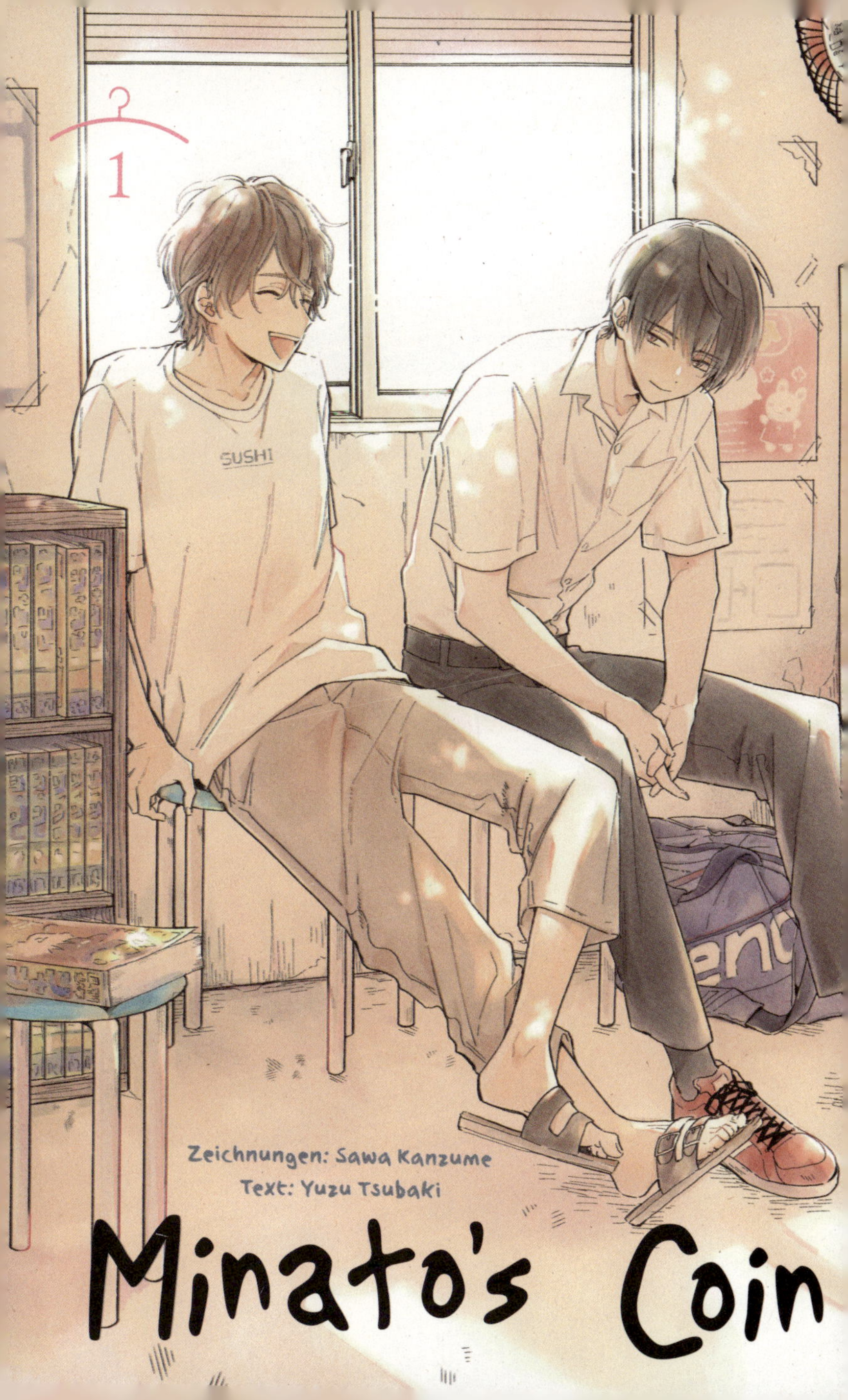
1
SUSHI
Zeichnungen: Sawa Kanzume
Text: Yuzu Tsubaki
Minato's Coin

Inhalt

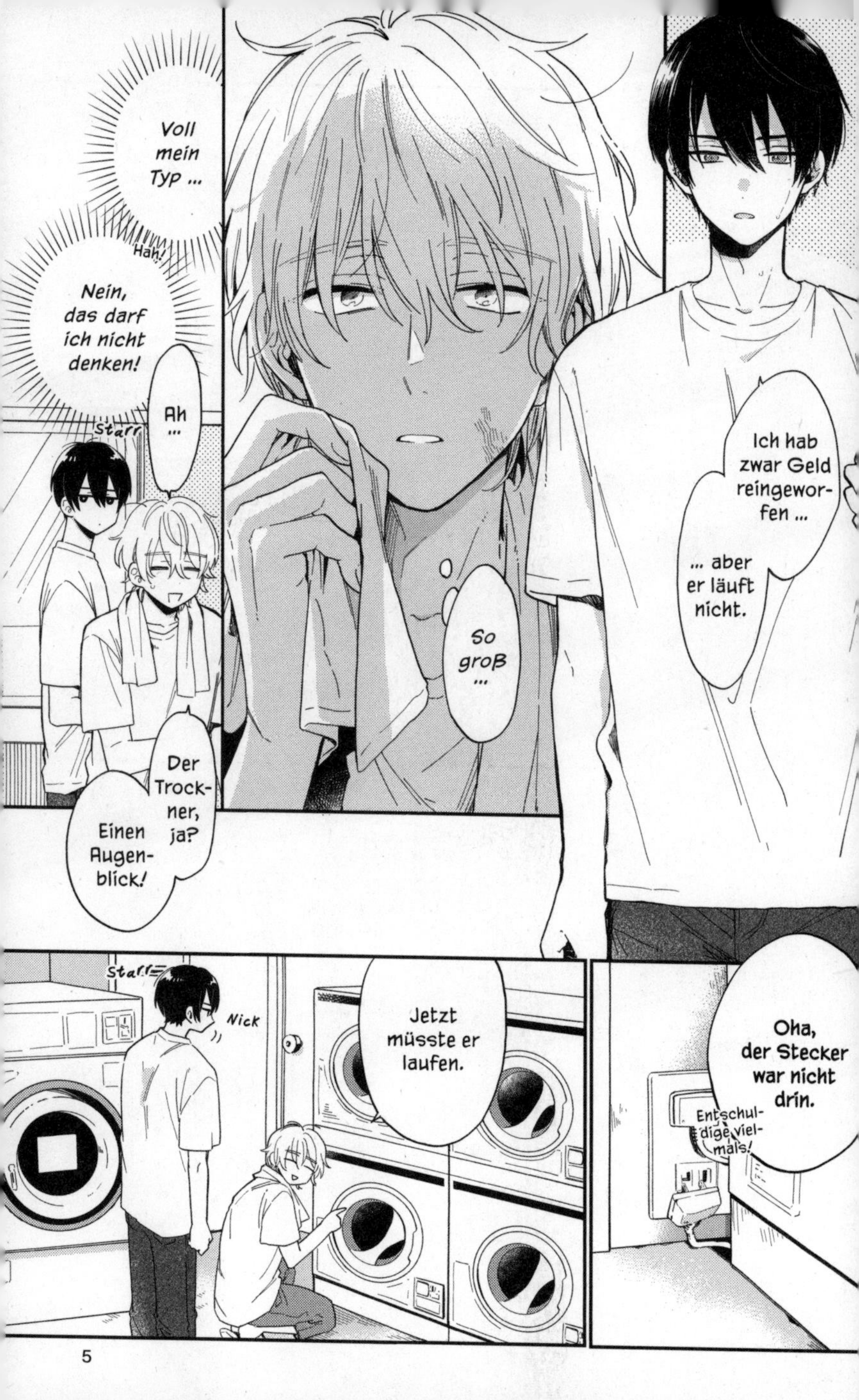
Ich hab zwar Geld reingeworfen ...
... aber er läuft nicht.
So groß ...
Voll mein Typ ...
Hah!
Nein, das darf ich nicht denken!
Ah ...
Starr
Der Trockner, ja?
Einen Augenblick!
Oha, der Stecker war nicht drin.
Entschuldige vielmals!
Jetzt müsste er laufen.
Starr
Nick

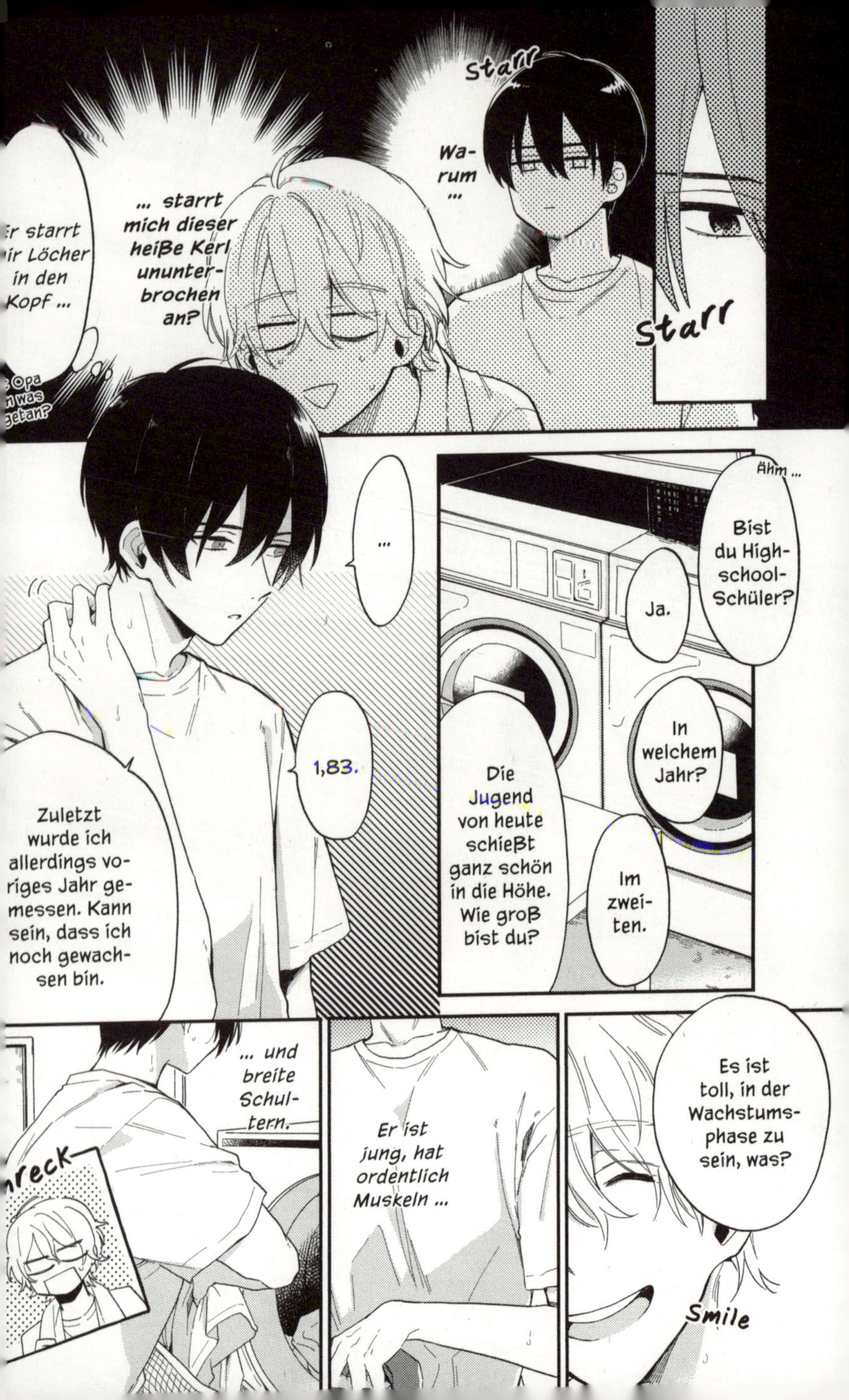
Starr
Warum ...
... starrt mich dieser heiße Kerl ununterbrochen an?
ir Löcher in den Kopf ...
Starr
Ähm ...
Bist du Highschool-Schüler?
Ja.
In welchem Jahr?
Im zweiten.
Die Jugend von heute schießt ganz schön in die Höhe. Wie groß bist du?
1,83.
...
Zuletzt wurde ich allerdings voriges Jahr gemessen. Kann sein, dass ich noch gewachsen bin.
Es ist toll, in der Wachstumsphase zu sein, was?
Smile
Er ist jung, hat ordentlich Muskeln ...
... und breite Schultern.

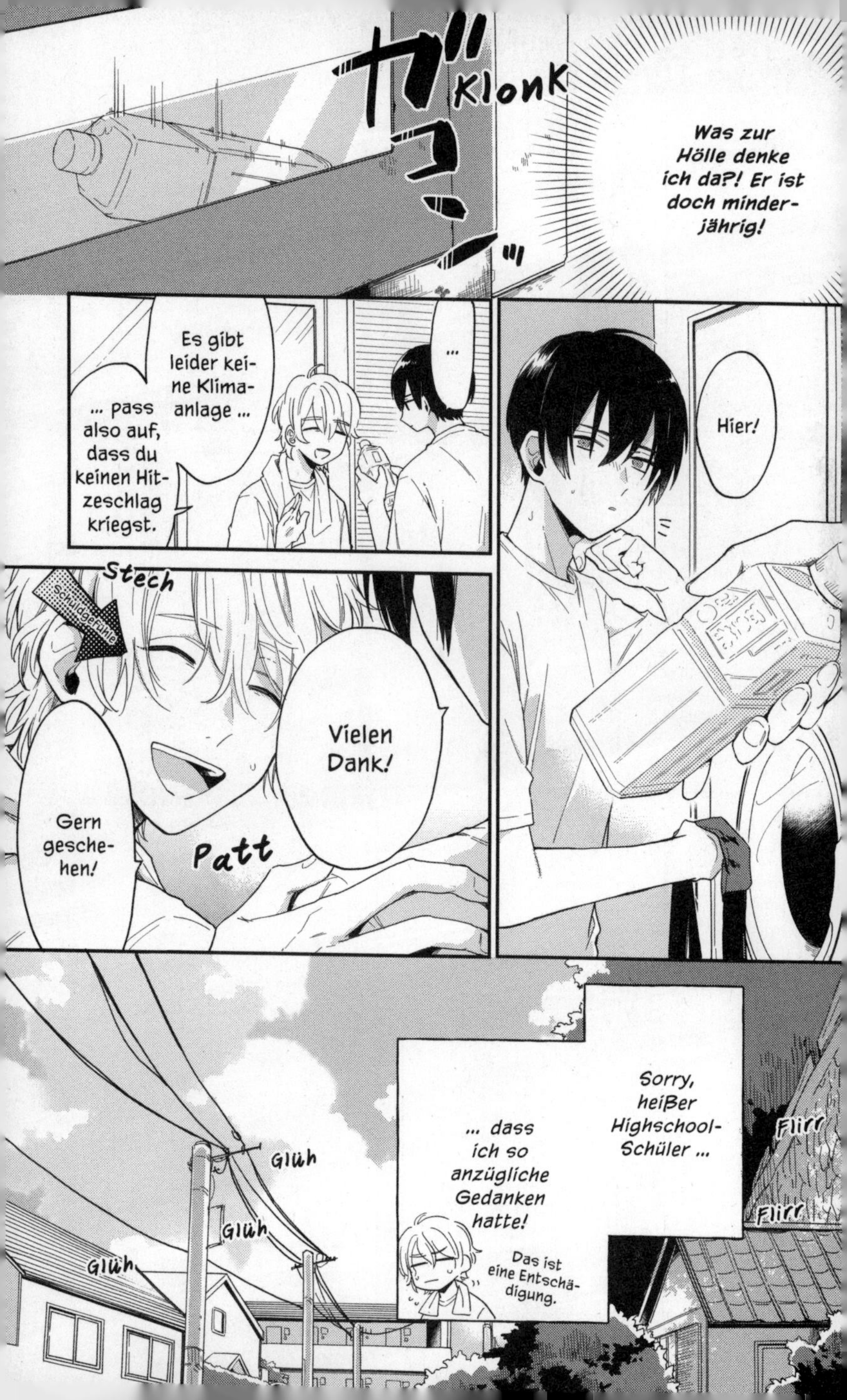
Klonk
Was zur Hölle denke ich da?! Er ist doch minderjährig!
Hier!
...
Es gibt leider keine Klimaanlage ...
... pass also auf, dass du keinen Hitzeschlag kriegst.
Stech
Schuldgefühle
Vielen Dank!
Gern geschehen!
Patt
Sorry, heißer Highschool-Schüler ...
... dass ich so anzügliche Gedanken hatte!
Das ist eine Entschädigung.
Flirr
Flirr
Glüh
Glüh
Glüh

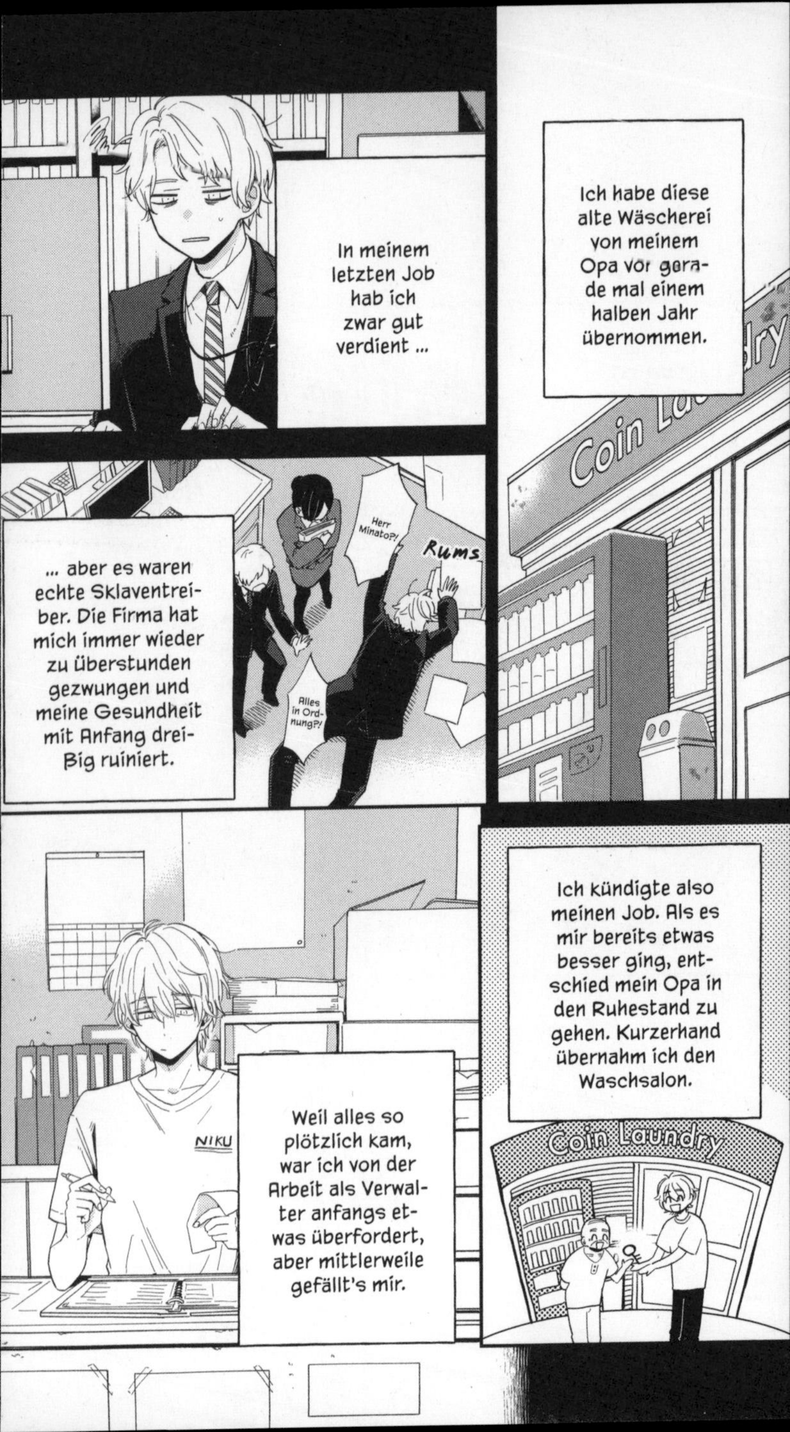
Ich habe diese alte Wäscherei von meinem Opa vor gerade mal einem halben Jahr übernommen.
Coin Laundry
In meinem letzten Job hab ich zwar gut verdient ...
... aber es waren echte Sklaventreiber. Die Firma hat mich immer wieder zu Überstunden gezwungen und meine Gesundheit mit Anfang dreißig ruiniert.
Herr Minato?!
Rums
Alles in Ordnung?!
Ich kündigte also meinen Job. Als es mir bereits etwas besser ging, entschied mein Opa in den Ruhestand zu gehen. Kurzerhand übernahm ich den Waschsalon.
Coin Laundry
Weil alles so plötzlich kam, war ich von der Arbeit als Verwalter anfangs etwas überfordert, aber mittlerweile gefällt's mir.
NIKU

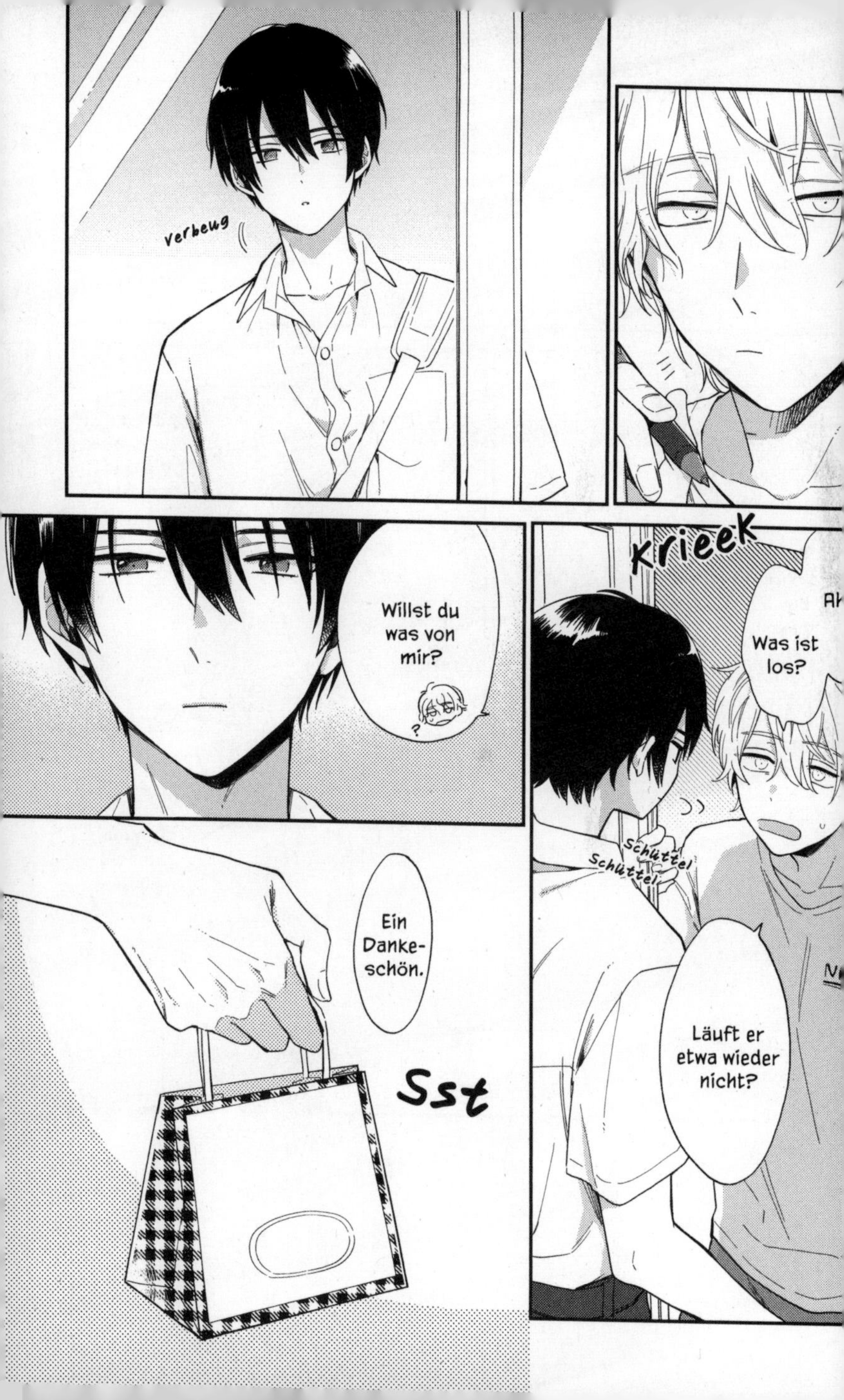
Verbeug
Krieek
Was ist los?
Schüttel
Schüttel
Läuft er etwa wieder nicht?
Willst du was von mir?
Ein Danke-schön.
Sst

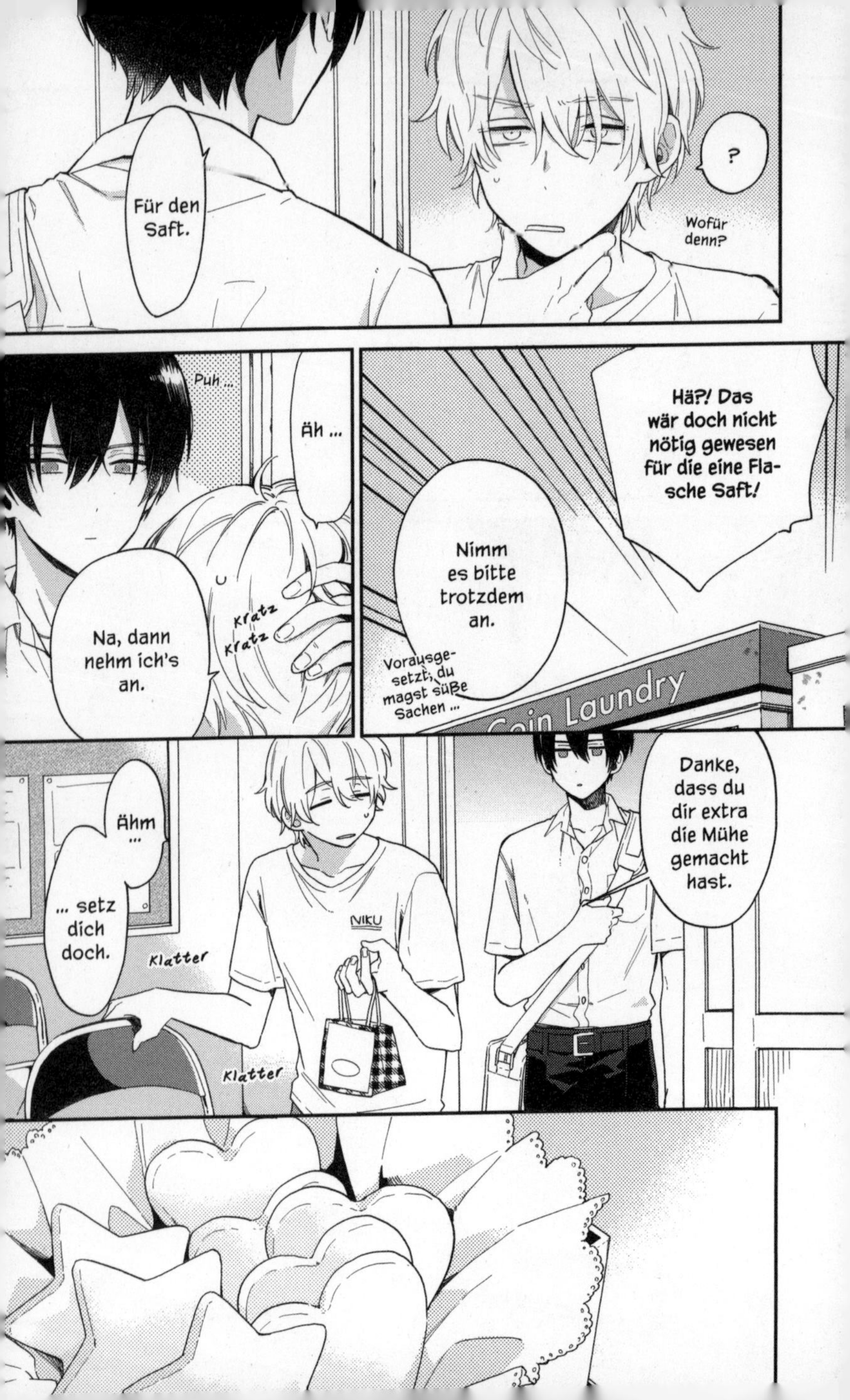
?
Wofür denn?
Für den Saft.
Hä?! Das wär doch nicht nötig gewesen für die eine Flasche Saft!
Nimm es bitte trotzdem an.
Vorausgesetzt, du magst süße Sachen ...
Coin Laundry
Äh ...
Puh ...
Kratz
Kratz
Na, dann nehm ich's an.
Danke, dass du dir extra die Mühe gemacht hast.
NIKU
Ähm ...
... setz dich doch.
Klatter
Klatter

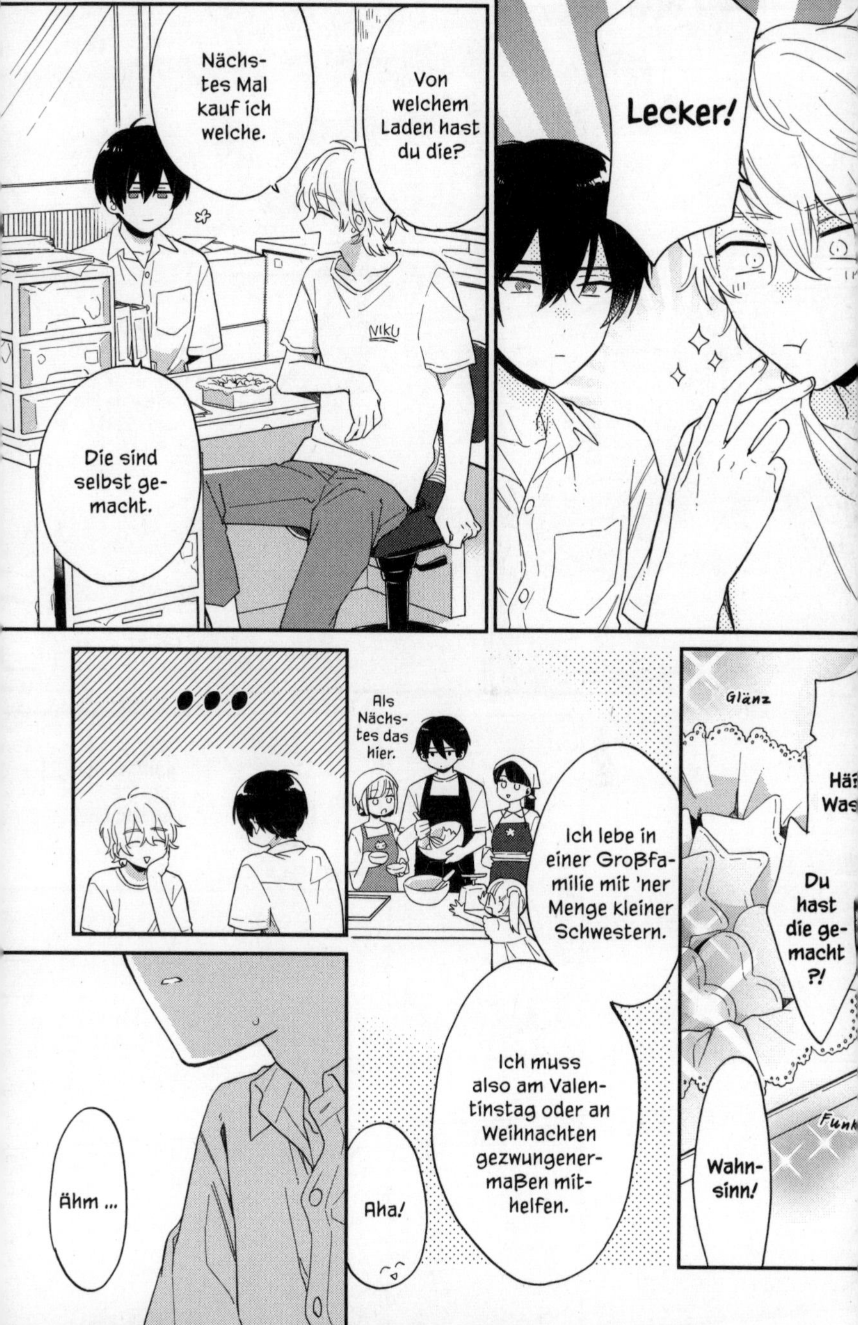

Lecker!
Von welchem Laden hast du die?
Nächstes Mal kauf ich welche.
Die sind selbst gemacht.
Glänz
Hä
Was
Du hast die gemacht?!
Funk
Wahnsinn!
Ich lebe in einer Großfamilie mit 'ner Menge kleiner Schwestern.
Als Nächstes das hier.
...
Ich muss also am Valentinstag oder an Weihnachten gezwungenermaßen mithelfen.
Aha!
Ähm ...

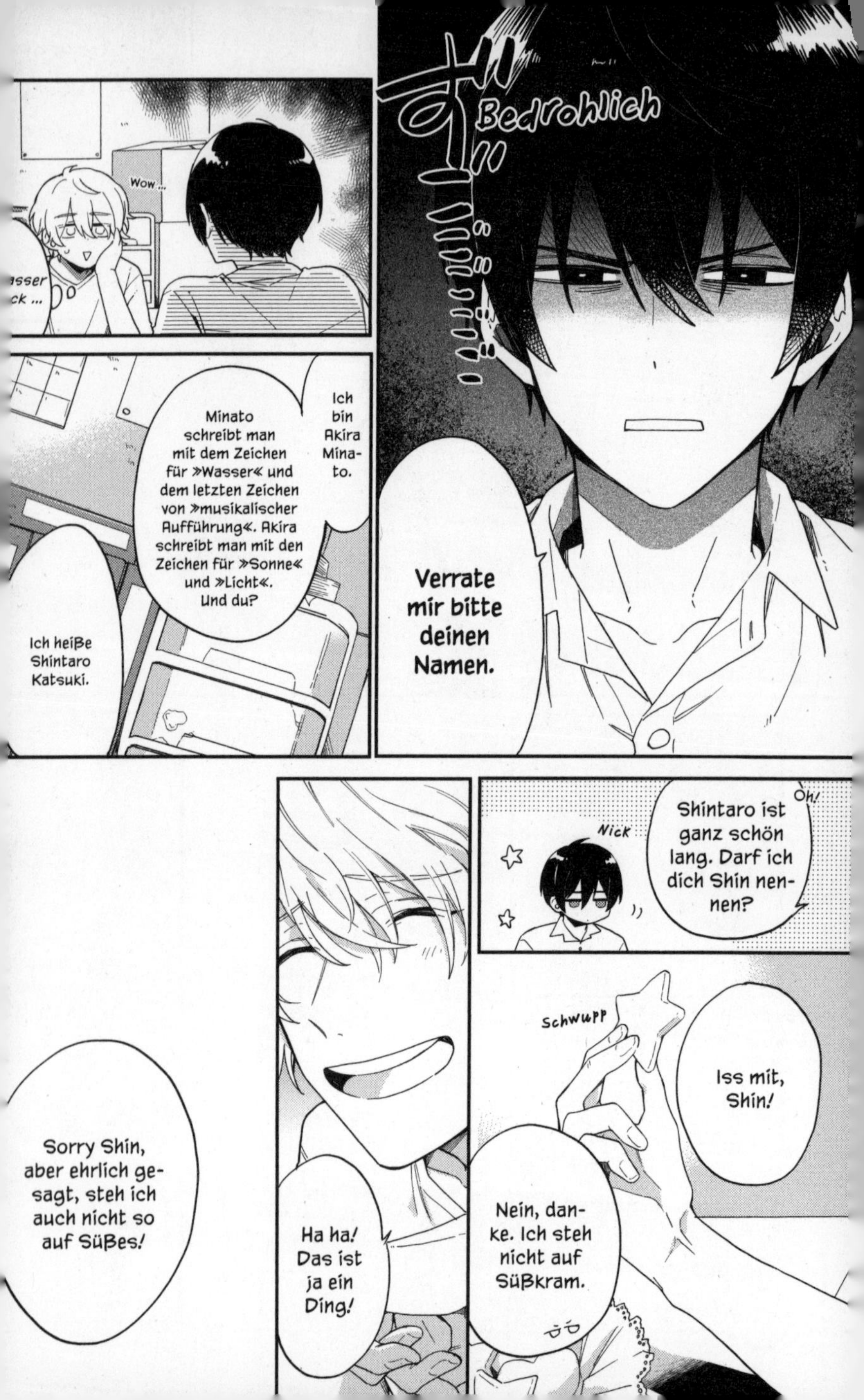
Bedrohlich
Verrate mir bitte deinen Namen.
Wow ...
Ich bin Akira Minato.
Minato schreibt man mit dem Zeichen für »Wasser« und dem letzten Zeichen von »musikalischer Aufführung«. Akira schreibt man mit den Zeichen für »Sonne« und »Licht«. Und du?
Ich heiße Shintaro Katsuki.
Oh!
Shintaro ist ganz schön lang. Darf ich dich Shin nennen?
Nick
Schwupp
Iss mit, Shin!
Nein, danke. Ich steh nicht auf Süßkram.
Ha ha! Das ist ja ein Ding!
Sorry Shin, aber ehrlich gesagt, steh ich auch nicht so auf Süßes!

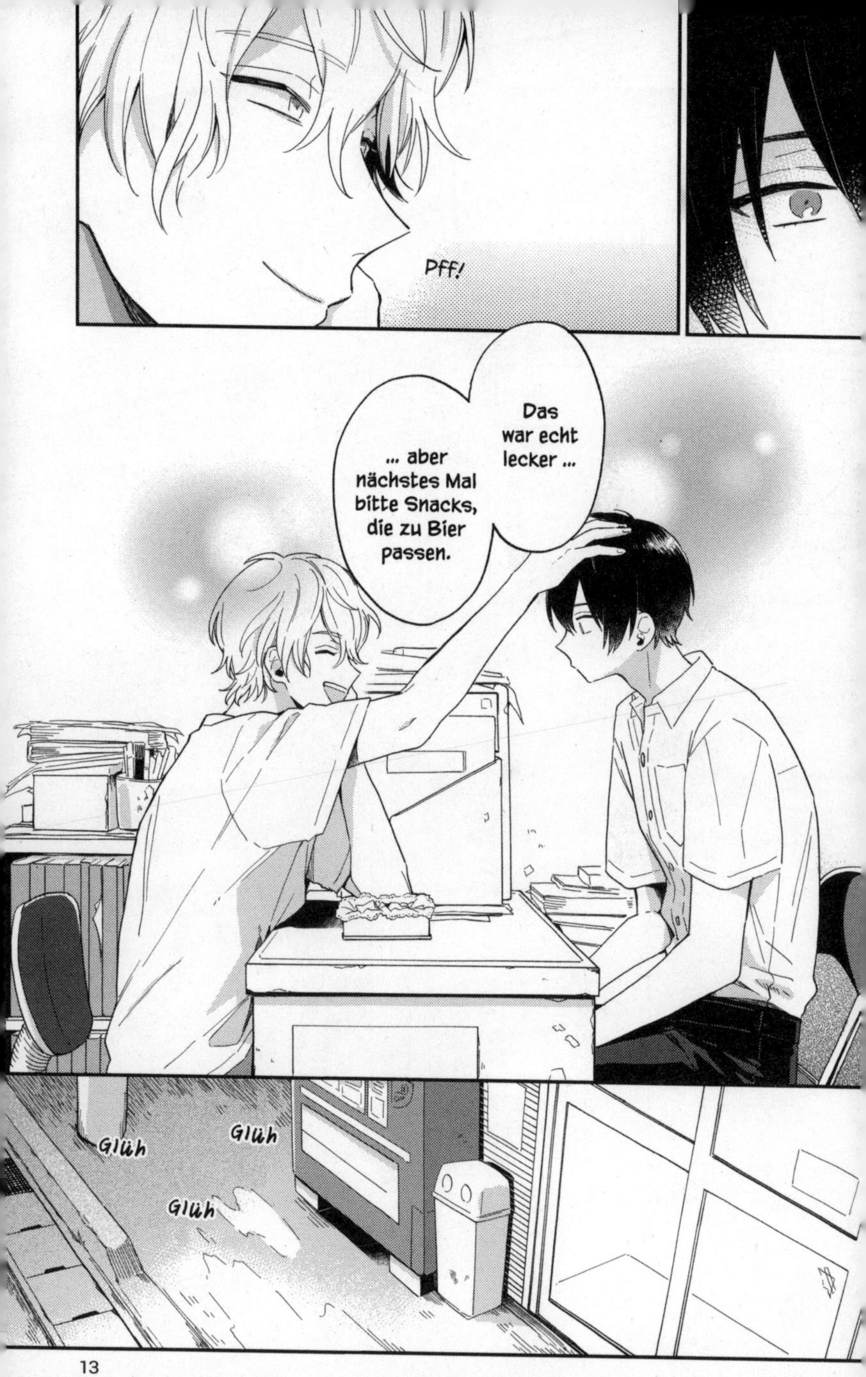
Pff!
Das war echt lecker ...
... aber nächstes Mal bitte Snacks, die zu Bier passen.
Glüh
Glüh
Glüh

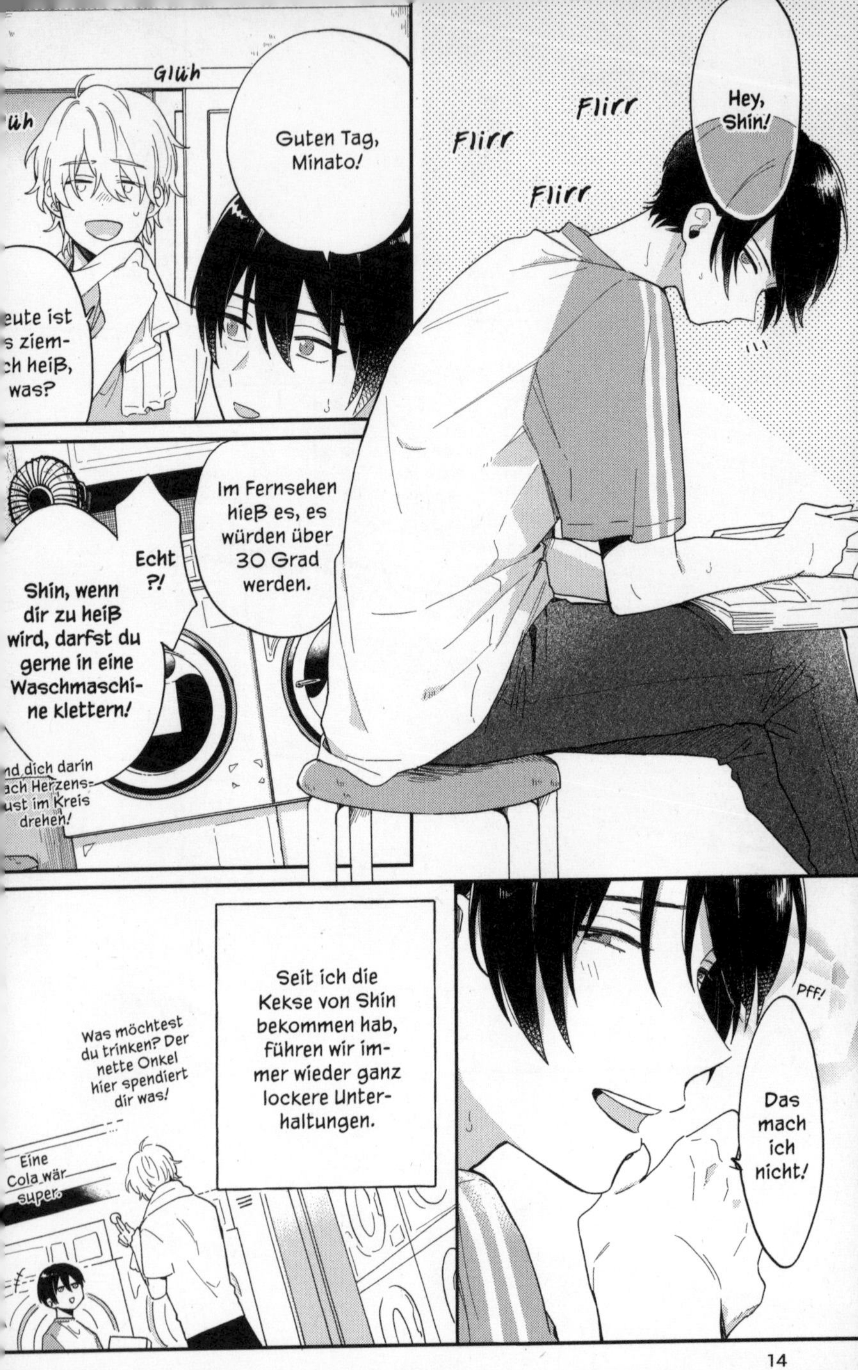

Flirr
Flirr
Flirr
Hey, Shin!
Glüh
Glüh
Guten Tag, Minato!
eute ist s ziem- ch heiß, was?
Im Fernsehen hieß es, es würden über 30 Grad werden.
Echt ?!
Shin, wenn dir zu heiß wird, darfst du gerne in eine Waschmaschine klettern!
nd dich darin ach Herzens- ust im Kreis drehen!
PFF!
Das mach ich nicht!
Seit ich die Kekse von Shin bekommen hab, führen wir immer wieder ganz lockere Unterhaltungen.
Was möchtest du trinken? Der nette Onkel hier spendiert dir was!
Eine Cola wär super.

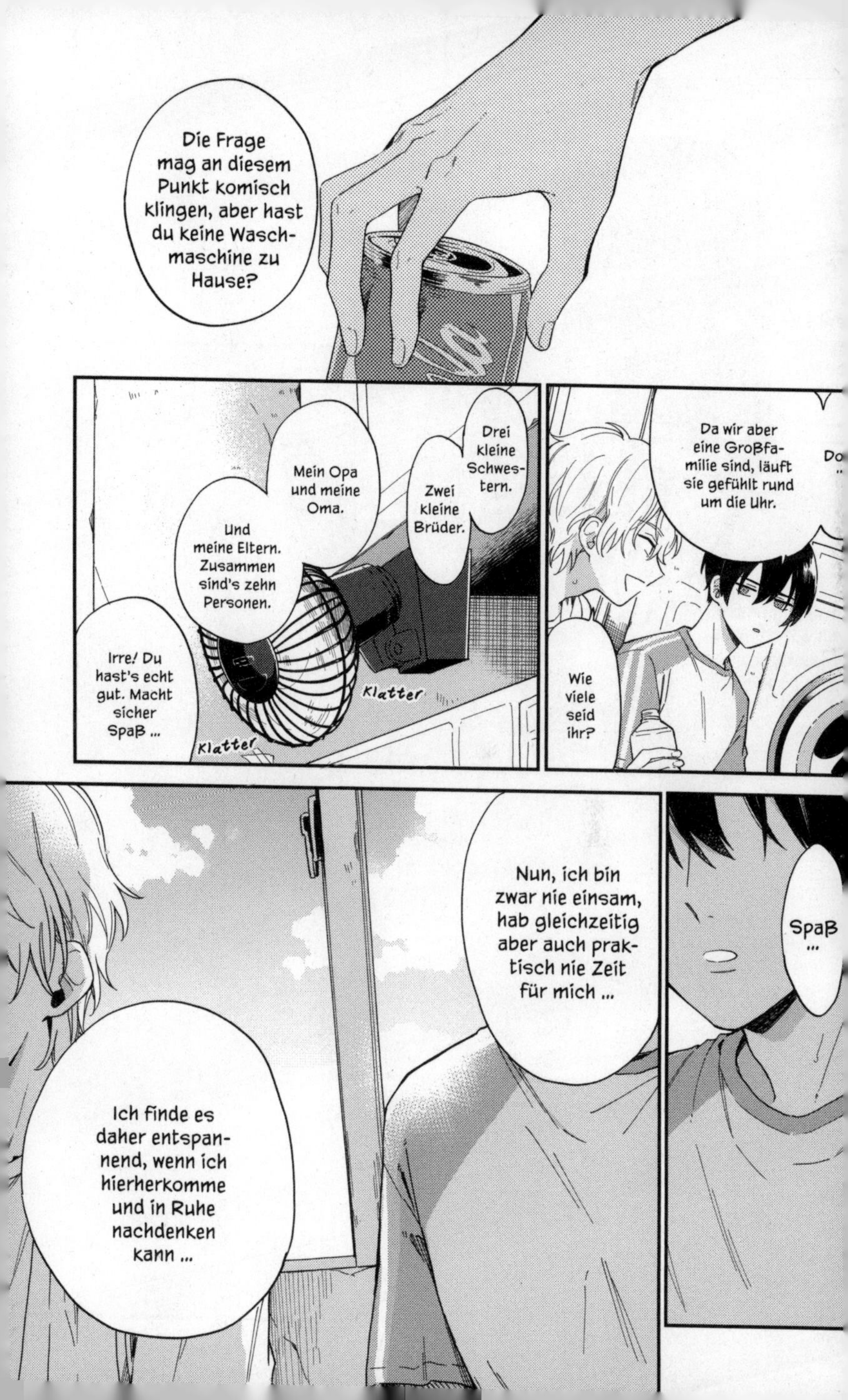
Die Frage mag an diesem Punkt komisch klingen, aber hast du keine Wasch-maschine zu Hause?
Da wir aber eine Großfa-milie sind, läuft sie gefühlt rund um die Uhr.
Wie viele seid ihr?
Drei kleine Schwes-tern.
Zwei kleine Brüder.
Mein Opa und meine Oma.
Und meine Eltern. Zusammen sind's zehn Personen.
Klatter
Klatter
Irre! Du hast's echt gut. Macht sicher Spaß ...
Spaß ...
Nun, ich bin zwar nie einsam, hab gleichzeitig aber auch prak-tisch nie Zeit für mich ...
Ich finde es daher entspan-nend, wenn ich hierherkomme und in Ruhe nachdenken kann ...

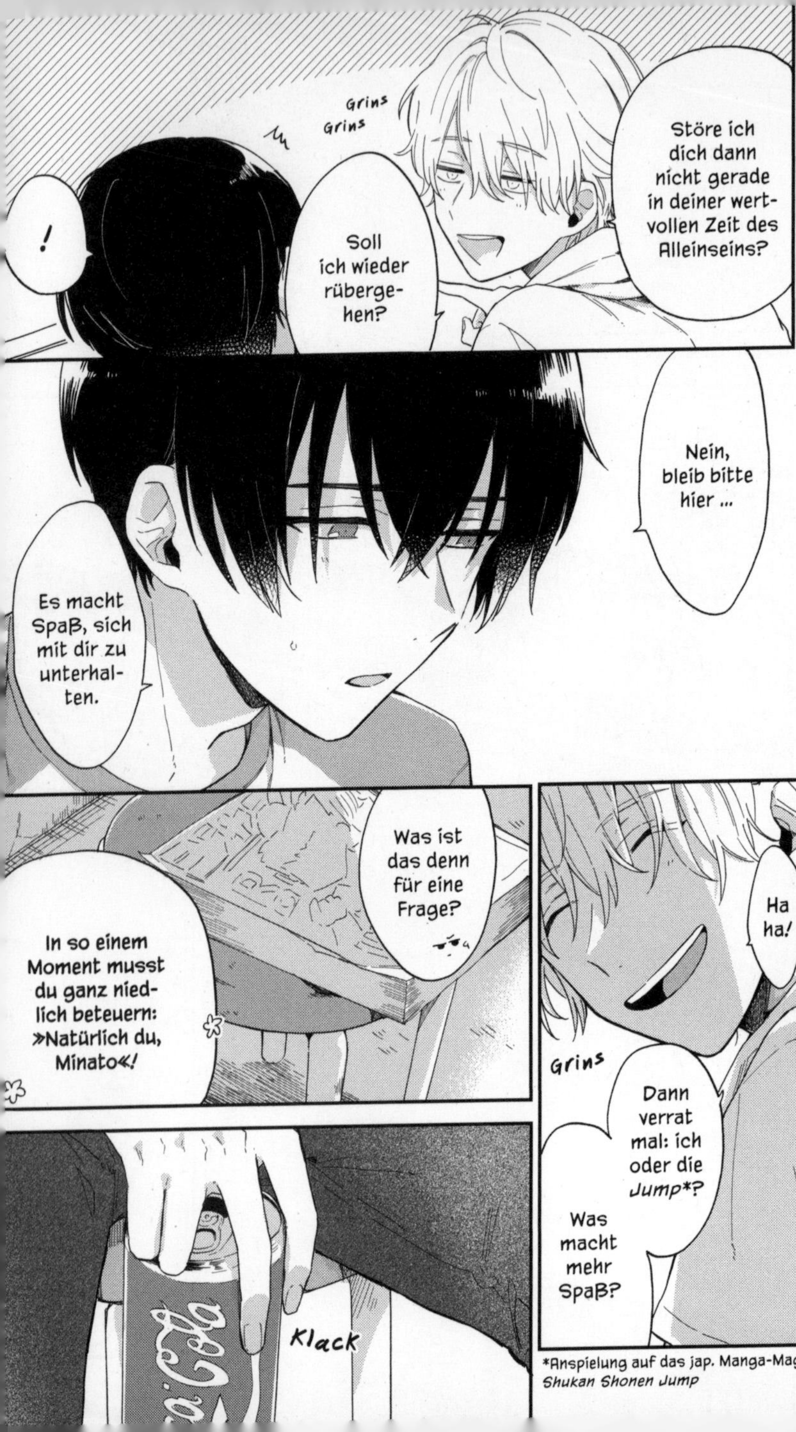

*Anspielung auf das jap. Manga-Magazin *Shukan Shonen Jump*

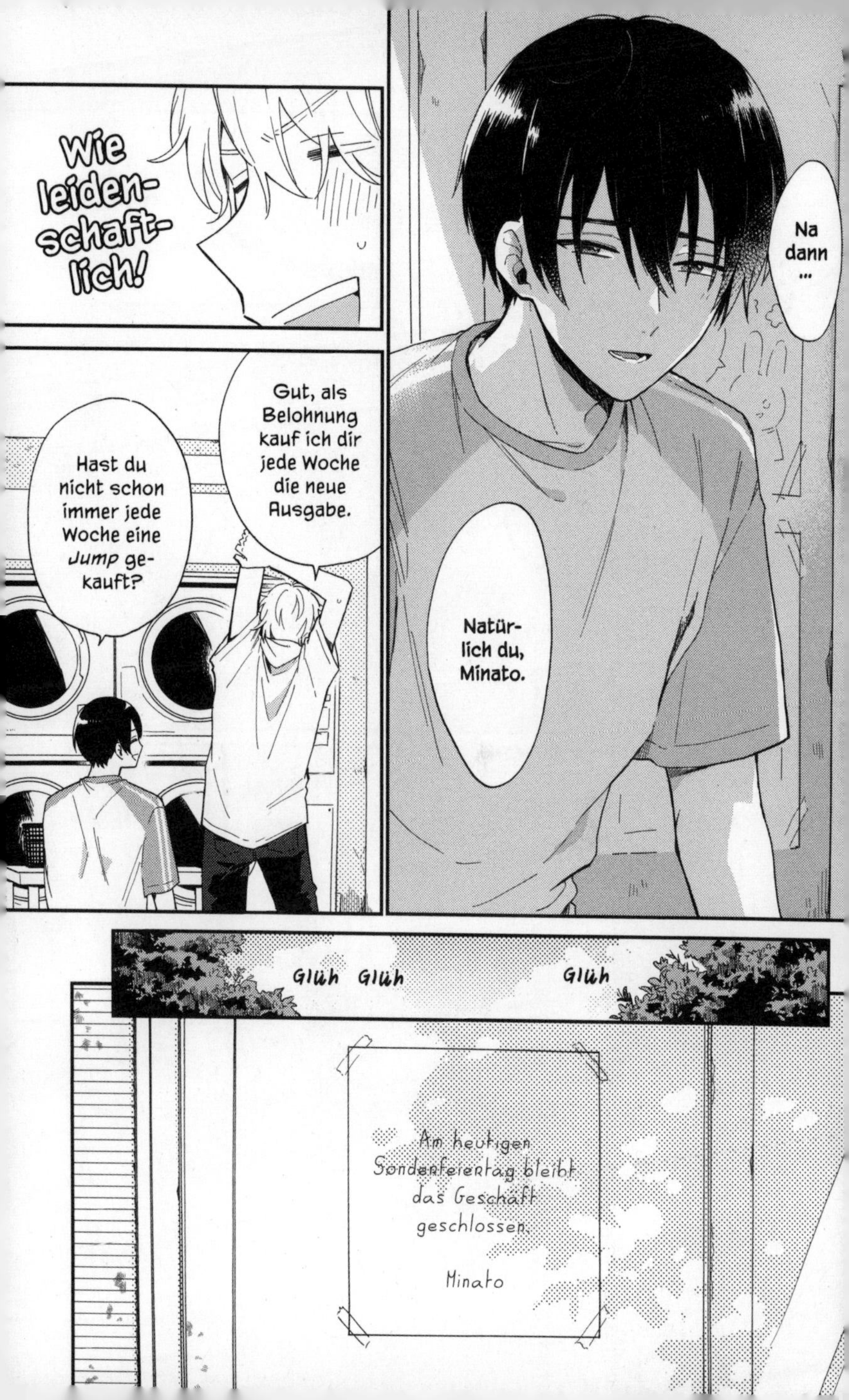
Na dann …
Natürlich du, Minato.
Wie leiden-schaft-lich!
Gut, als Belohnung kauf ich dir jede Woche die neue Ausgabe.
Hast du nicht schon immer jede Woche eine *Jump* ge-kauft?
Glüh Glüh Glüh
Am heutigen Sonderfeiertag bleibt das Geschäft geschlossen.
Minato

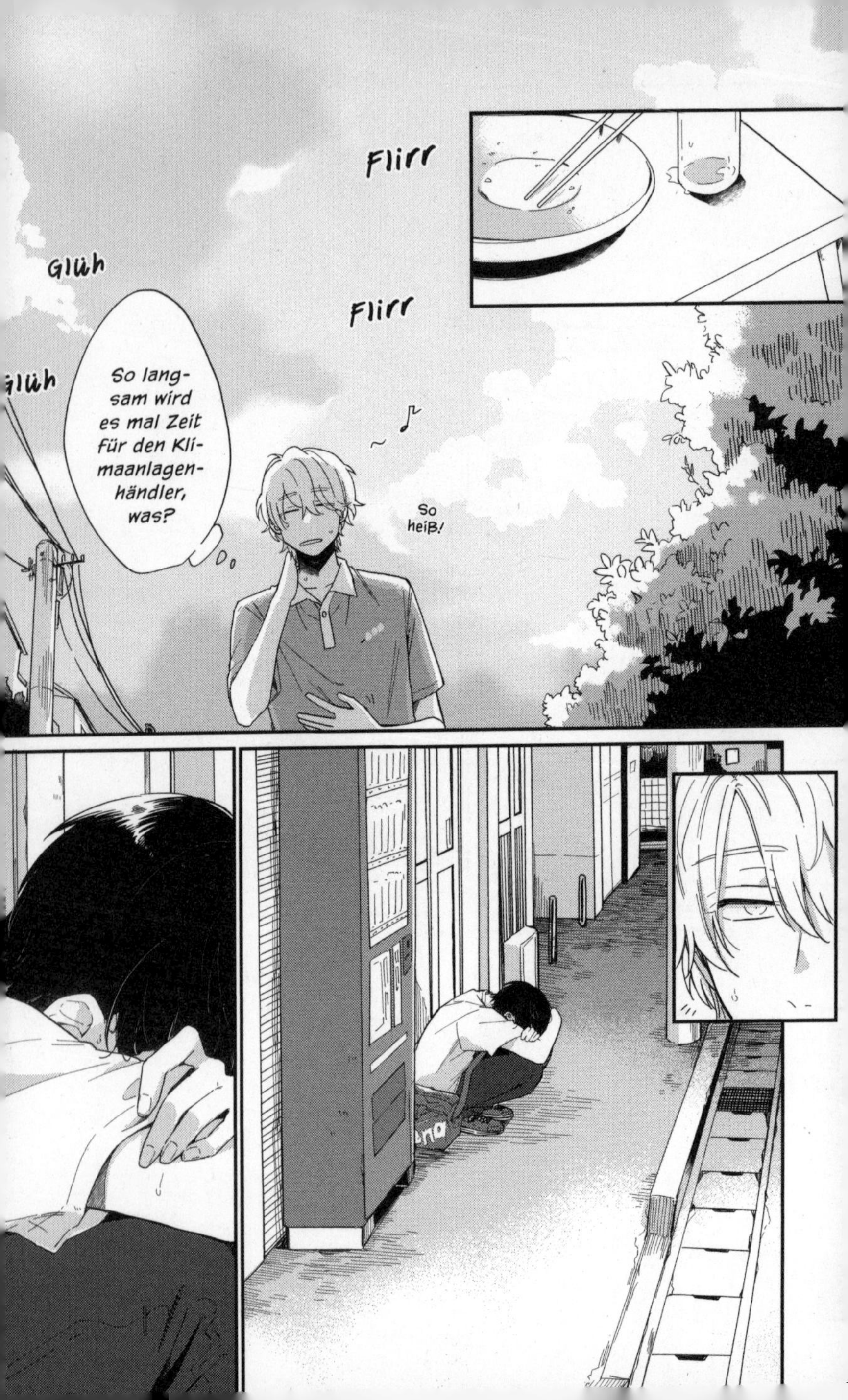
Flirr
Flirr
Glüh
Glüh
So lang-sam wird es mal Zeit für den Kli-maanlagen-händler, was?
So heiß!

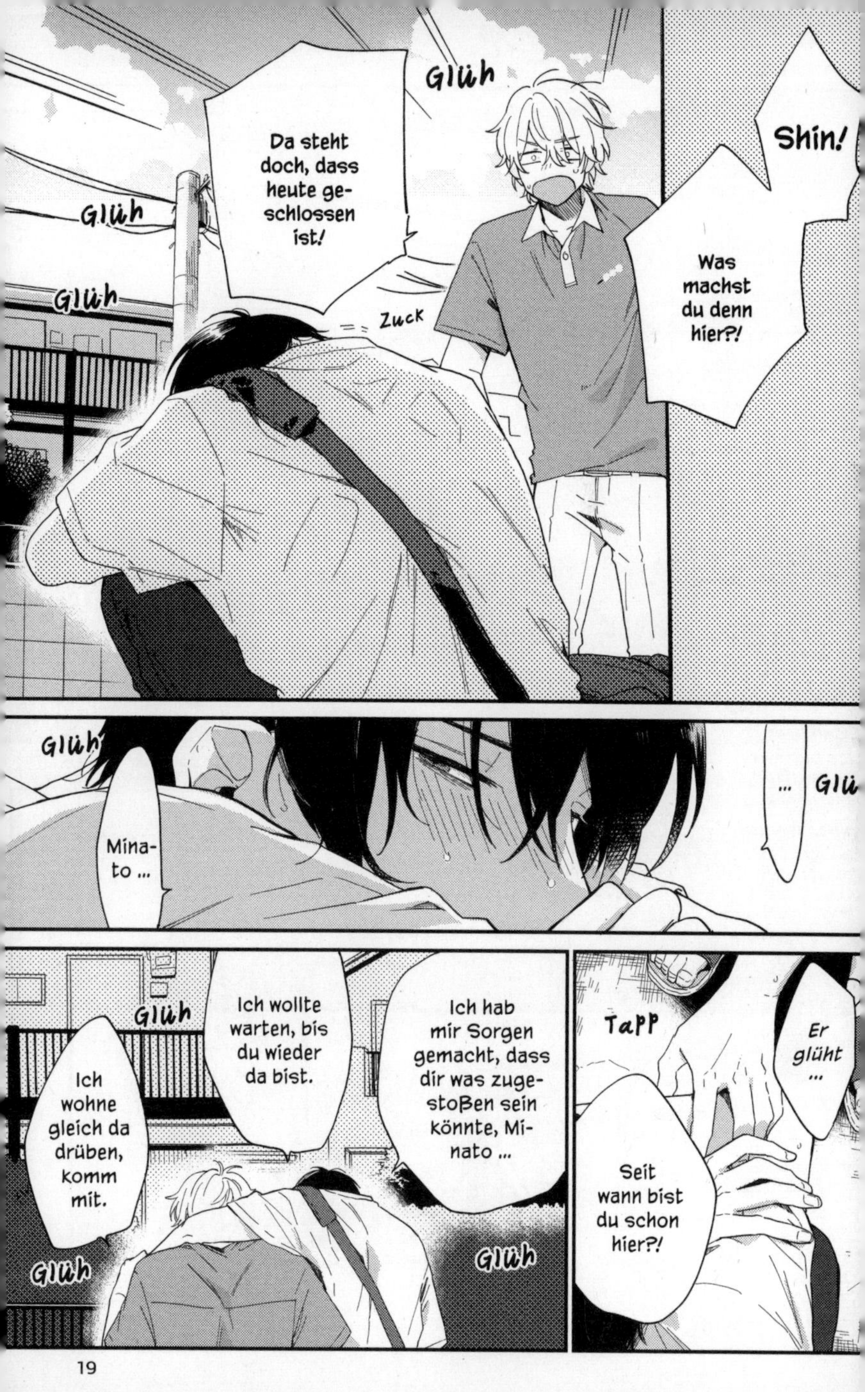
Shin!
Was machst du denn hier?!
Glüh
Da steht doch, dass heute geschlossen ist!
Zuck
Glüh
Glüh
...
Glü
Mina-to ...
Glüh
Er glüht ...
Tapp
Seit wann bist du schon hier?!
Ich hab mir Sorgen gemacht, dass dir was zugestoßen sein könnte, Minato ...
Glüh
Ich wollte warten, bis du wieder da bist.
Glüh
Ich wohne gleich da drüben, komm mit.
Glüh

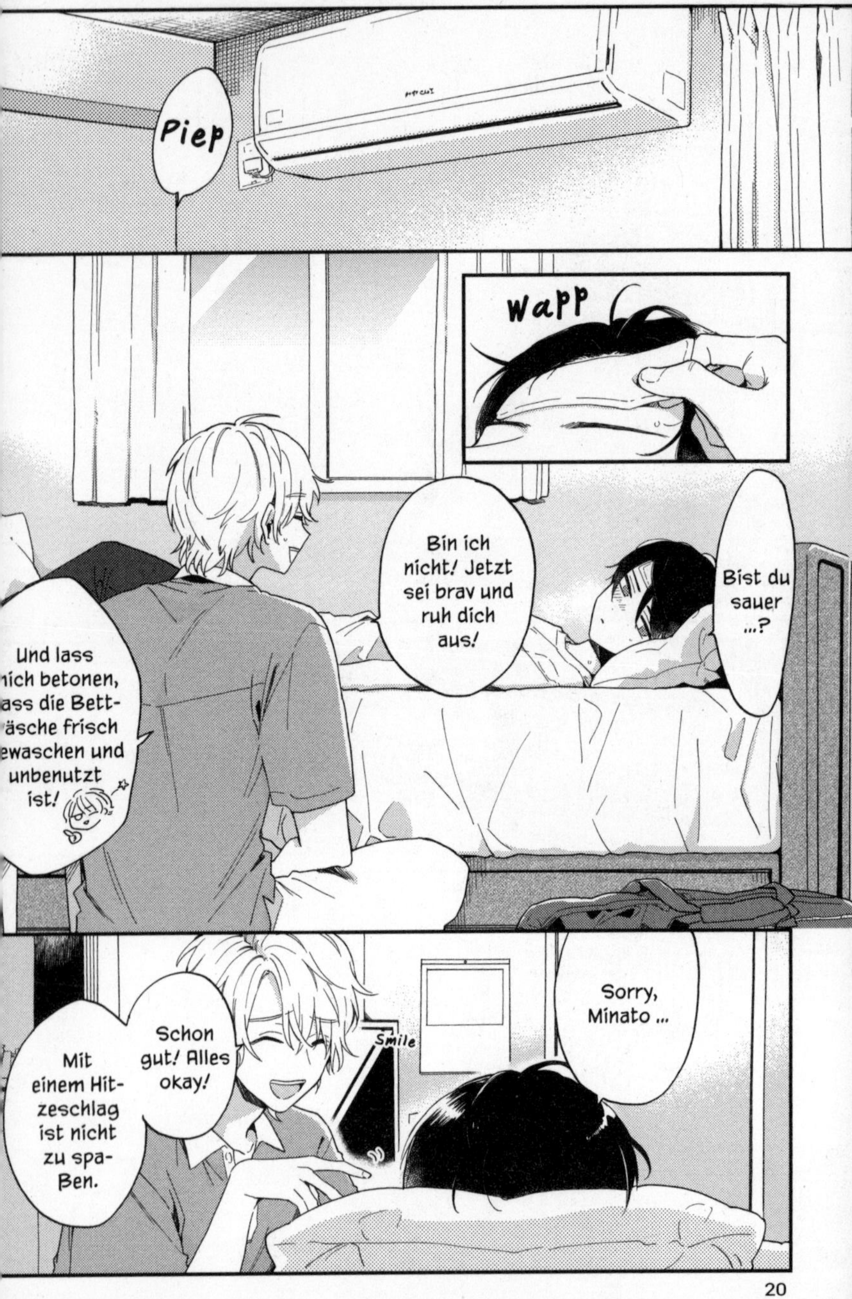
Piep
Wapp
Bist du sauer ...?
Bin ich nicht! Jetzt sei brav und ruh dich aus!
Und lass ich betonen, ass die Bett- äsche frisch ewaschen und unbenutzt ist!
Sorry, Minato ...
Smile
Schon gut! Alles okay!
Mit einem Hitzeschlag ist nicht zu spaßen.

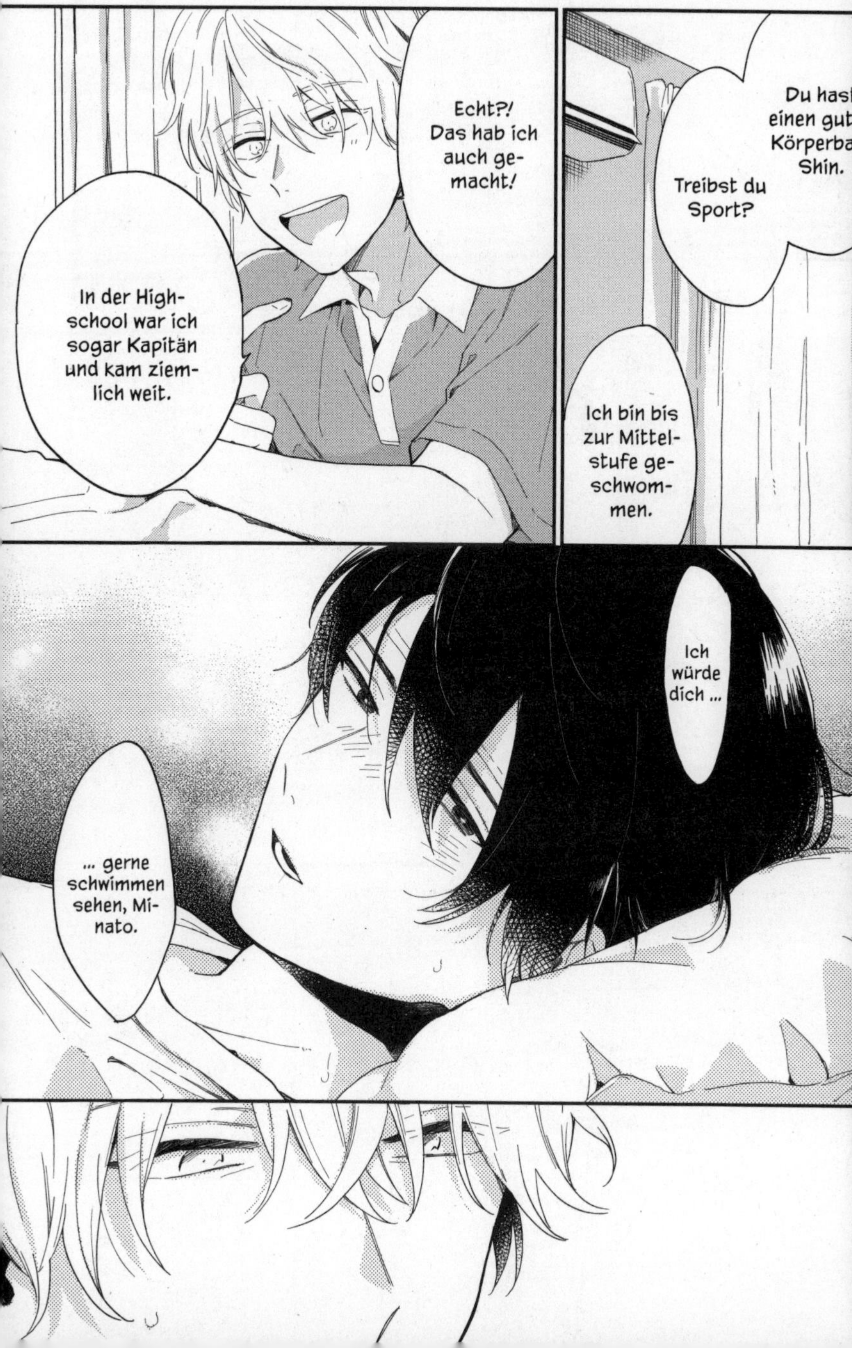

Du hast einen gut Körperba Shin.
Treibst du Sport?
Ich bin bis zur Mittelstufe geschwommen.
Echt?! Das hab ich auch gemacht!
In der Highschool war ich sogar Kapitän und kam ziemlich weit.
Ich würde dich ...
... gerne schwimmen sehen, Minato.

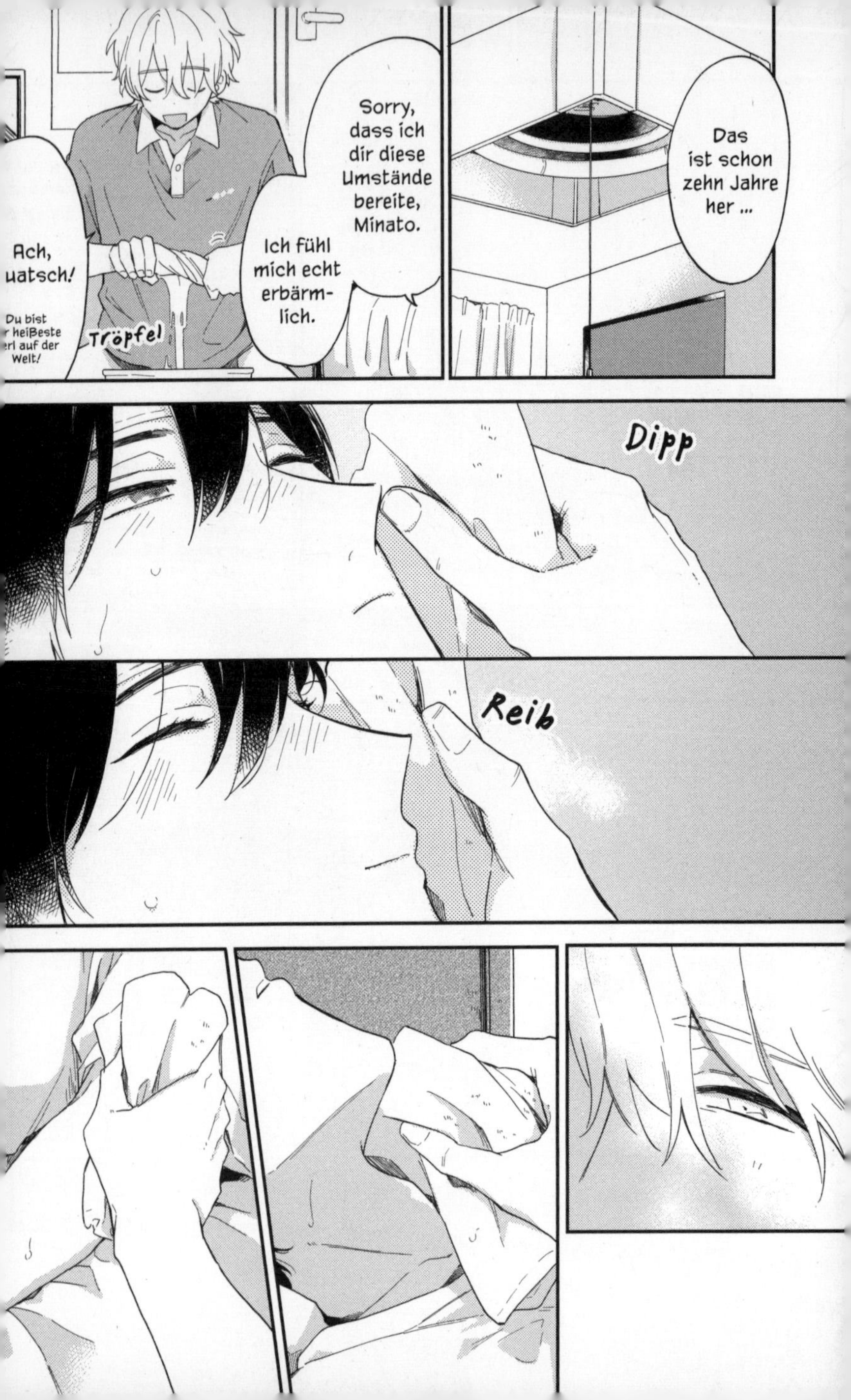
Das ist schon zehn Jahre her ...
Sorry, dass ich dir diese Umstände bereite, Minato.
Ich fühl mich echt erbärmlich.
Tröpfel
Ach, uatsch!
Du bist r heißeste erl auf der Welt!
Dipp
Reib

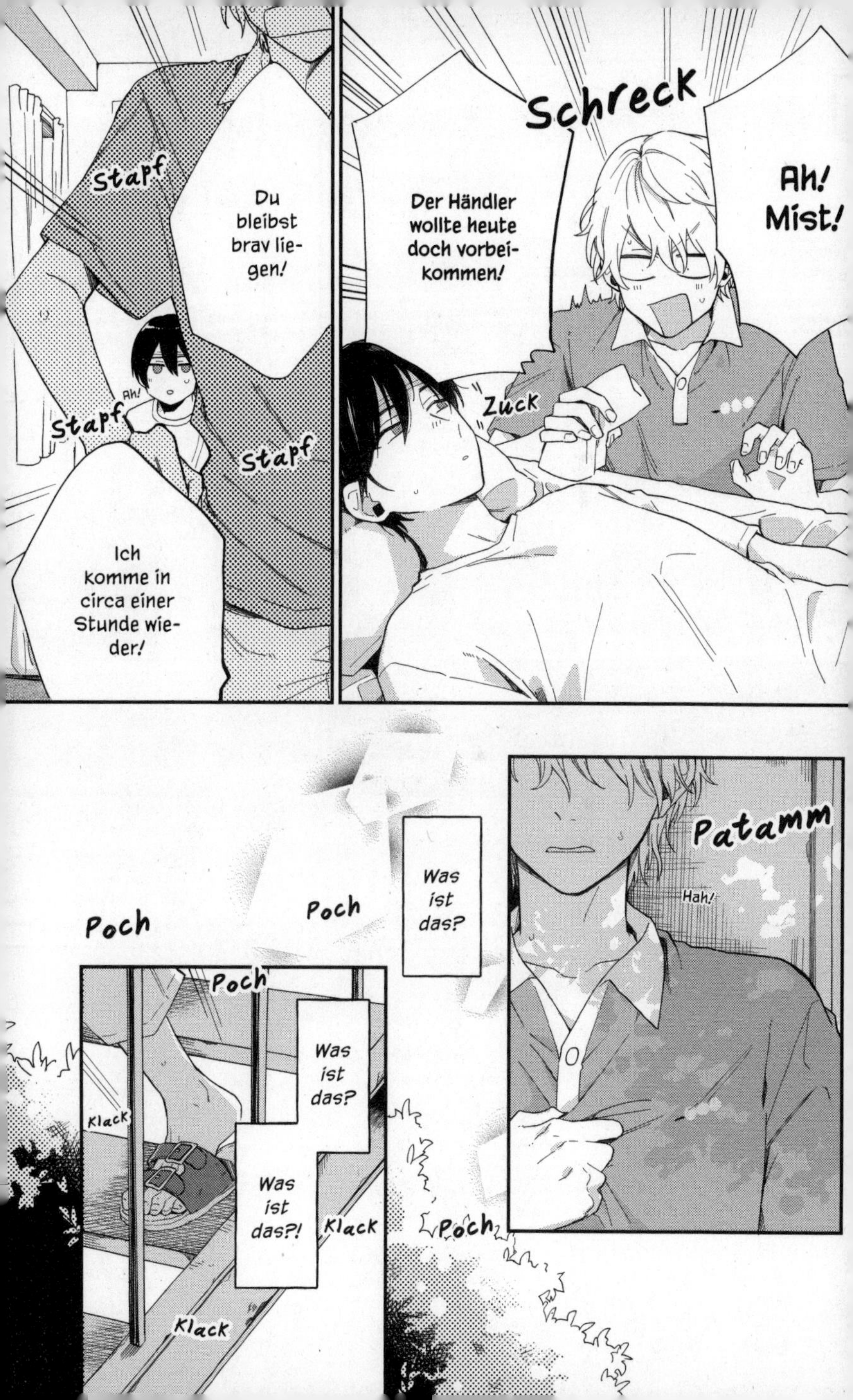
Schreck
Ah! Mist!
Der Händler wollte heute doch vorbeikommen!
Zuck
Stapf
Du bleibst brav liegen!
Ah!
Stapf
Stapf
Ich komme in circa einer Stunde wieder!
Patamm
Hah!
Was ist das?
Poch
Poch
Poch
Was ist das?
Was ist das?!
Klack
Klack
Klack
Poch

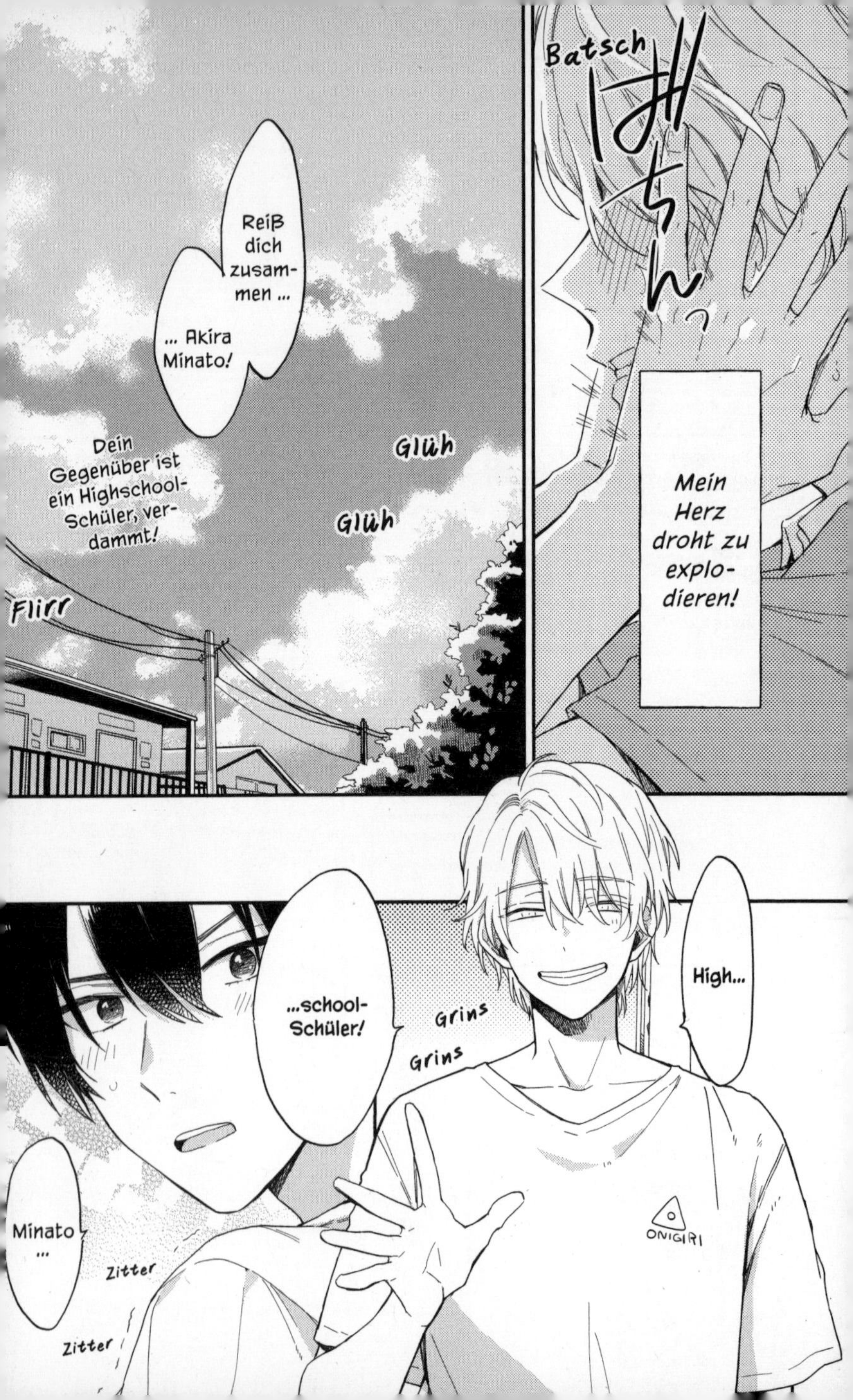
Batsch
Mein Herz droht zu explodieren!
Reiß dich zusammen ...
... Akira Minato!
Dein Gegenüber ist ein Highschool-Schüler, verdammt!
Glüh
Glüh
Flirr
High...
...school-Schüler!
Grins
Grins
ONIGIRI
Minato ...
Zitter
Zitter

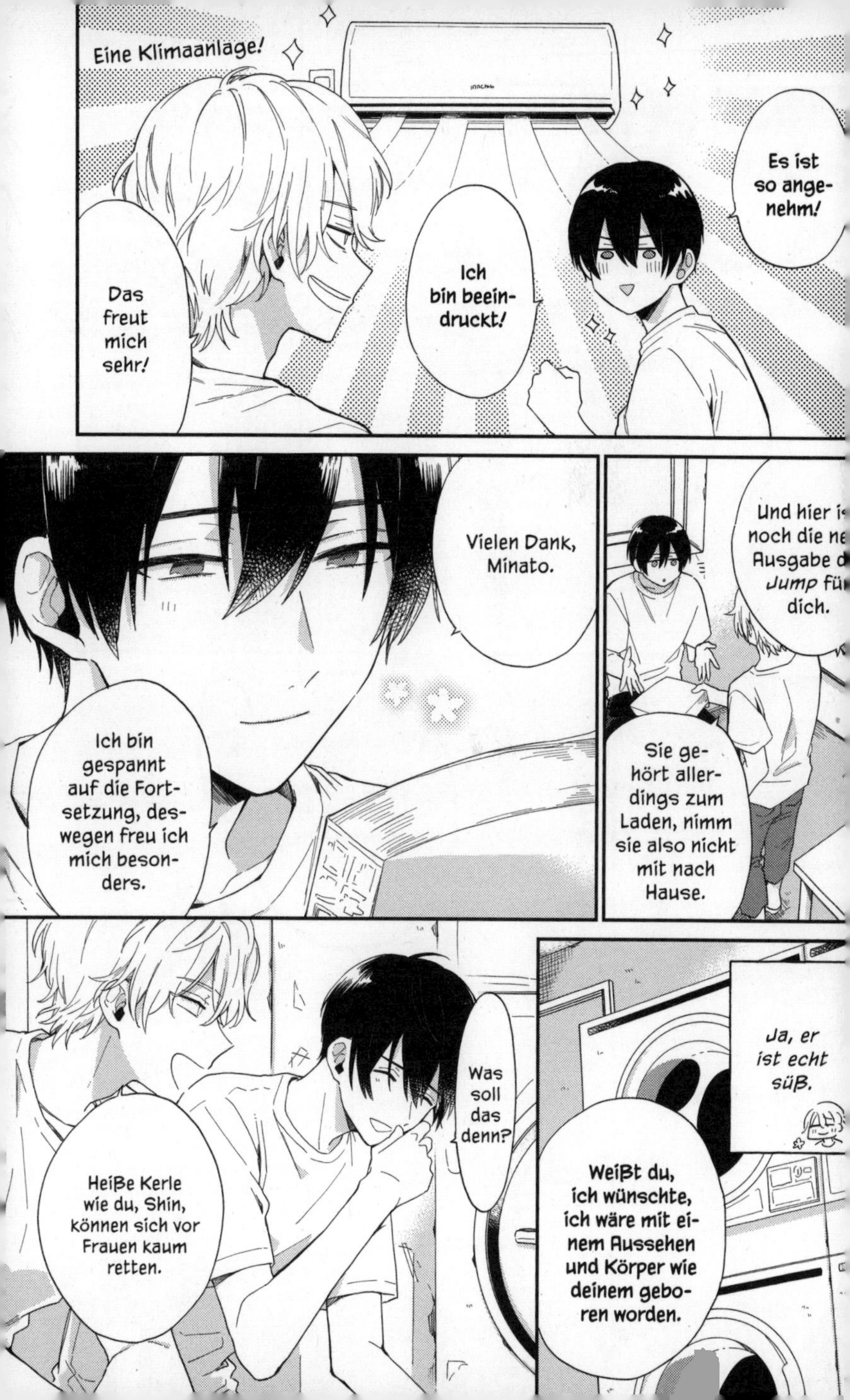

Eine Klimaanlage!
Es ist so angenehm!
Ich bin beeindruckt!
Das freut mich sehr!
Und hier is noch die ne Ausgabe d Jump fü dich.
Sie gehört allerdings zum Laden, nimm sie also nicht mit nach Hause.
Vielen Dank, Minato.
Ich bin gespannt auf die Fortsetzung, deswegen freu ich mich besonders.
Weißt du, ich wünschte, ich wäre mit einem Aussehen und Körper wie deinem geboren worden.
Ja, er ist echt süß.
Heiße Kerle wie du, Shin, können sich vor Frauen kaum retten.
Was soll das denn?

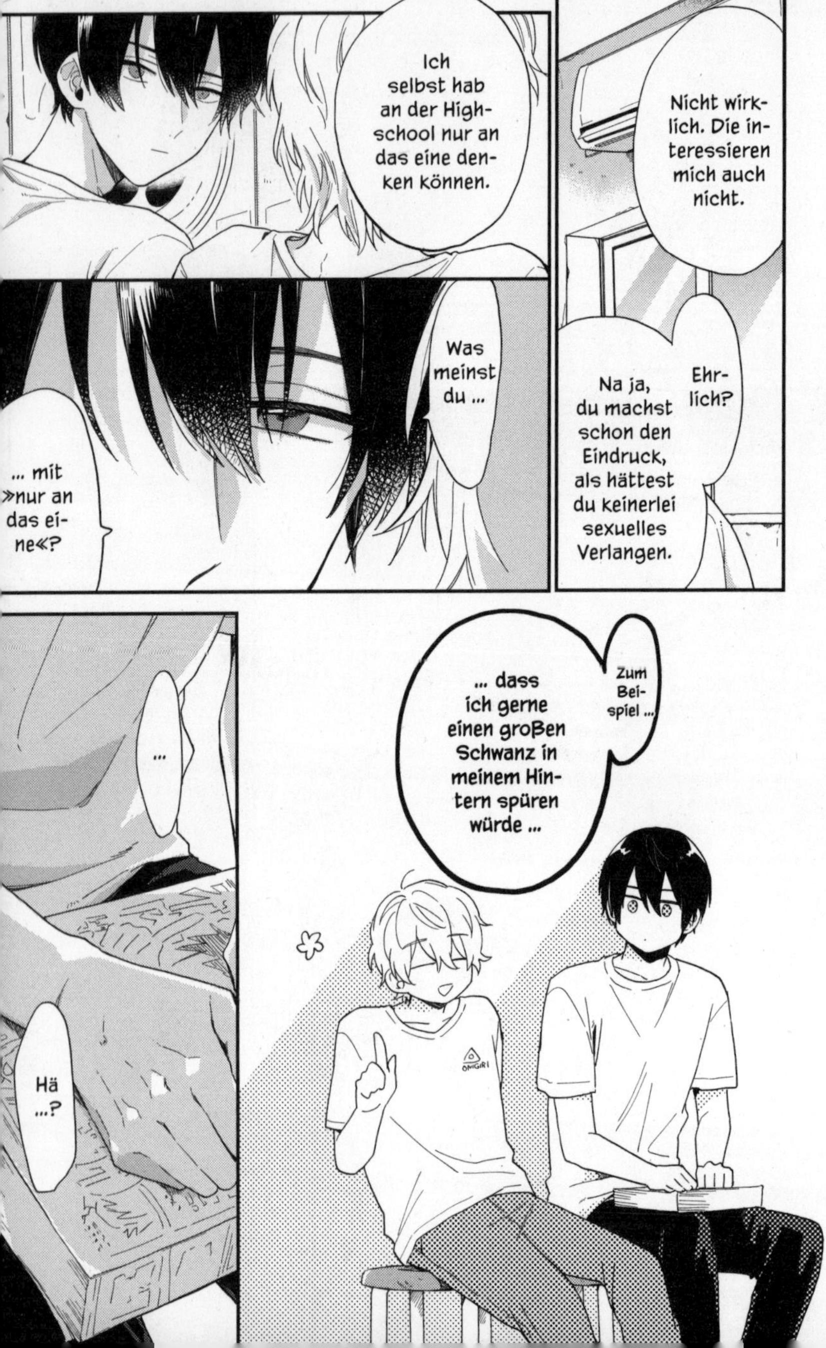
Nicht wirklich. Die interessieren mich auch nicht.
Ehrlich?
Na ja, du machst schon den Eindruck, als hättest du keinerlei sexuelles Verlangen.
Ich selbst hab an der Highschool nur an das eine denken können.
Was meinst du ...
... mit »nur an das eine«?
Zum Beispiel ...
... dass ich gerne einen großen Schwanz in meinem Hintern spüren würde ...
...
Hä ...?
OMGIRI

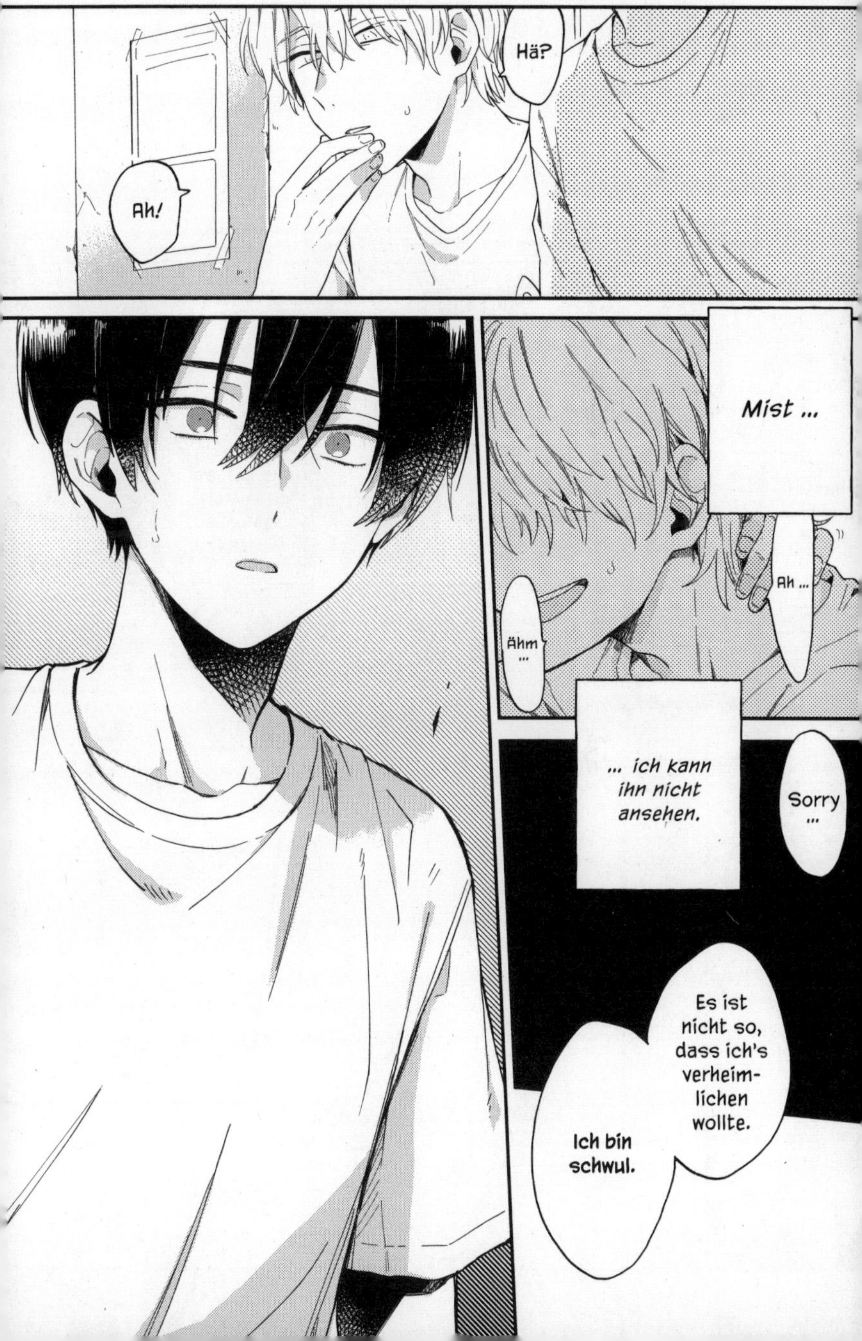
Hä?
Ah!
Mist ...
Ah ...
Ähm ...
Sorry ...
... ich kann ihn nicht ansehen.
Es ist nicht so, dass ich's verheimlichen wollte.
Ich bin schwul.

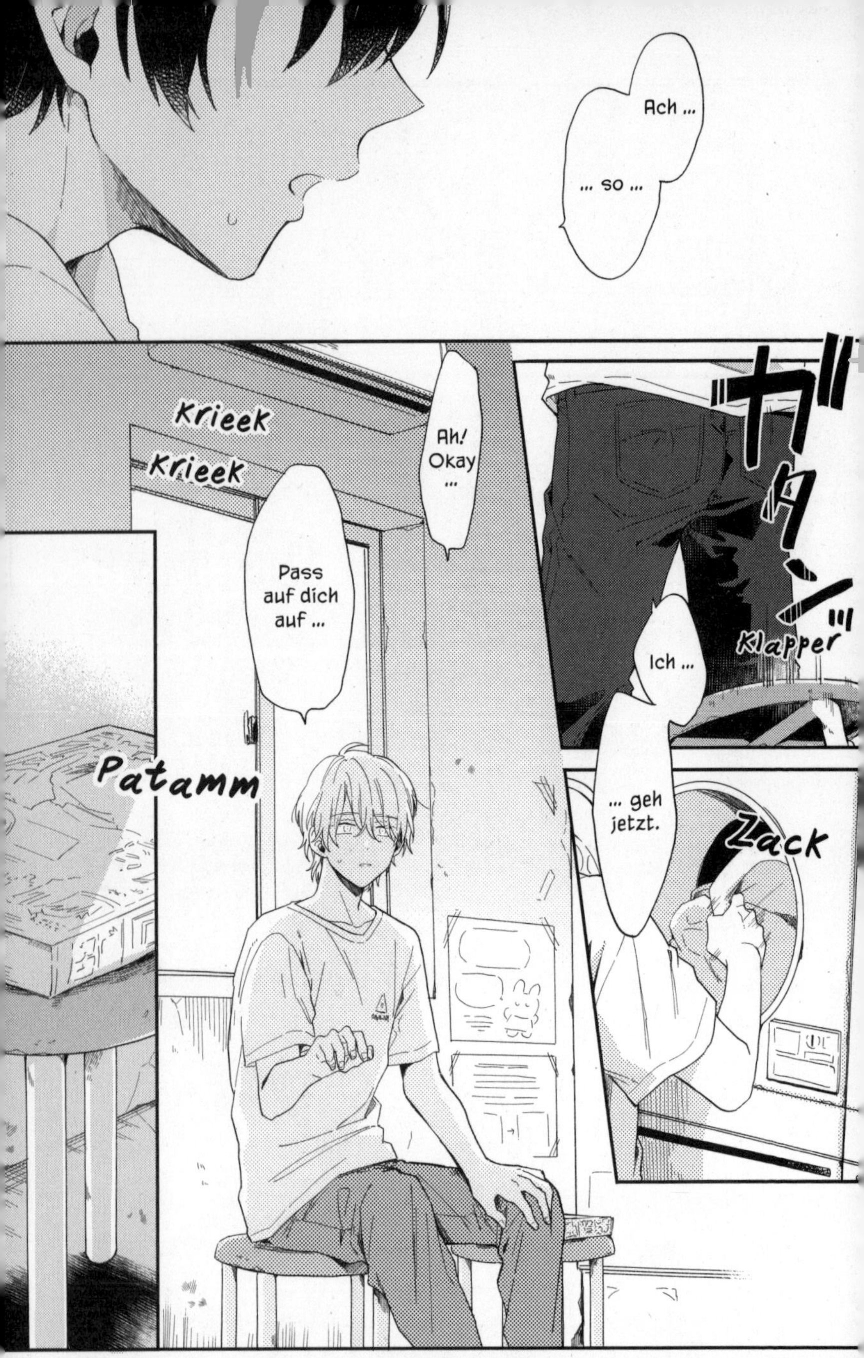
Ach ...
... so ...
Klapper
Ich ...
... geh jetzt.
Zack
Ah! Okay ...
Krieek
Krieek
Pass auf dich auf ...
Patamm

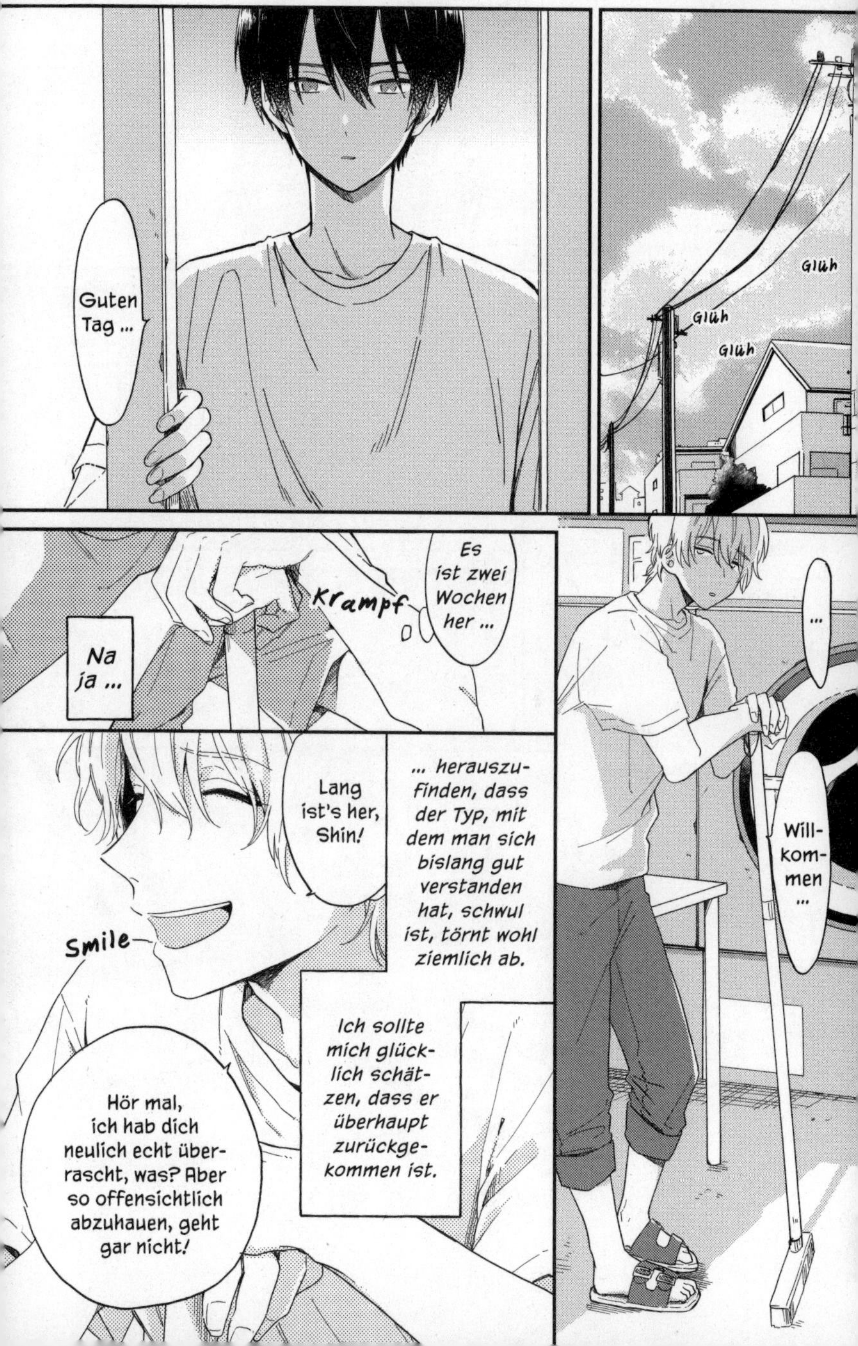
Glüh
Glüh
Glüh
Guten Tag ...
...
Willkommen ...
Es ist zwei Wochen her ...
Krampf
Na ja ...
Lang ist's her, Shin!
... herauszufinden, dass der Typ, mit dem man sich bislang gut verstanden hat, schwul ist, törnt wohl ziemlich ab.
Smile
Ich sollte mich glücklich schätzen, dass er überhaupt zurückgekommen ist.
Hör mal, ich hab dich neulich echt überrascht, was? Aber so offensichtlich abzuhauen, geht gar nicht!

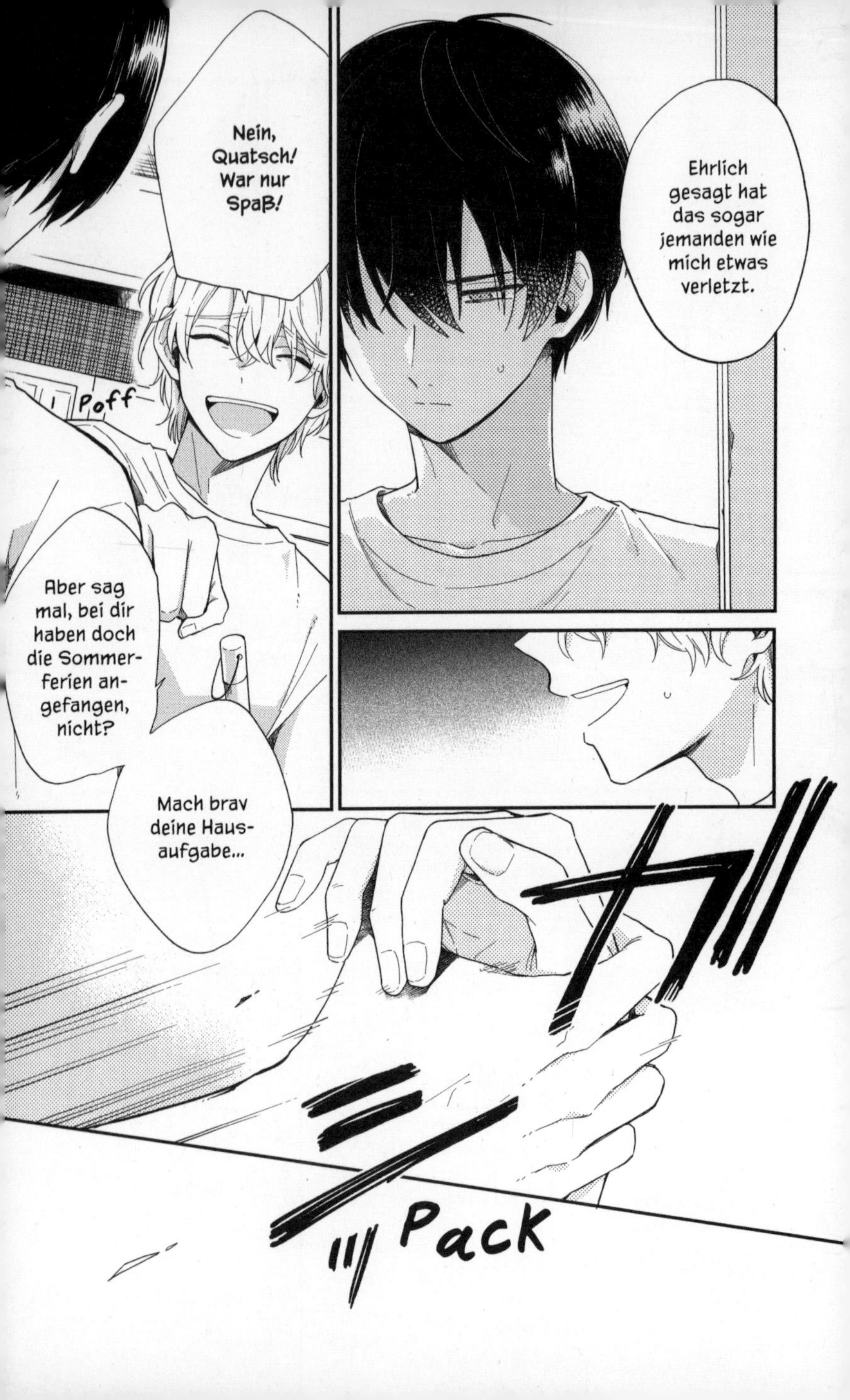

Ehrlich gesagt hat das sogar jemanden wie mich etwas verletzt.
Nein, Quatsch! War nur Spaß!
Poff
Aber sag mal, bei dir haben doch die Sommerferien angefangen, nicht?
Mach brav deine Hausaufgabe...
Pack

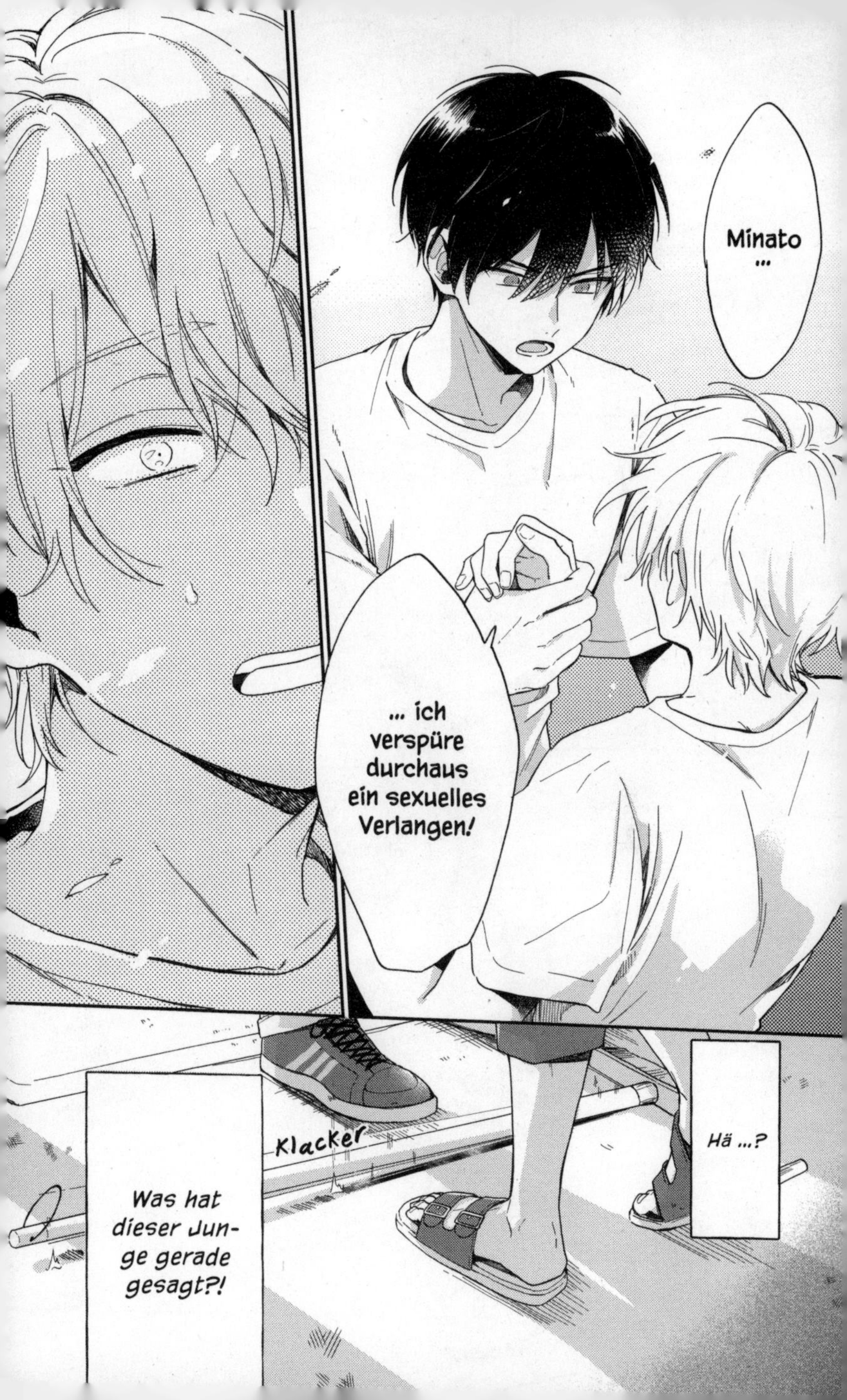
Minato …
… ich verspüre durchaus ein sexuelles Verlangen!
Hä …?
Klacker
Was hat dieser Junge gerade gesagt?!

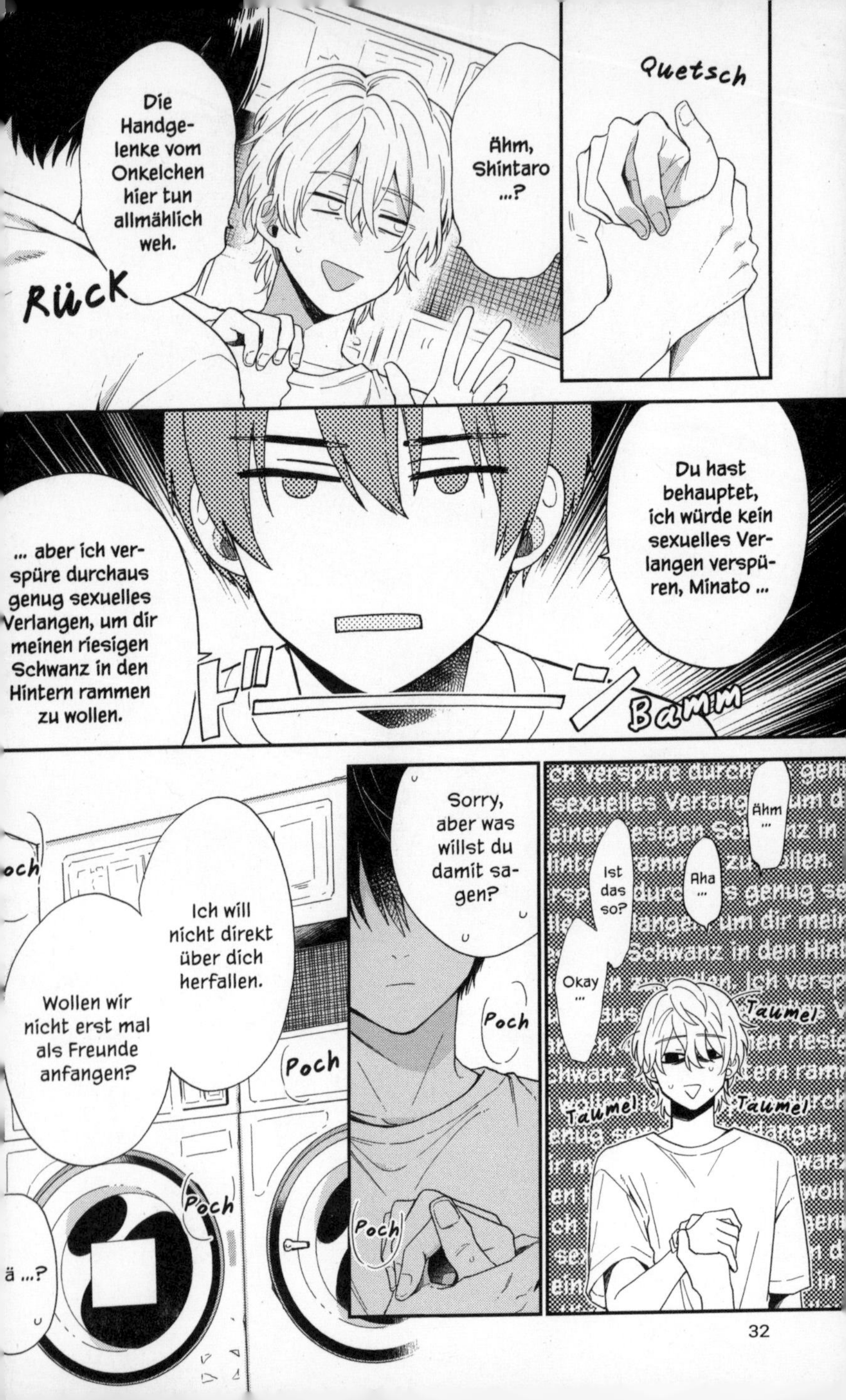
Quetsch
Ähm, Shintaro ...?
Die Handgelenke vom Onkelchen hier tun allmählich weh.
Rück
Du hast behauptet, ich würde kein sexuelles Verlangen verspüren, Minato ...
... aber ich verspüre durchaus genug sexuelles Verlangen, um dir meinen riesigen Schwanz in den Hintern rammen zu wollen.
Bamm
Ähm ...
Aha ...
Ist das so?
Okay ...
Taumel
Taumel
Taumel
Sorry, aber was willst du damit sagen?
Poch
Poch
Ich will nicht direkt über dich herfallen.
Wollen wir nicht erst mal als Freunde anfangen?
Poch
Poch

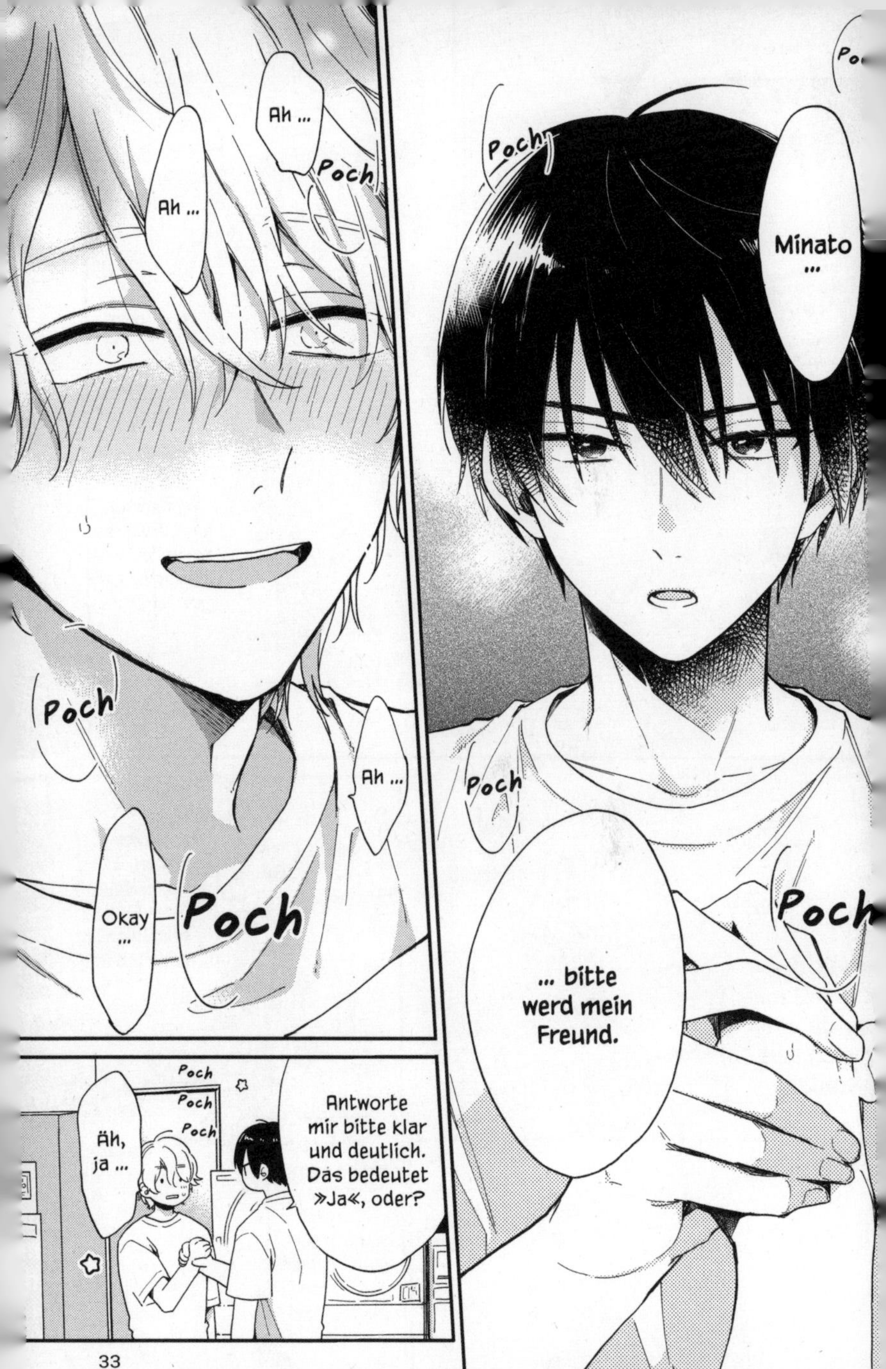
Poch
Minato ...
Poch
Poch
... bitte werd mein Freund.
Ah ...
Poch
Ah ...
Poch
Ah ...
Okay ...
Poch
Antworte mir bitte klar und deutlich. Das bedeutet »Ja«, oder?
Poch
Poch
Poch
Äh, ja ...

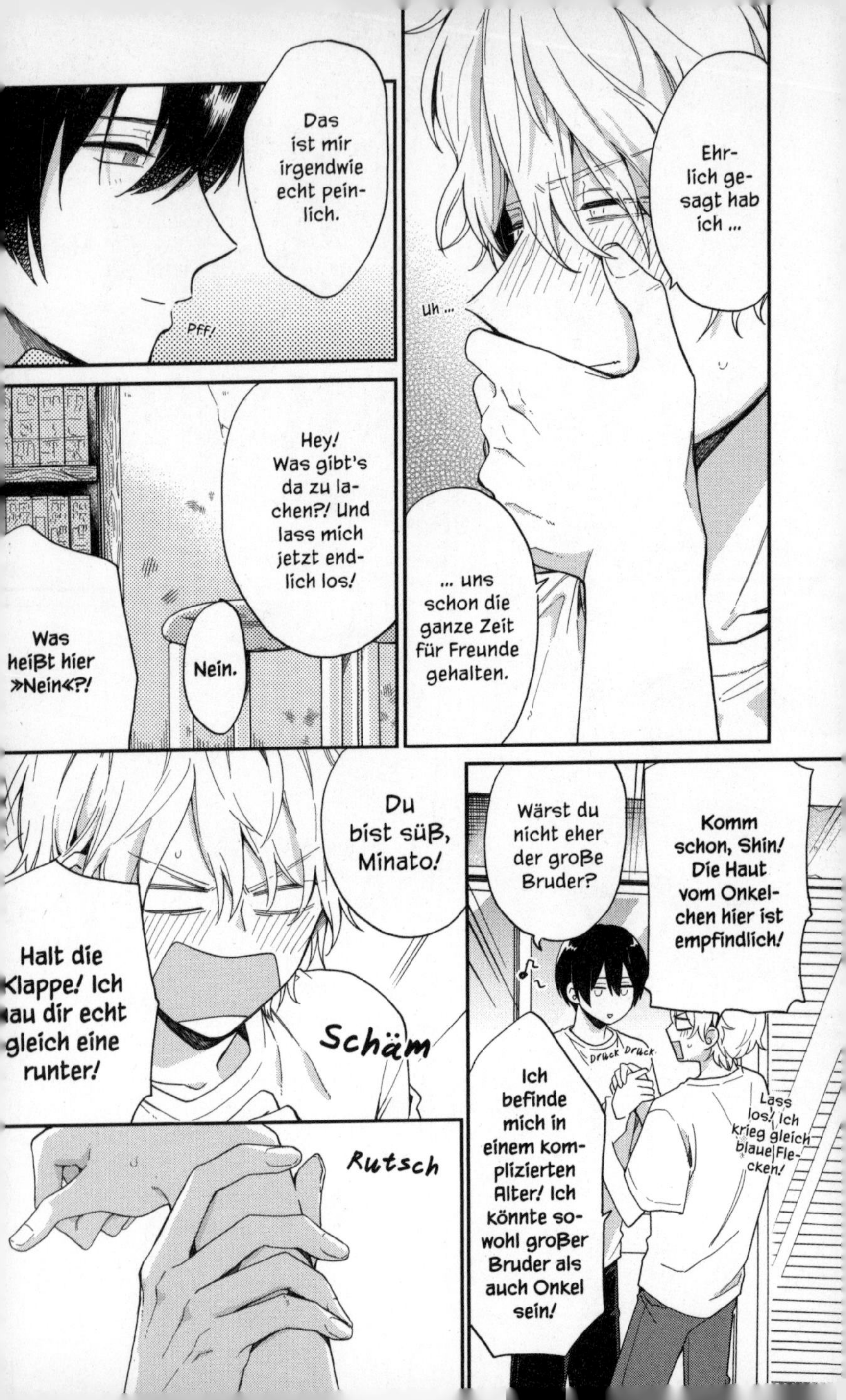
Ehrlich gesagt hab ich ...
Uh ...
... uns schon die ganze Zeit für Freunde gehalten.
Das ist mir irgendwie echt peinlich.
Pff!
Hey! Was gibt's da zu lachen?! Und lass mich jetzt endlich los!
Nein.
Was heißt hier »Nein«?!
Komm schon, Shin! Die Haut vom Onkelchen hier ist empfindlich!
Wärst du nicht eher der große Bruder?
Druck Druck
Ich befinde mich in einem komplizierten Alter! Ich könnte sowohl großer Bruder als auch Onkel sein!
Lass los! Ich krieg gleich blaue Flecken!
Du bist süß, Minato!
Halt die Klappe! Ich au dir echt gleich eine runter!
Schäm
Rutsch

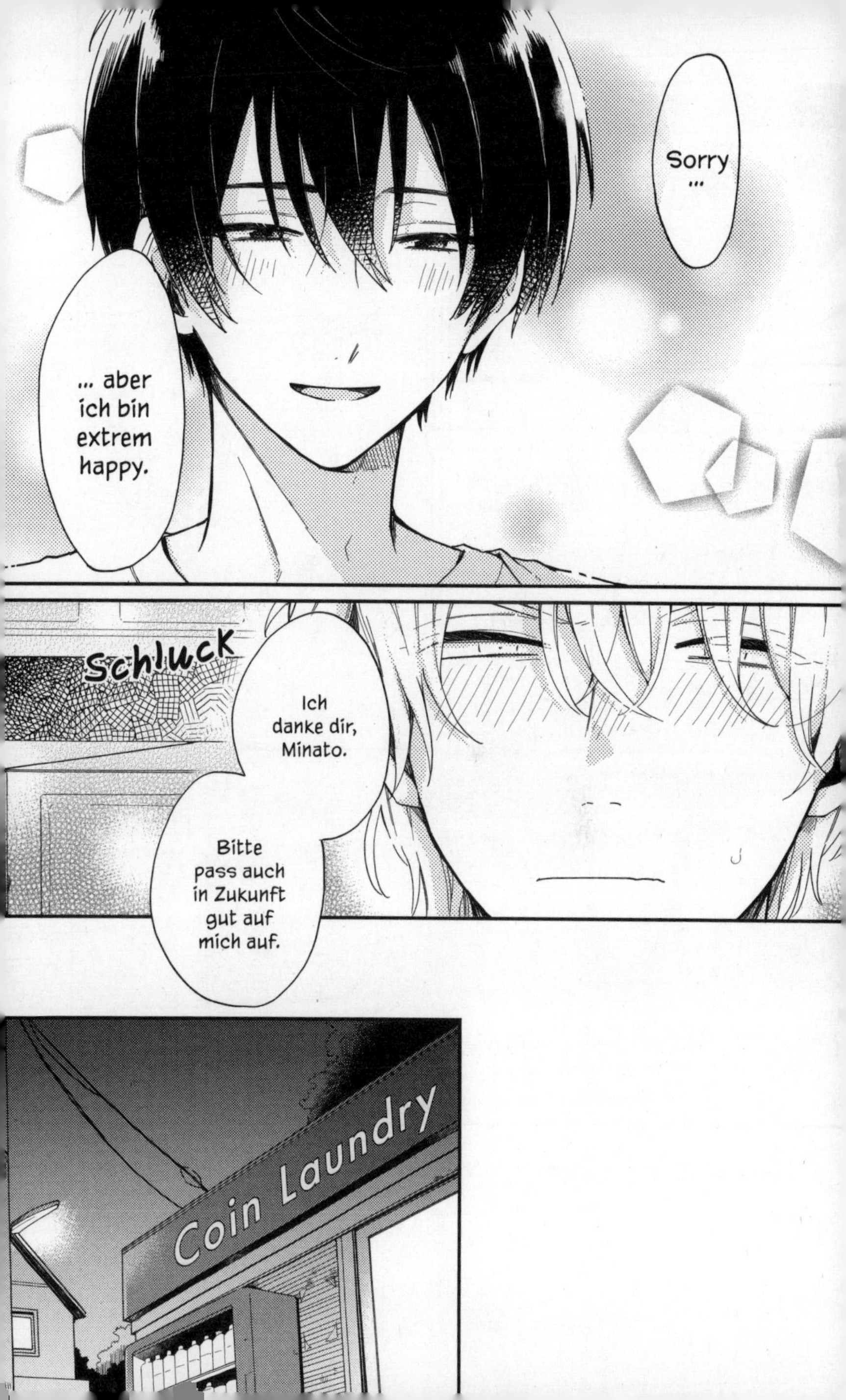
Sorry …
… aber ich bin extrem happy.
Schluck
Ich danke dir, Minato.
Bitte pass auch in Zukunft gut auf mich auf.
Coin Laundry

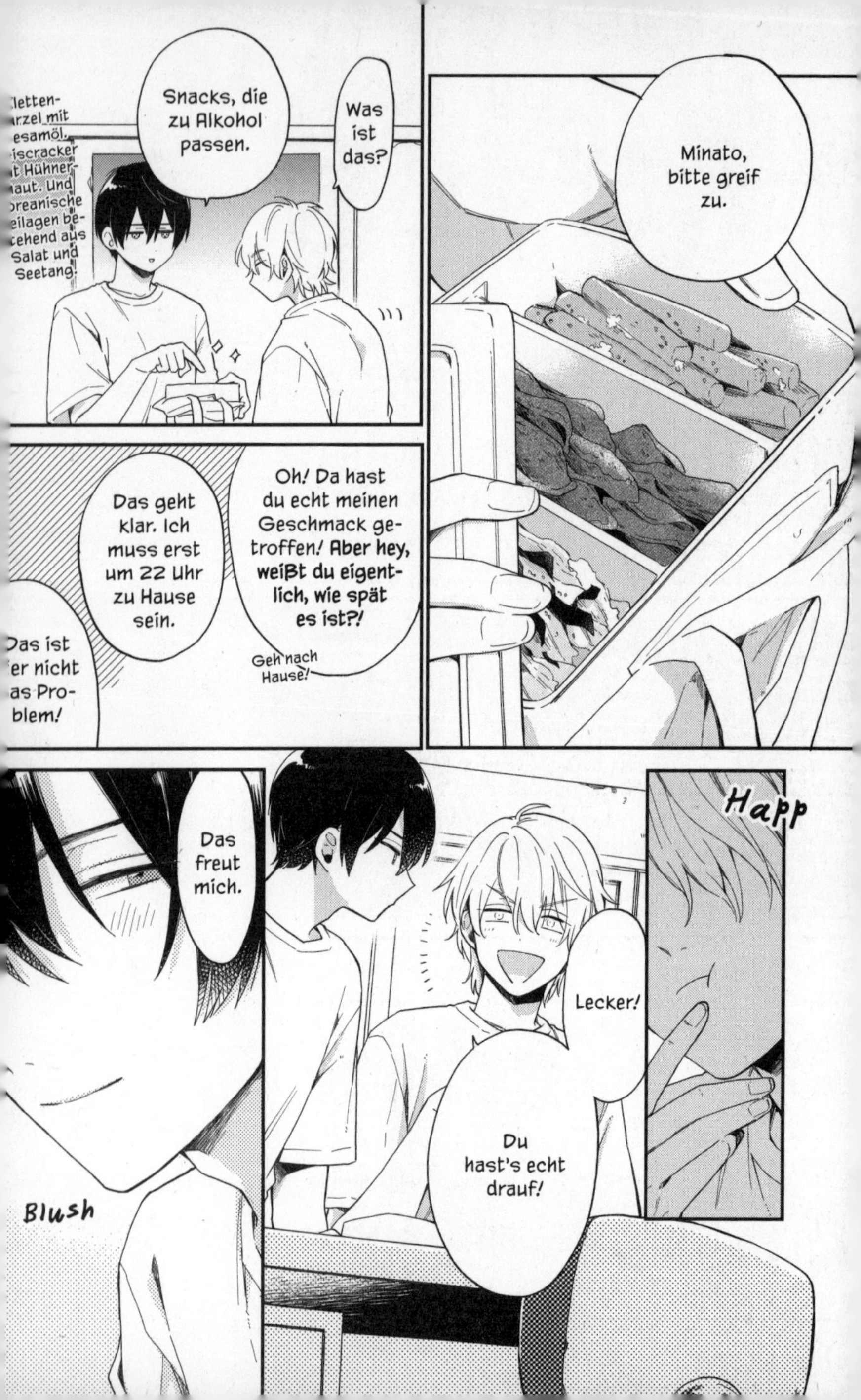

Minato, bitte greif zu.
Was ist das?
Snacks, die zu Alkohol passen.
letten-
rzel mit
esamöl.
iscracker
t Hühner-
aut. Und
oreanische
eilagen be-
tehend aus
Salat und
Seetang!
Oh! Da hast du echt meinen Geschmack getroffen! Aber hey, weißt du eigentlich, wie spät es ist?!
Geh nach Hause!
Das geht klar. Ich muss erst um 22 Uhr zu Hause sein.
Das ist
er nicht
as Pro-
blem!
Happ
Lecker!
Du hast's echt drauf!
Das freut mich.
Blush

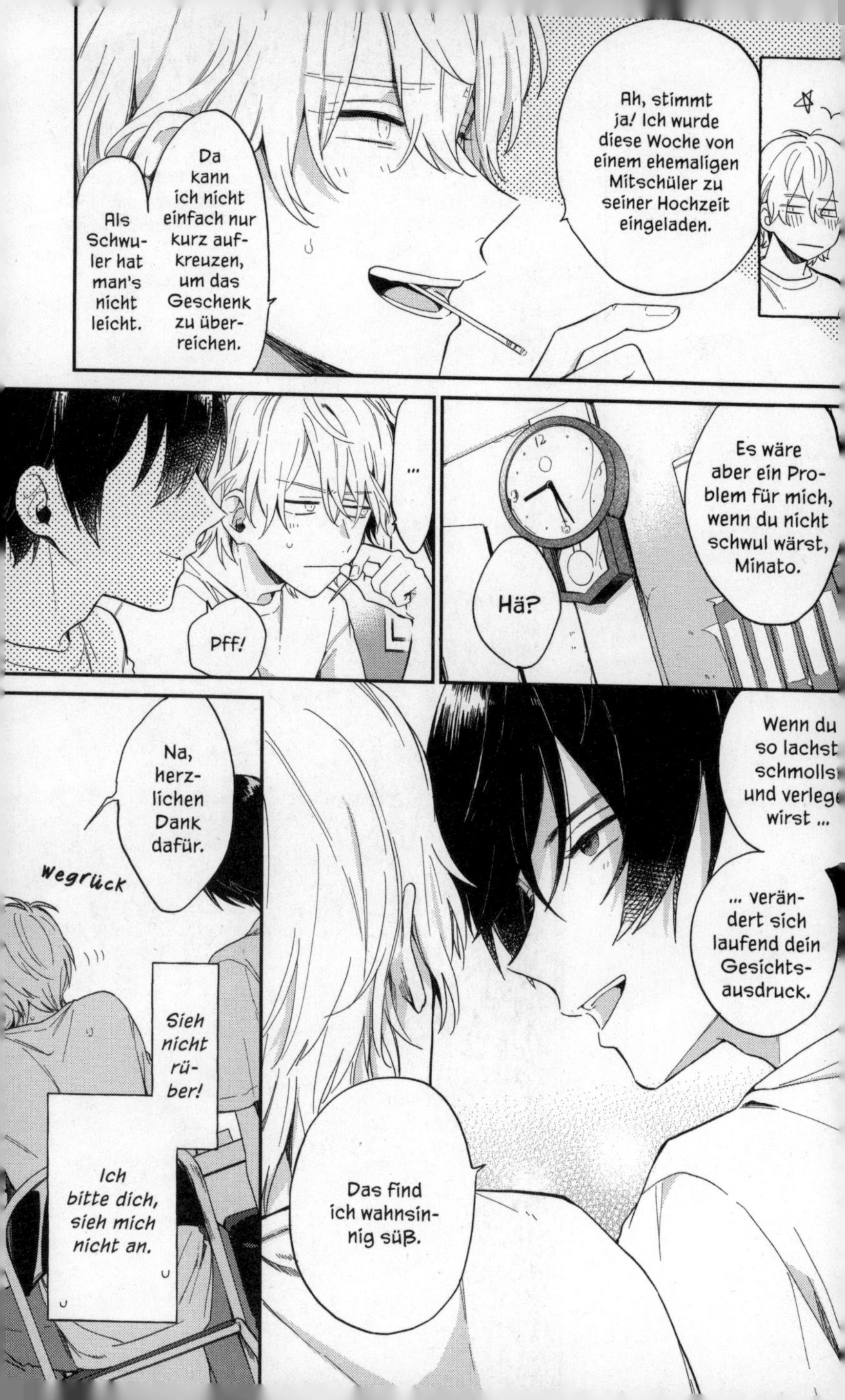

Ah, stimmt ja! Ich wurde diese Woche von einem ehemaligen Mitschüler zu seiner Hochzeit eingeladen.
Da kann ich nicht einfach nur kurz aufkreuzen, um das Geschenk zu überreichen.
Als Schwuler hat man's nicht leicht.
Es wäre aber ein Problem für mich, wenn du nicht schwul wärst, Minato.
Hä?
...
Pff!
Wenn du so lachst schmolls und verleg wirst ...
... verändert sich laufend dein Gesichtsausdruck.
Das find ich wahnsinnig süß.
Na, herzlichen Dank dafür.
Wegrück
Sieh nicht rüber!
Ich bitte dich, sieh mich nicht an.

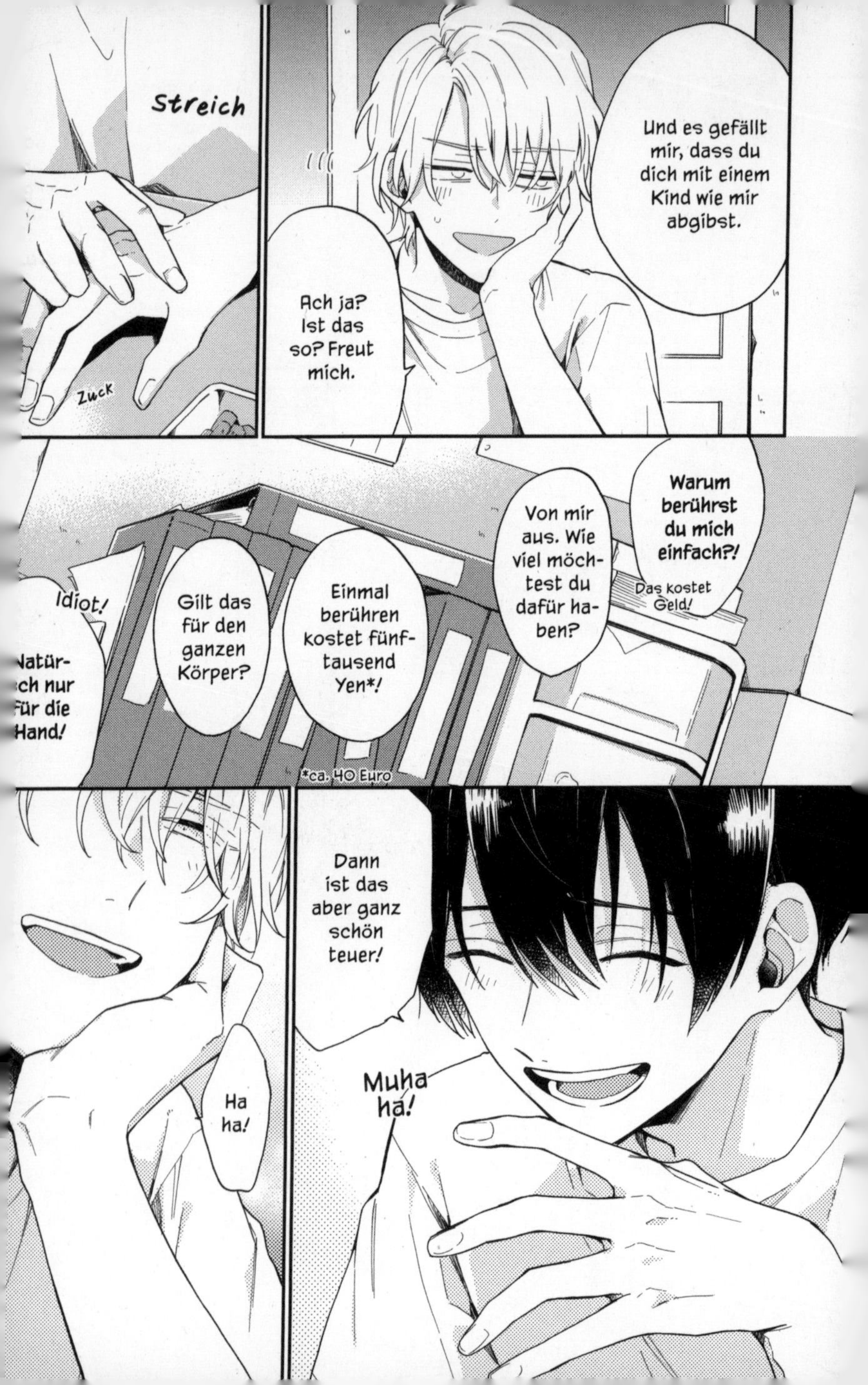
Und es gefällt mir, dass du dich mit einem Kind wie mir abgibst.
Ach ja? Ist das so? Freut mich.
Streich
Zuck
Warum berührst du mich einfach?!
Das kostet Geld!
Von mir aus. Wie viel möchtest du dafür haben?
Einmal berühren kostet fünftausend Yen*!
Gilt das für den ganzen Körper?
Idiot!
Natür-
ch nur
für die
Hand!
*ca. 40 Euro
Dann ist das aber ganz schön teuer!
Muha ha!
Ha ha!

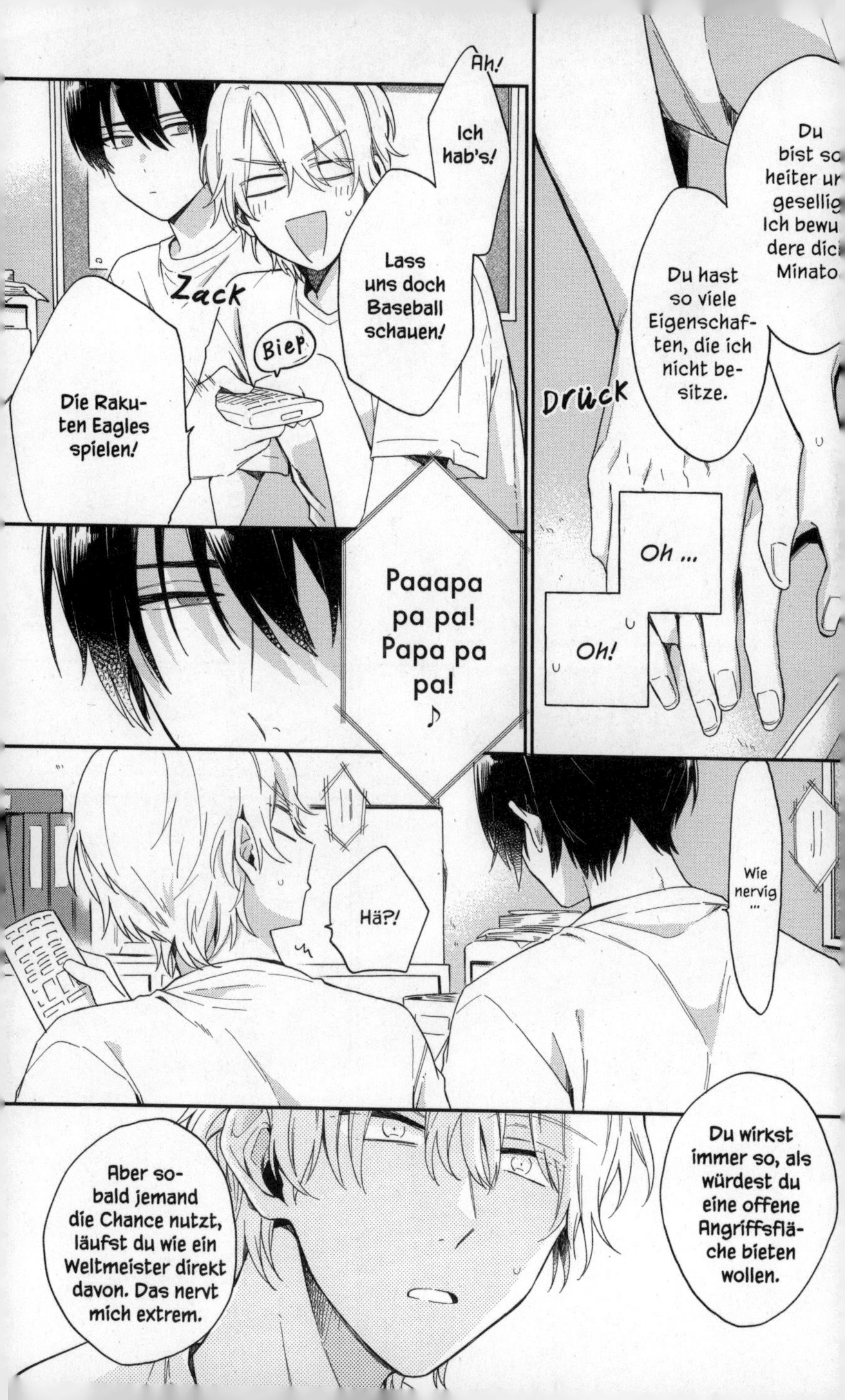
Du
bist so
heiter ur
gesellig
Ich bewu
dere dic
Minato
Du hast so viele Eigenschaften, die ich nicht besitze.
Drück
Oh ...
Oh!
Ah!
Ich hab's!
Lass uns doch Baseball schauen!
Zack
Biep
Die Rakuten Eagles spielen!
Paaapa pa pa! Papa pa pa! ♪
Wie nervig ...
Hä?!
Du wirkst immer so, als würdest du eine offene Angriffsfläche bieten wollen.
Aber sobald jemand die Chance nutzt, läufst du wie ein Weltmeister direkt davon. Das nervt mich extrem.

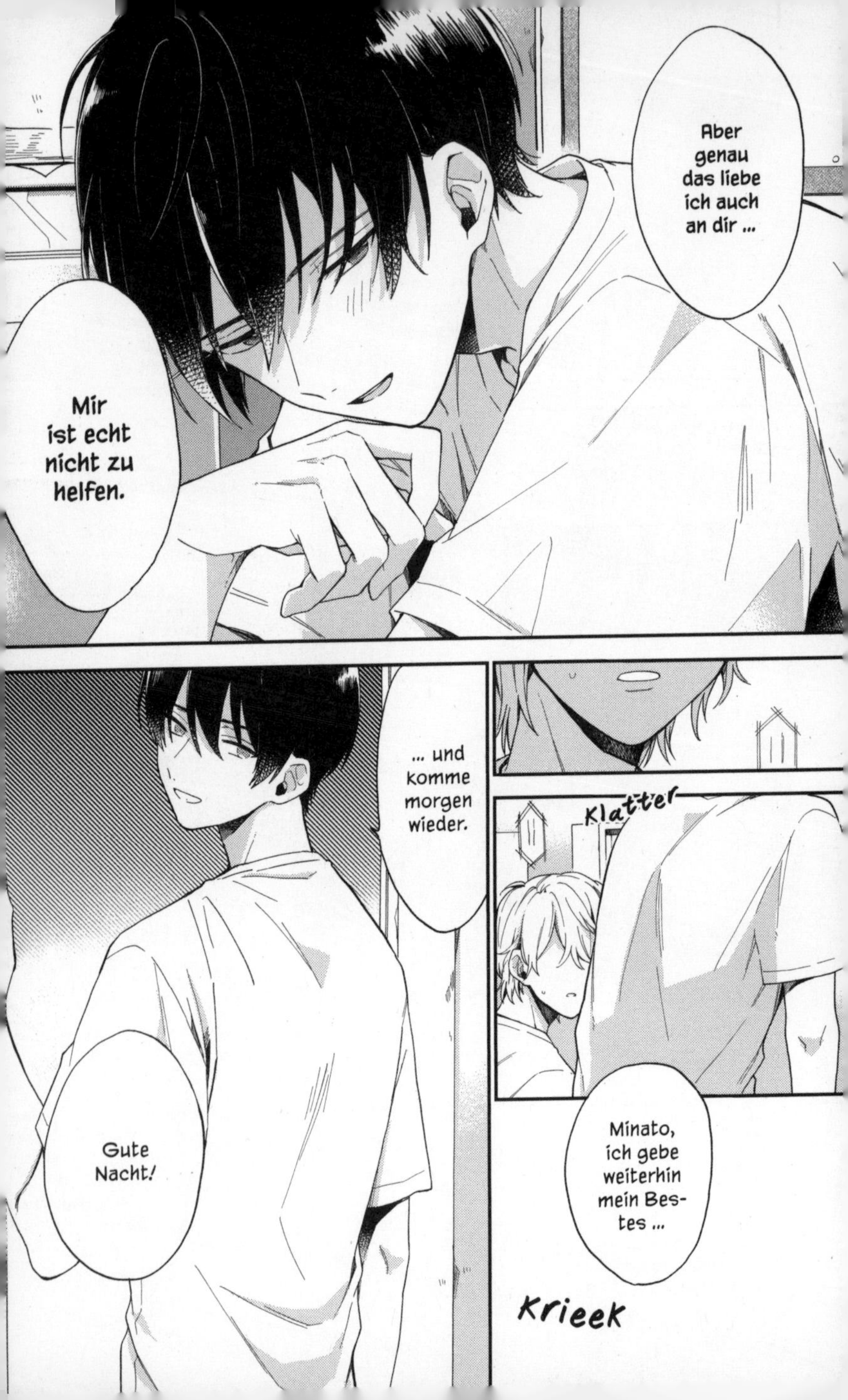
Aber genau das liebe ich auch an dir ...
Mir ist echt nicht zu helfen.
... und komme morgen wieder.
Klatter
Minato, ich gebe weiterhin mein Bes-tes ...
Krieek
Gute Nacht!

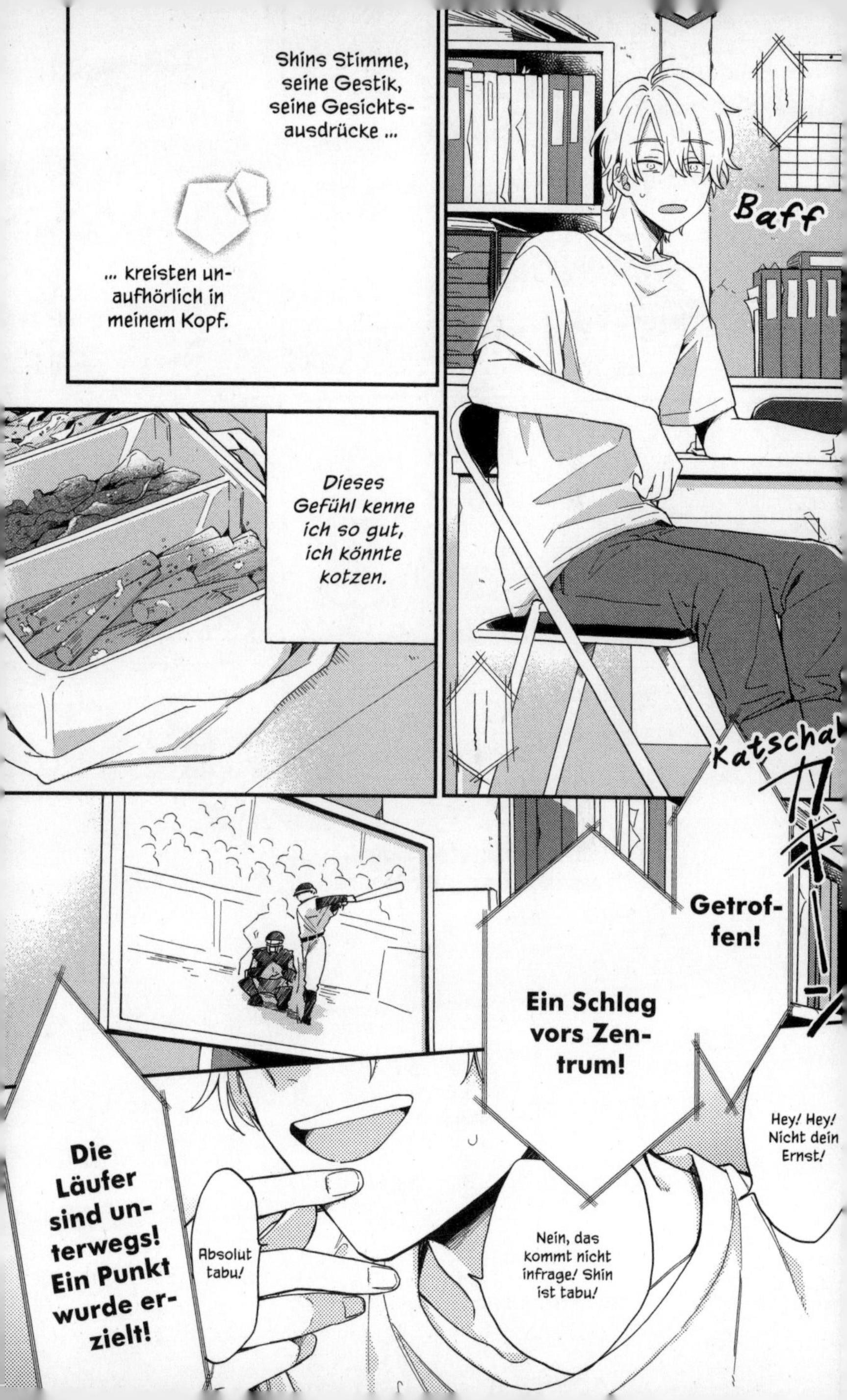

Baff
Shins Stimme, seine Gestik, seine Gesichtsausdrücke ...
... kreisten unaufhörlich in meinem Kopf.
Dieses Gefühl kenne ich so gut, ich könnte kotzen.
Katschak
Getroffen!
Ein Schlag vors Zentrum!
Hey! Hey! Nicht dein Ernst!
Nein, das kommt nicht infrage! Shin ist tabu!
Absolut tabu!
Die Läufer sind unterwegs! Ein Punkt wurde erzielt!

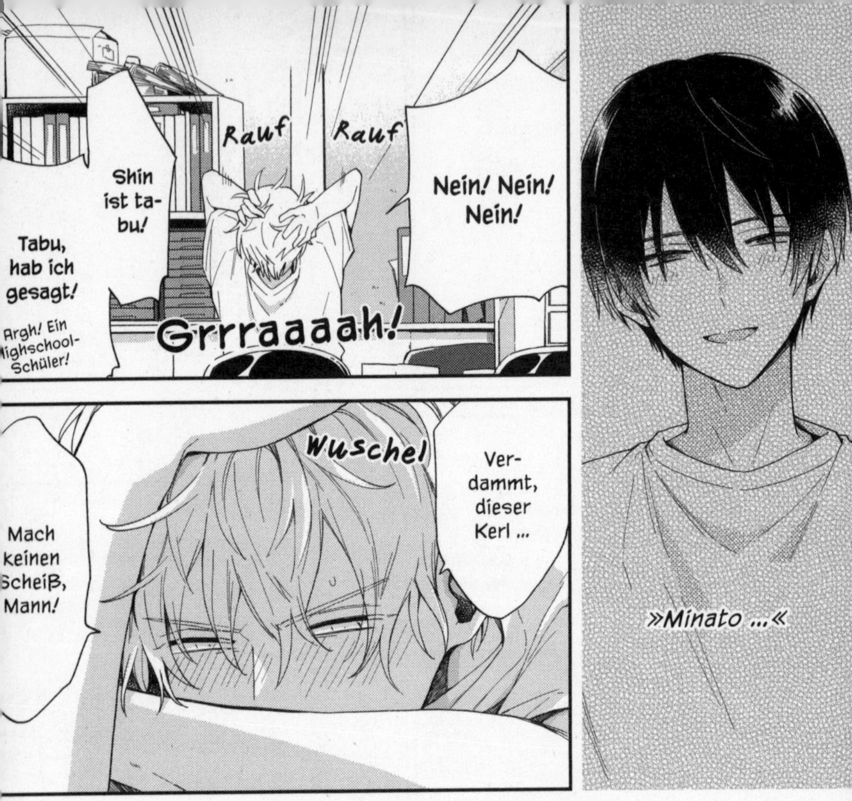

Für heute hat Minato's Coin Laundry seine Pforten geschlossen.

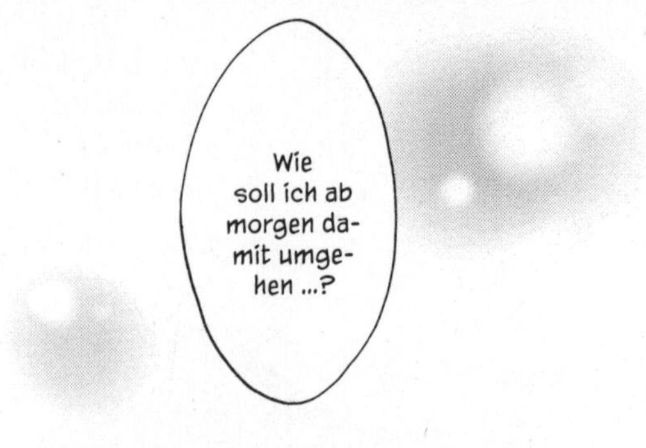

Bitte beehren Sie uns wieder.

Wash
my heart!

Wash
my heart!

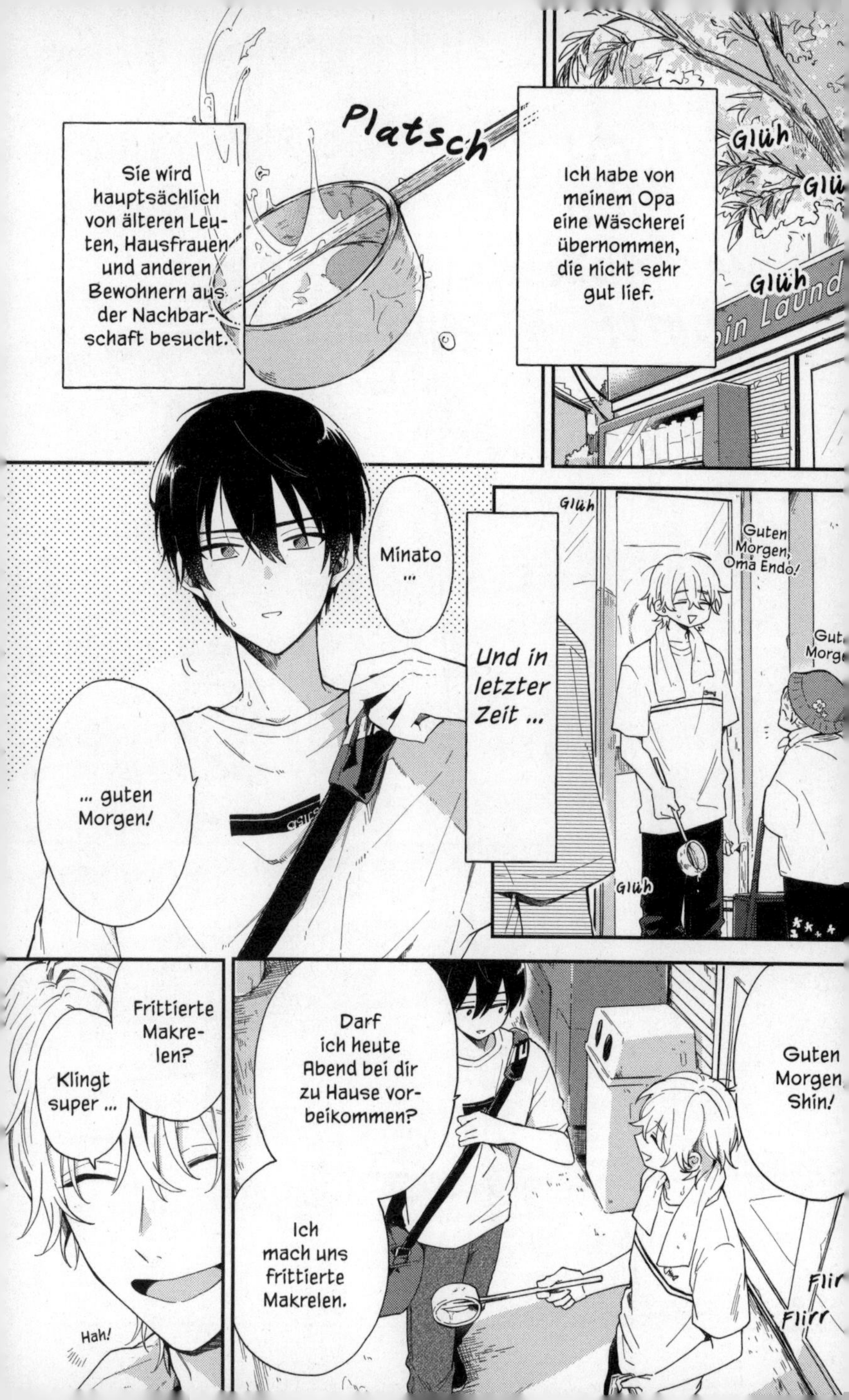
Glüh
Glüh
Glüh
Ich habe von meinem Opa eine Wäscherei übernommen, die nicht sehr gut lief.
Platsch
Sie wird hauptsächlich von älteren Leuten, Hausfrauen und anderen Bewohnern aus der Nachbarschaft besucht.
Guten Morgen, Oma Endo!
Glüh
Glüh
Und in letzter Zeit ...
Minato ...
... guten Morgen!
Guten Morgen Shin!
Flirr
Flirr
Darf ich heute Abend bei dir zu Hause vorbeikommen?
Ich mach uns frittierte Makrelen.
Frittierte Makrelen?
Klingt super ...
Hah!

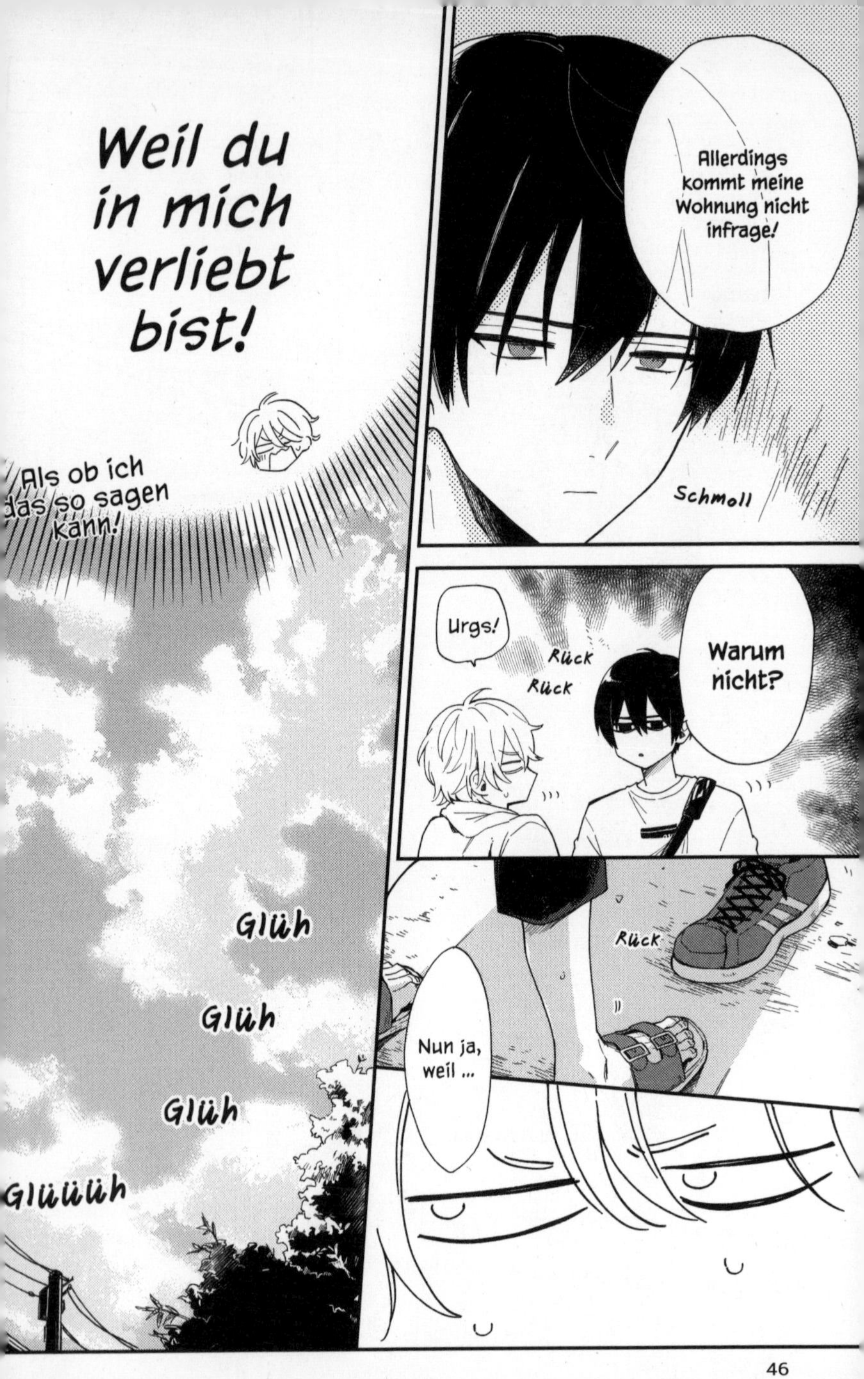
Allerdings kommt meine Wohnung nicht infrage!
Schmoll
Weil du in mich verliebt bist!
Als ob ich das so sagen kann!
Warum nicht?
Rück
Rück
Urgs!
Rück
Nun ja, weil ...
Glüh
Glüh
Glüh
Glüüüüh

Kapitel 2 Wir sind doch Freunde! Ist doch seltsam, sich dann nicht zu Hause zu besuchen

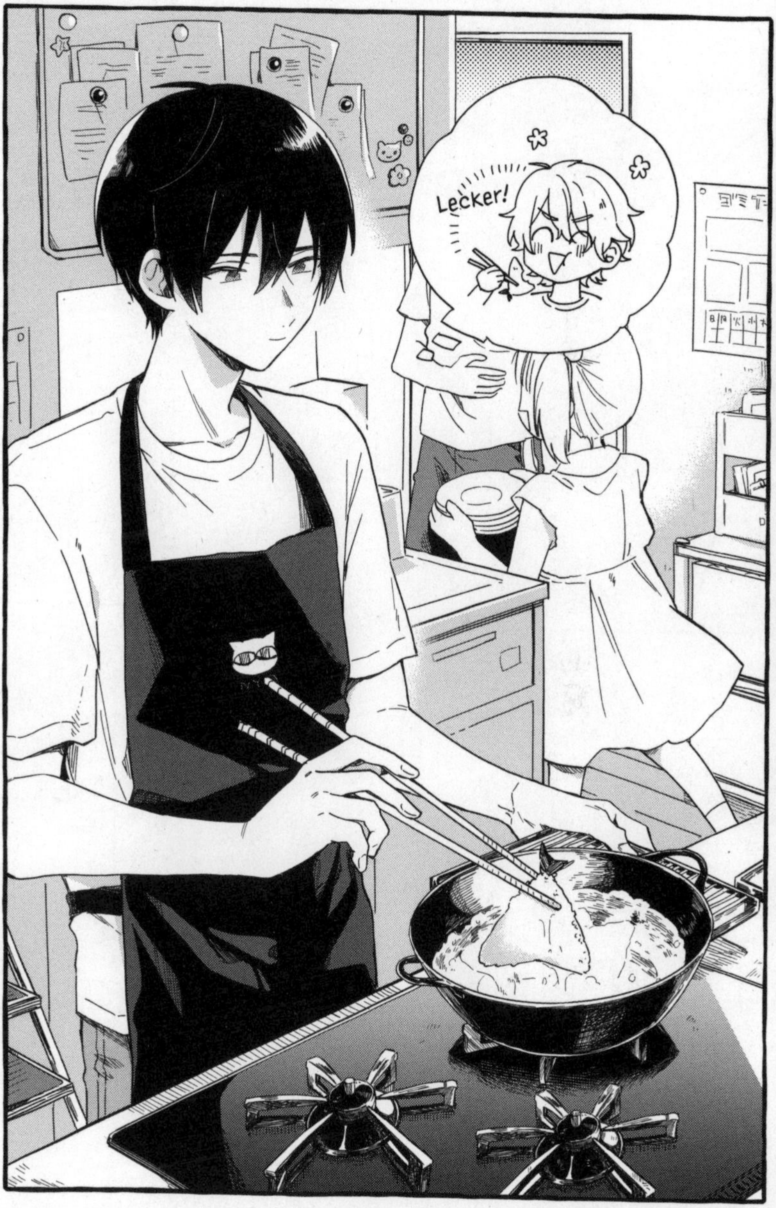

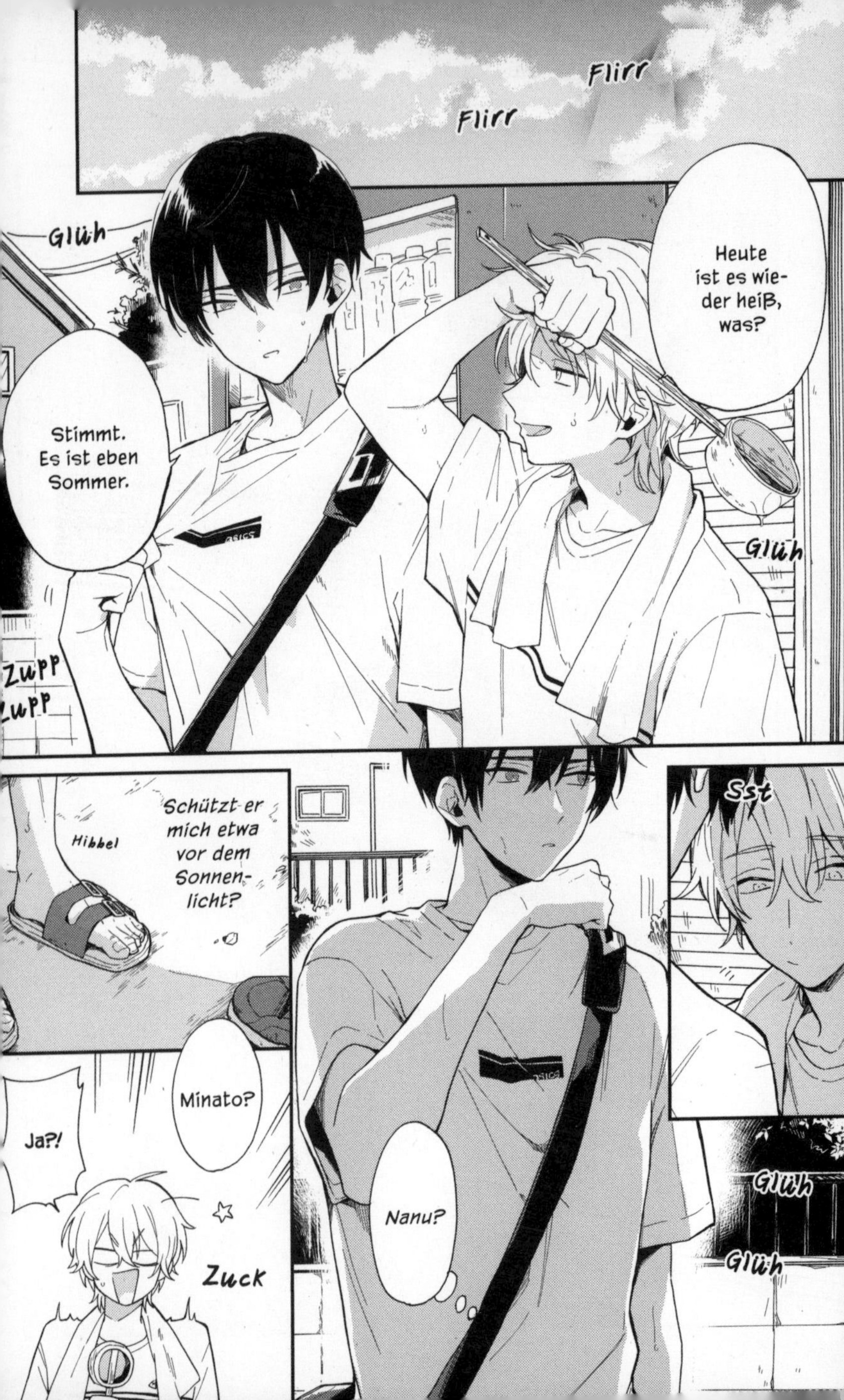
Flirr
Flirr
Heute ist es wieder heiß, was?
Glüh
Stimmt. Es ist eben Sommer.
Glüh
Zupp
Zupp
Sst
Nanu?
Glüh
Glüh
Schützt er mich etwa vor dem Sonnenlicht?
Hibbel
Minato?
Ja?!
Zuck

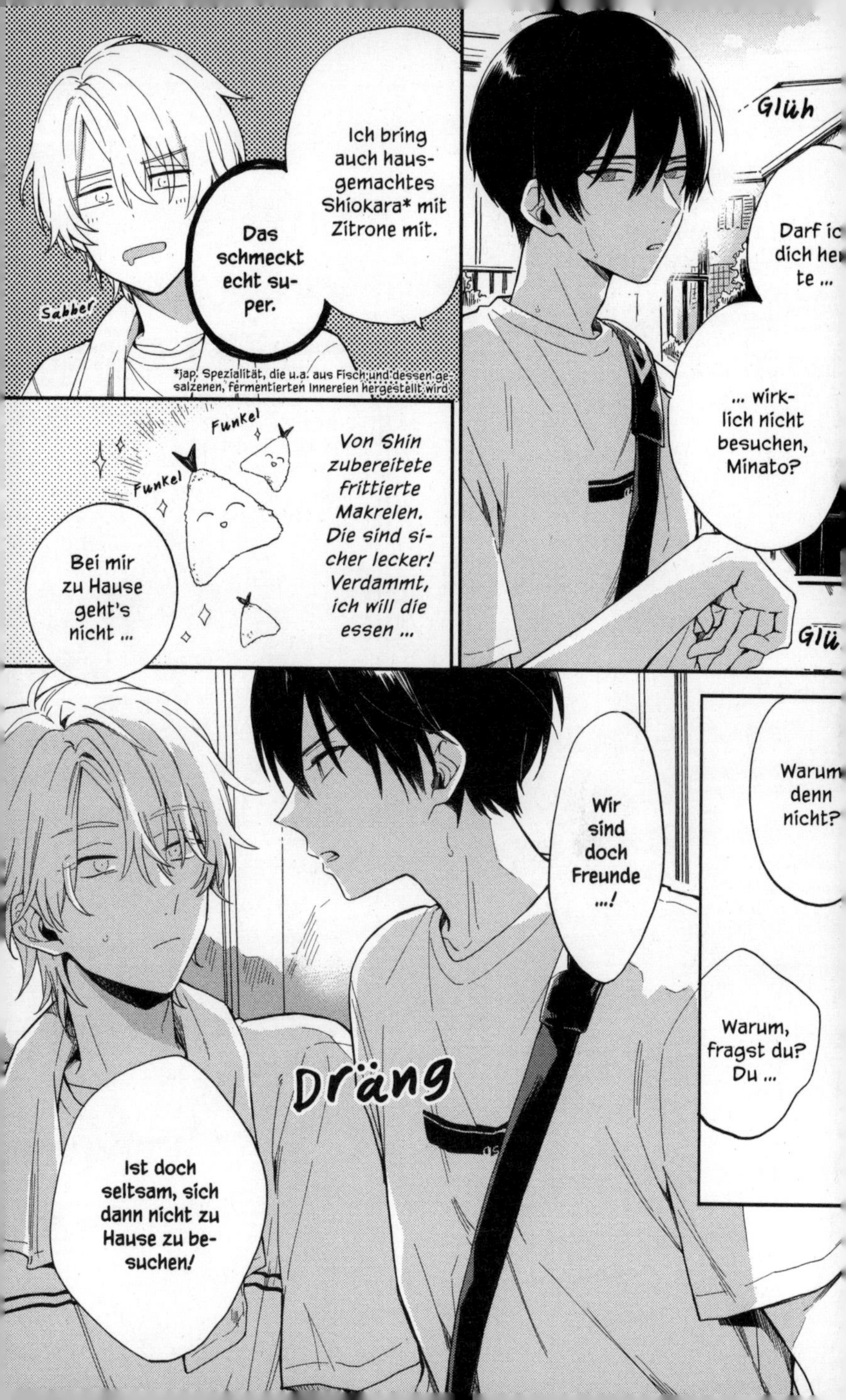
Glüh
Darf ic dich he te ...
... wirklich nicht besuchen, Minato?
Glü
Ich bring auch hausgemachtes Shiokara* mit Zitrone mit.
Das schmeckt echt super.
Sabber
*jap. Spezialität, die u.a. aus Fisch und dessen gesalzenen, fermentierten Innereien hergestellt wird
Von Shin zubereitete frittierte Makrelen. Die sind sicher lecker! Verdammt, ich will die essen ...
Funkel
Funkel
Bei mir zu Hause geht's nicht ...
Warum denn nicht?
Warum, fragst du? Du ...
Wir sind doch Freunde ...!
Dräng
Ist doch seltsam, sich dann nicht zu Hause zu besuchen!

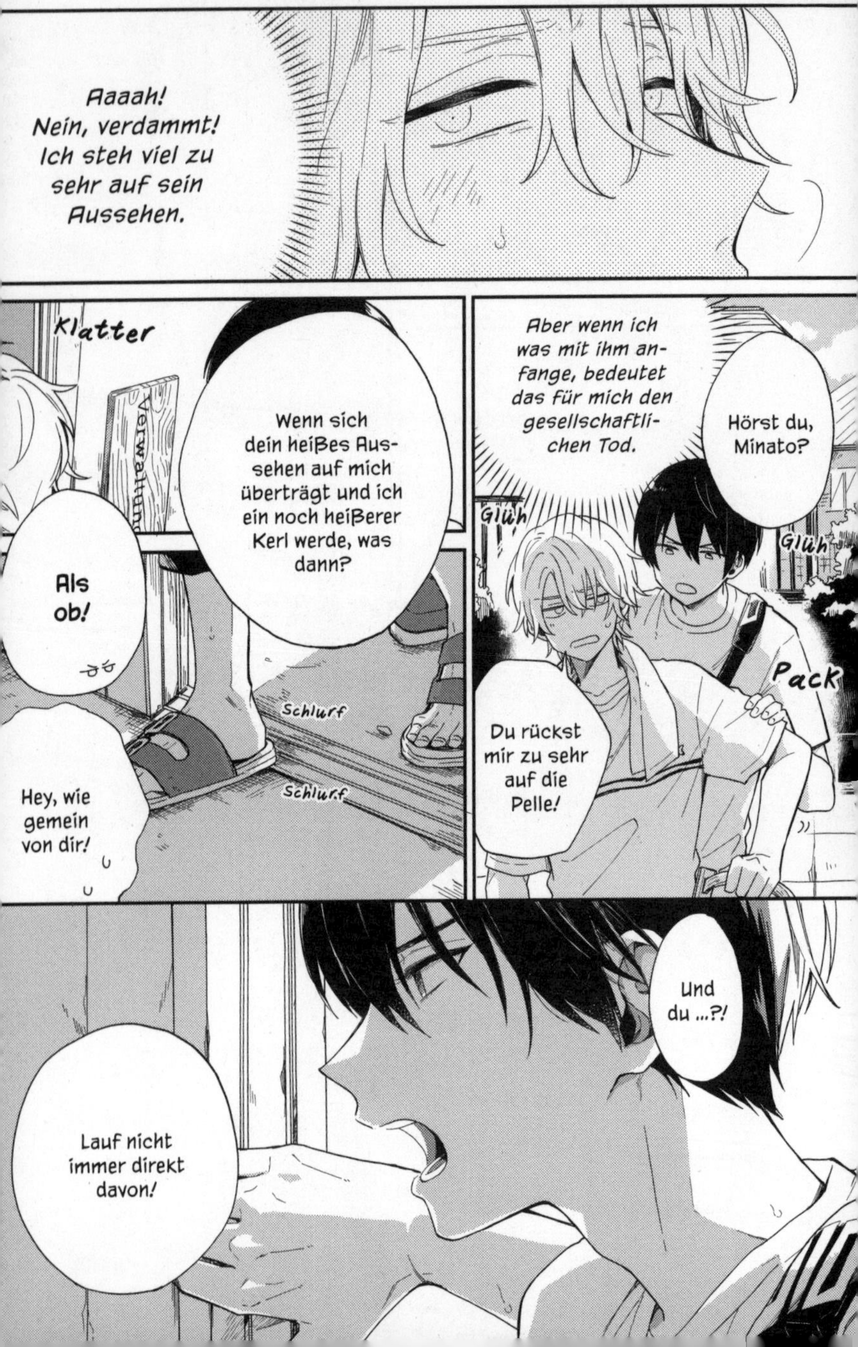
Aaaah! Nein, verdammt! Ich steh viel zu sehr auf sein Aussehen.
Aber wenn ich was mit ihm anfange, bedeutet das für mich den gesellschaftlichen Tod.
Hörst du, Minato?
Glüh
Glüh
Pack
Du rückst mir zu sehr auf die Pelle!
Klatter
Wenn sich dein heißes Aussehen auf mich überträgt und ich ein noch heißerer Kerl werde, was dann?
Als ob!
Schlurf
Schlurf
Hey, wie gemein von dir!
Und du ...?!
Lauf nicht immer direkt davon!

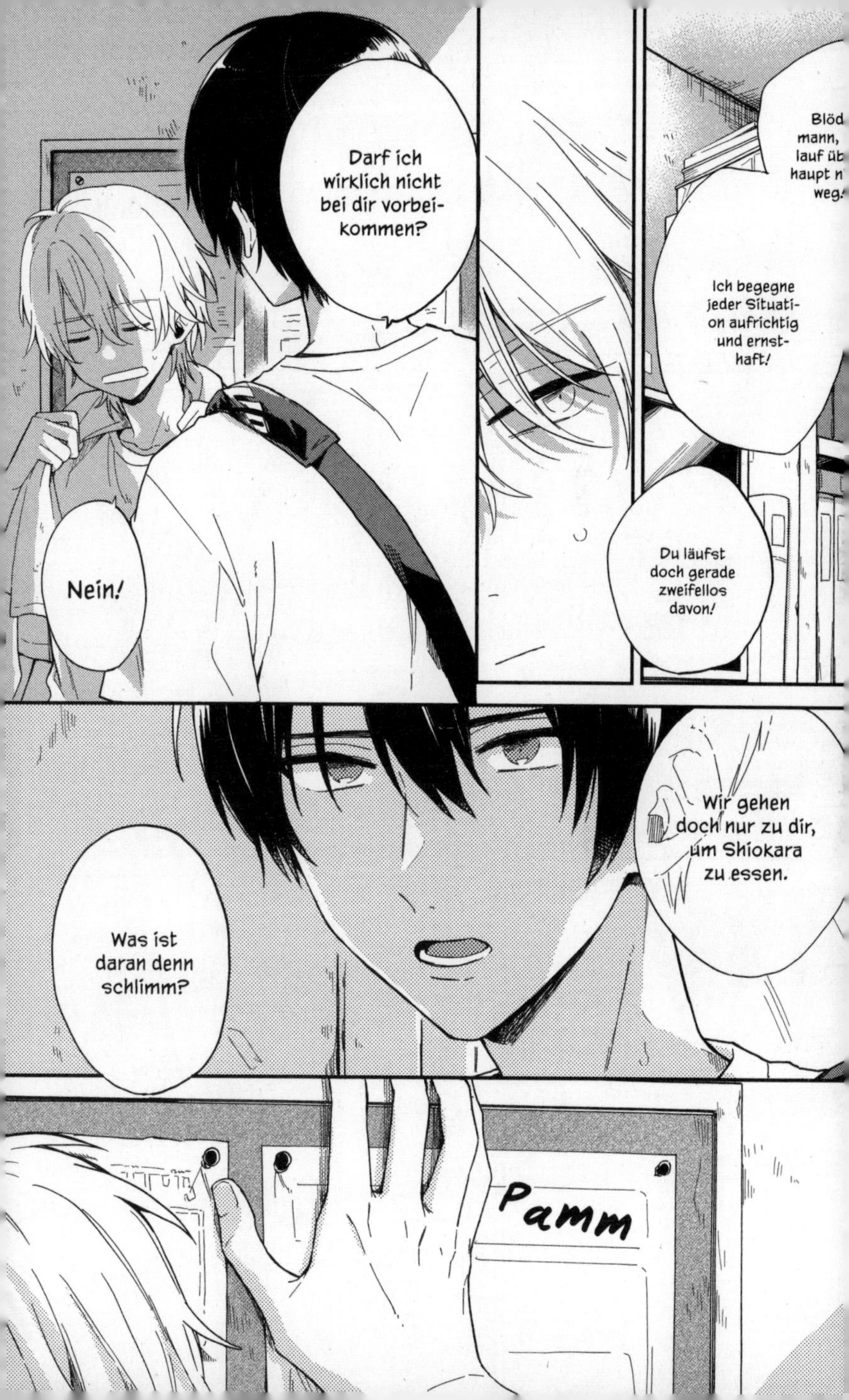
Blöd
mann,
lauf üb
haupt n
weg.
Ich begegne jeder Situation aufrichtig und ernsthaft!
Du läufst doch gerade zweifellos davon!
Darf ich wirklich nicht bei dir vorbeikommen?
Nein!
Wir gehen doch nur zu dir, um Shiokara zu essen.
Was ist daran denn schlimm?
Pamm

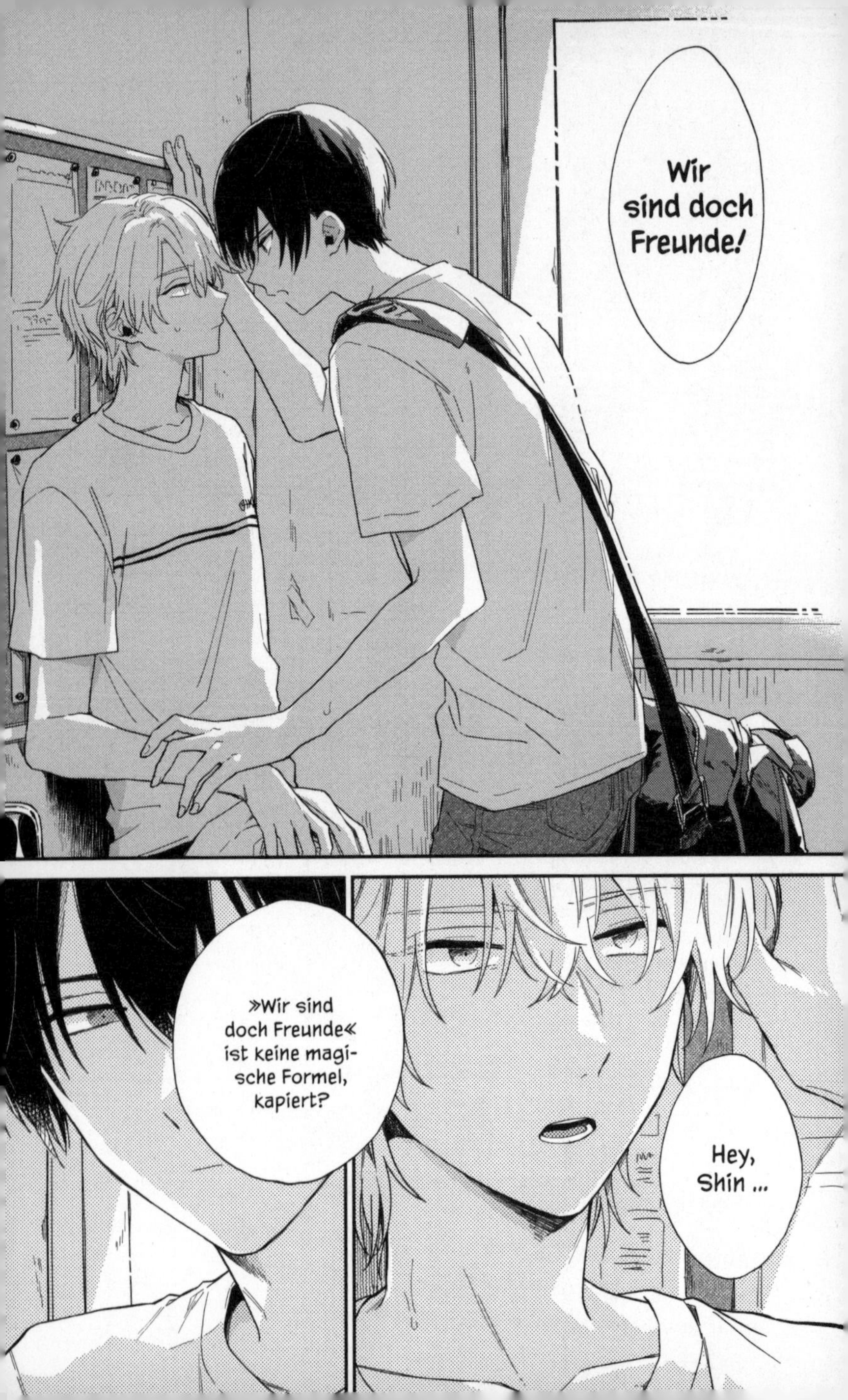
Wir sind doch Freunde!
Hey, Shin ...
»Wir sind doch Freunde« ist keine magi-sche Formel, kapiert?

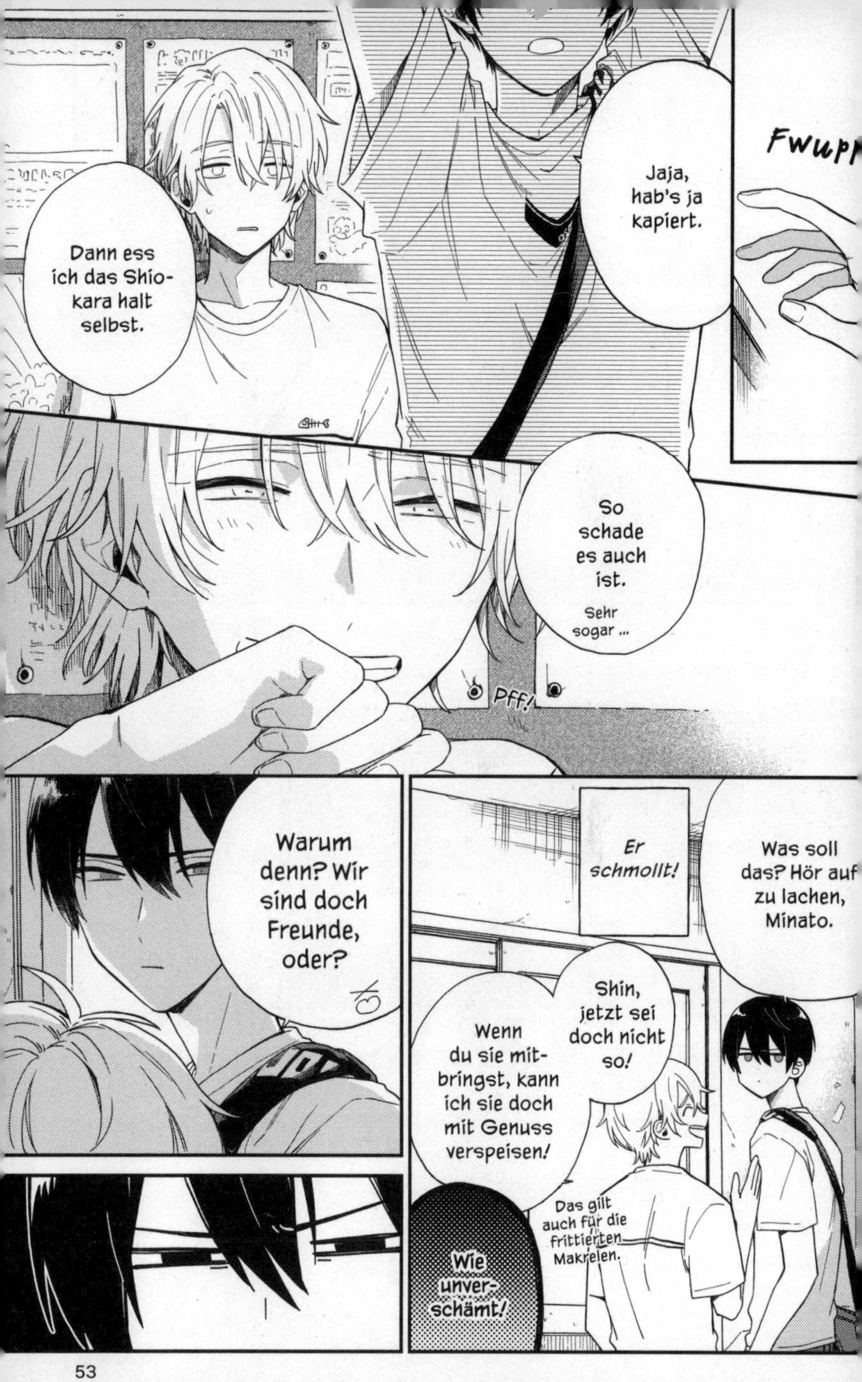
Fwupp
Jaja, hab's ja kapiert.
Dann ess ich das Shio-kara halt selbst.
So schade es auch ist.
Sehr sogar ...
Pff!
Was soll das? Hör auf zu lachen, Minato.
Er schmollt!
Warum denn? Wir sind doch Freunde, oder?
Shin, jetzt sei doch nicht so!
Wenn du sie mitbringst, kann ich sie doch mit Genuss verspeisen!
Das gilt auch für die frittierten Makrelen.
Wie unverschämt!

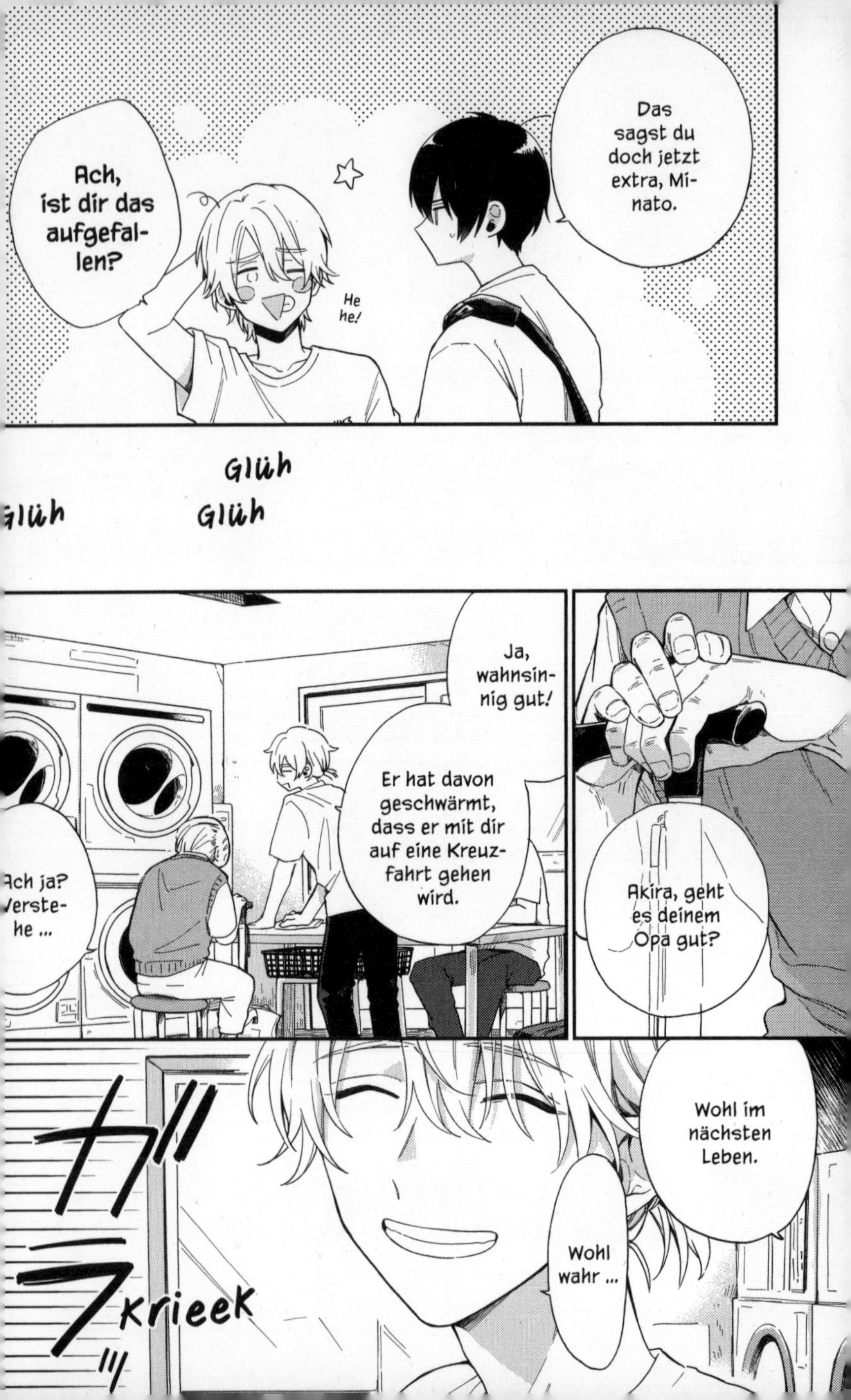
Das sagst du doch jetzt extra, Minato.
Ach, ist dir das aufgefallen?
He he!
Glüh
Glüh
Glüh
Akira, geht es deinem Opa gut?
Ja, wahnsinnig gut!
Er hat davon geschwärmt, dass er mit dir auf eine Kreuzfahrt gehen wird.
Ach ja? Verstehe ...
Wohl im nächsten Leben.
Wohl wahr ...
Krieek

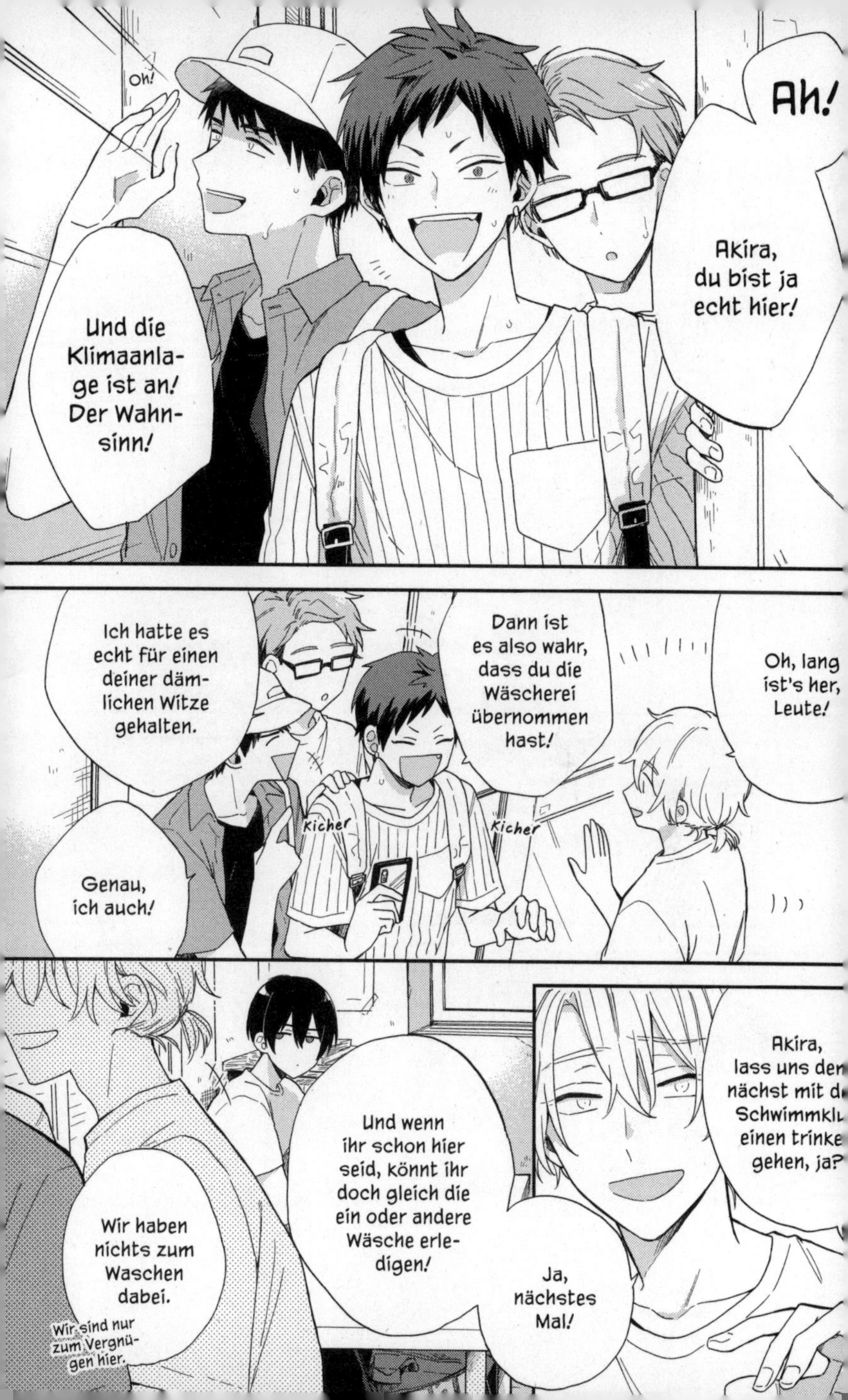

Ah!
Akira, du bist ja echt hier!
Oh!
Und die Klimaanlage ist an! Der Wahnsinn!
Oh, lang ist's her, Leute!
Dann ist es also wahr, dass du die Wäscherei übernommen hast!
Kicher
Kicher
Ich hatte es echt für einen deiner dämlichen Witze gehalten.
Genau, ich auch!
Akira, lass uns dem nächst mit d Schwimmkl einen trinke gehen, ja?
Ja, nächstes Mal!
Und wenn ihr schon hier seid, könnt ihr doch gleich die ein oder andere Wäsche erledigen!
Wir haben nichts zum Waschen dabei.
Wir sind nur zum Vergnügen hier.

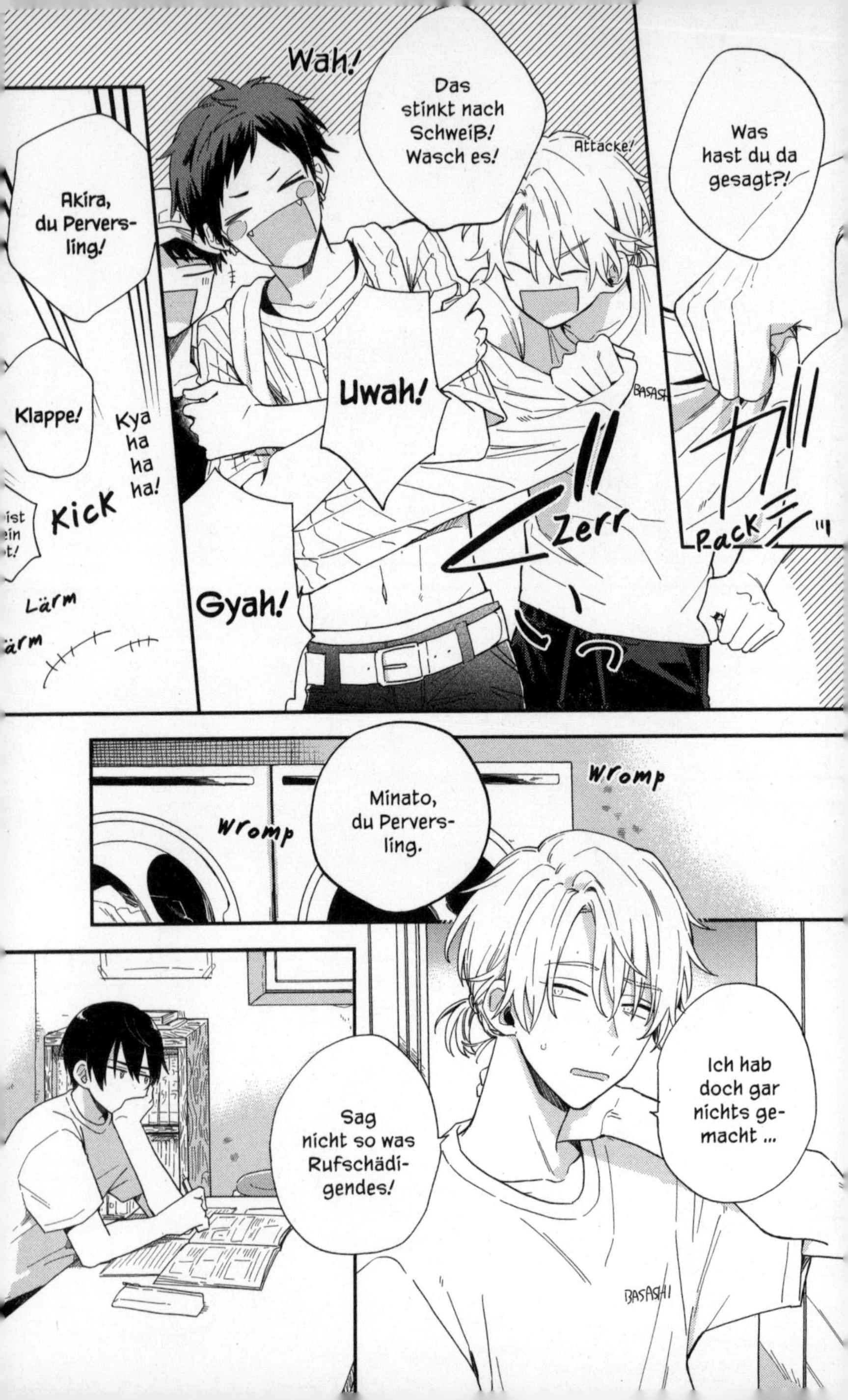
Was hast du da gesagt?!
Pack
Attacke!
Das stinkt nach Schweiß! Wasch es!
Wah!
Zerr
Uwah!
Akira, du Perversling!
Kya ha ha ha!
Klappe!
Kick
Gyah!
Lärm
Wromp
Minato, du Perversling.
Wromp
Ich hab doch gar nichts gemacht ...
Sag nicht so was Rufschädigendes!
BASASHI

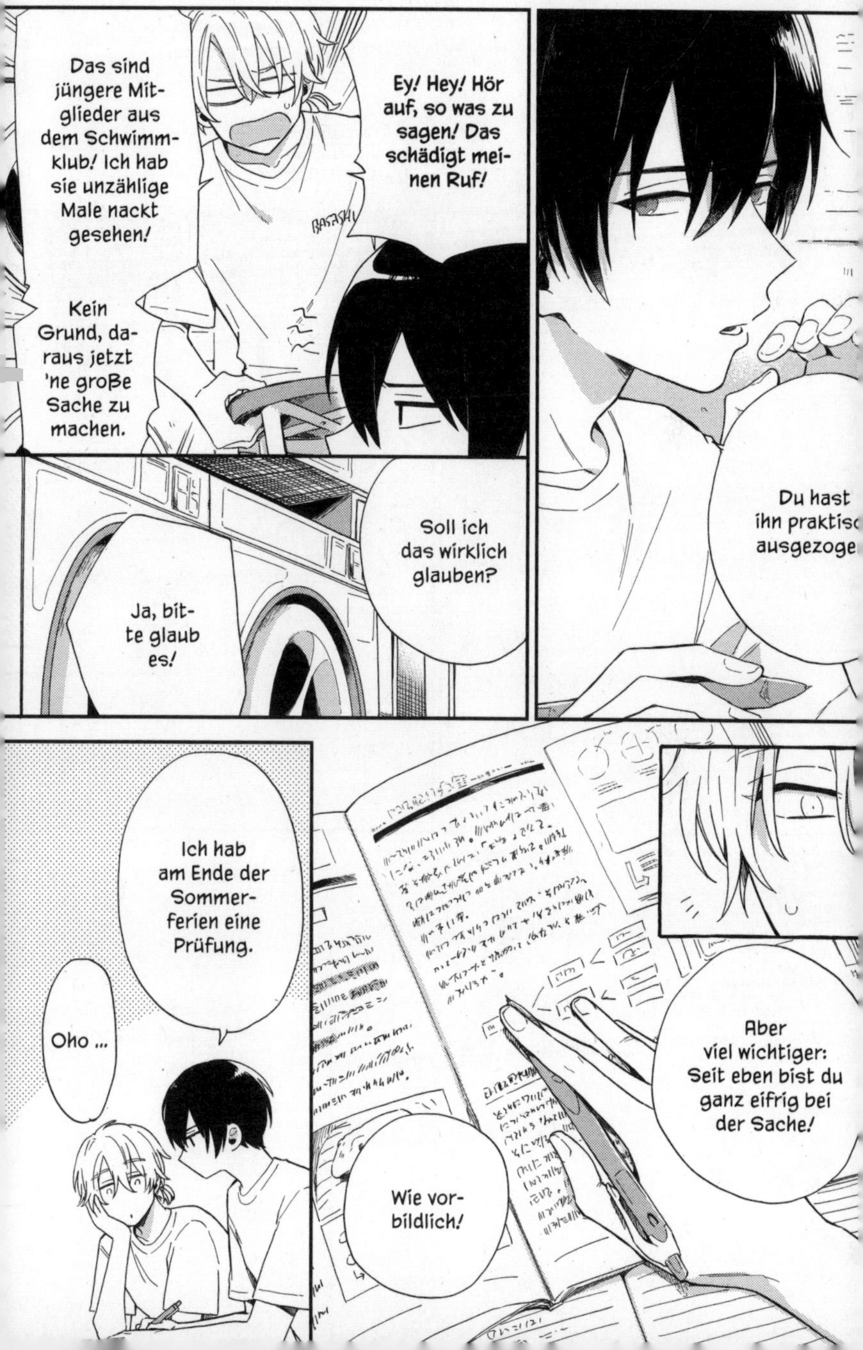
Das sind jüngere Mitglieder aus dem Schwimmklub! Ich hab sie unzählige Male nackt gesehen!
Kein Grund, daraus jetzt 'ne große Sache zu machen.
Ey! Hey! Hör auf, so was zu sagen! Das schädigt meinen Ruf!
Du hast ihn praktisc ausgezoge
Soll ich das wirklich glauben?
Ja, bitte glaub es!
Aber viel wichtiger: Seit eben bist du ganz eifrig bei der Sache!
Wie vorbildlich!
Ich hab am Ende der Sommerferien eine Prüfung.
Oho ...

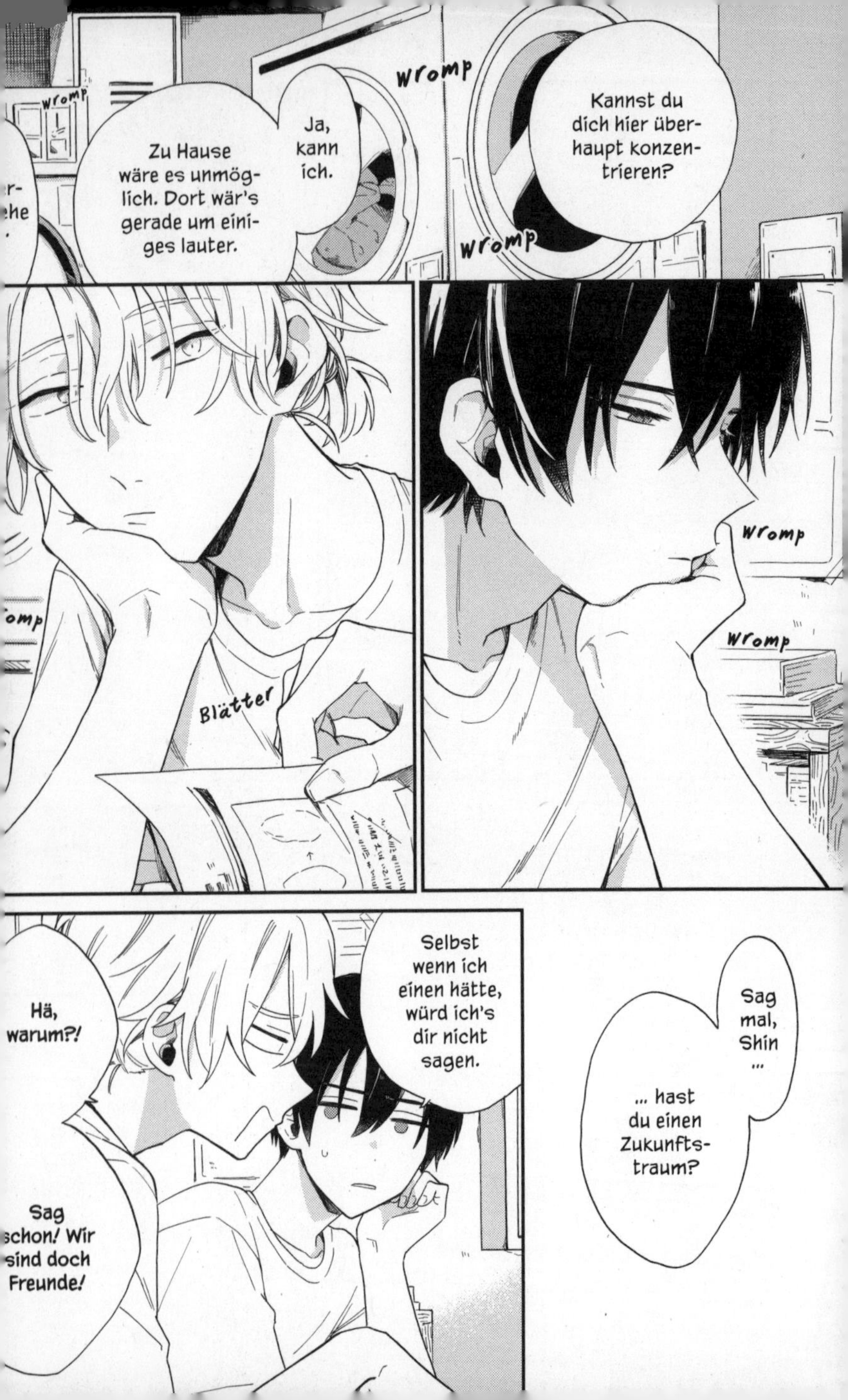
wromp
Wromp
Wromp
Kannst du dich hier überhaupt konzentrieren?
Ja, kann ich.
Zu Hause wäre es unmöglich. Dort wär's gerade um einiges lauter.
Wromp
Wromp
Blätter
Sag mal, Shin ...
... hast du einen Zukunftstraum?
Selbst wenn ich einen hätte, würd ich's dir nicht sagen.
Hä, warum?!
Sag schon! Wir sind doch Freunde!

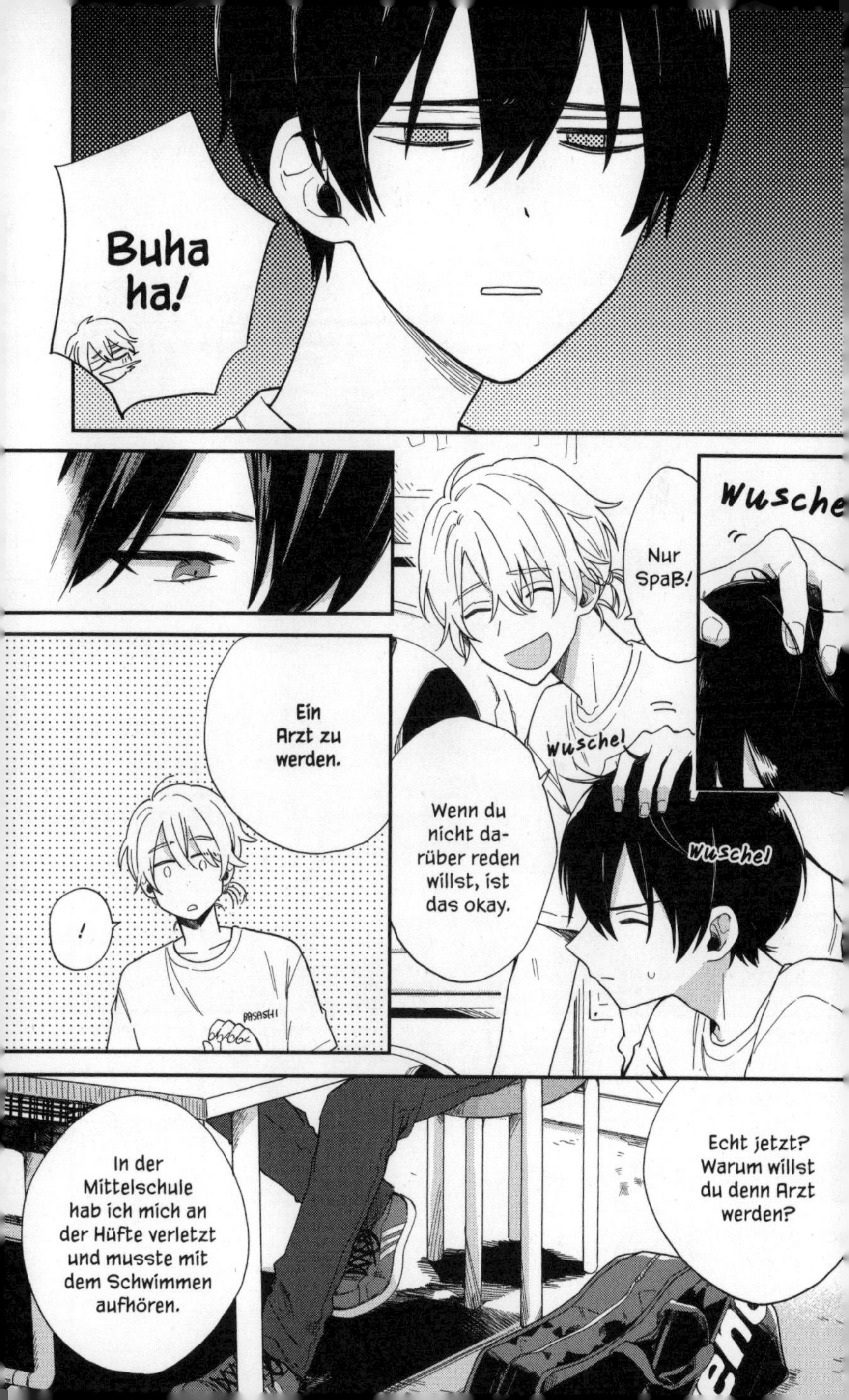
Buha ha!
Wusche
Nur Spaß!
wuschel
Wuschel
Wenn du nicht darüber reden willst, ist das okay.
Ein Arzt zu werden.
!
ASASHI
Echt jetzt? Warum willst du denn Arzt werden?
In der Mittelschule hab ich mich an der Hüfte verletzt und musste mit dem Schwimmen aufhören.

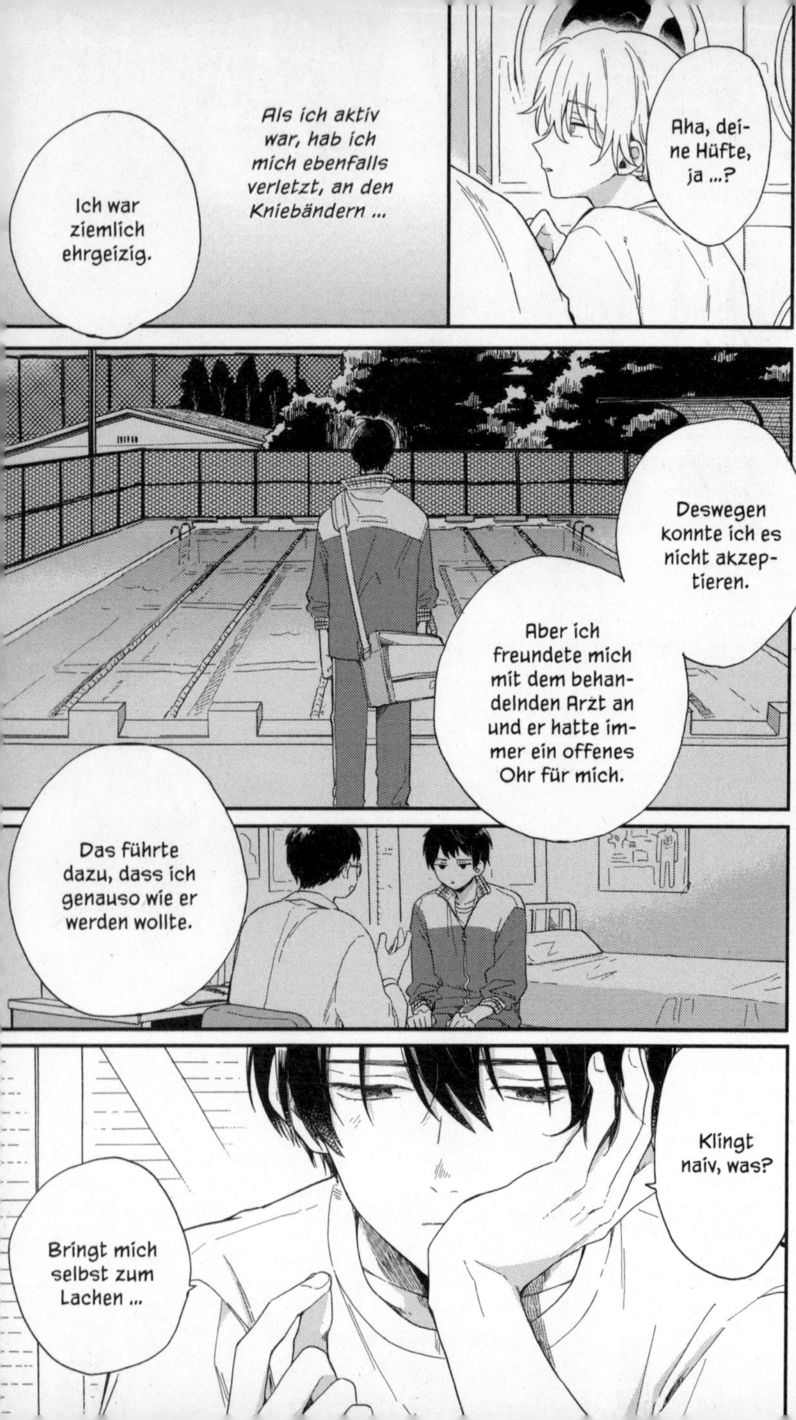
Aha, deine Hüfte, ja ...?
Als ich aktiv war, hab ich mich ebenfalls verletzt, an den Kniebändern ...
Ich war ziemlich ehrgeizig.
Deswegen konnte ich es nicht akzeptieren.
Aber ich freundete mich mit dem behandelnden Arzt an und er hatte immer ein offenes Ohr für mich.
Das führte dazu, dass ich genauso wie er werden wollte.
Klingt naiv, was?
Bringt mich selbst zum Lachen ...

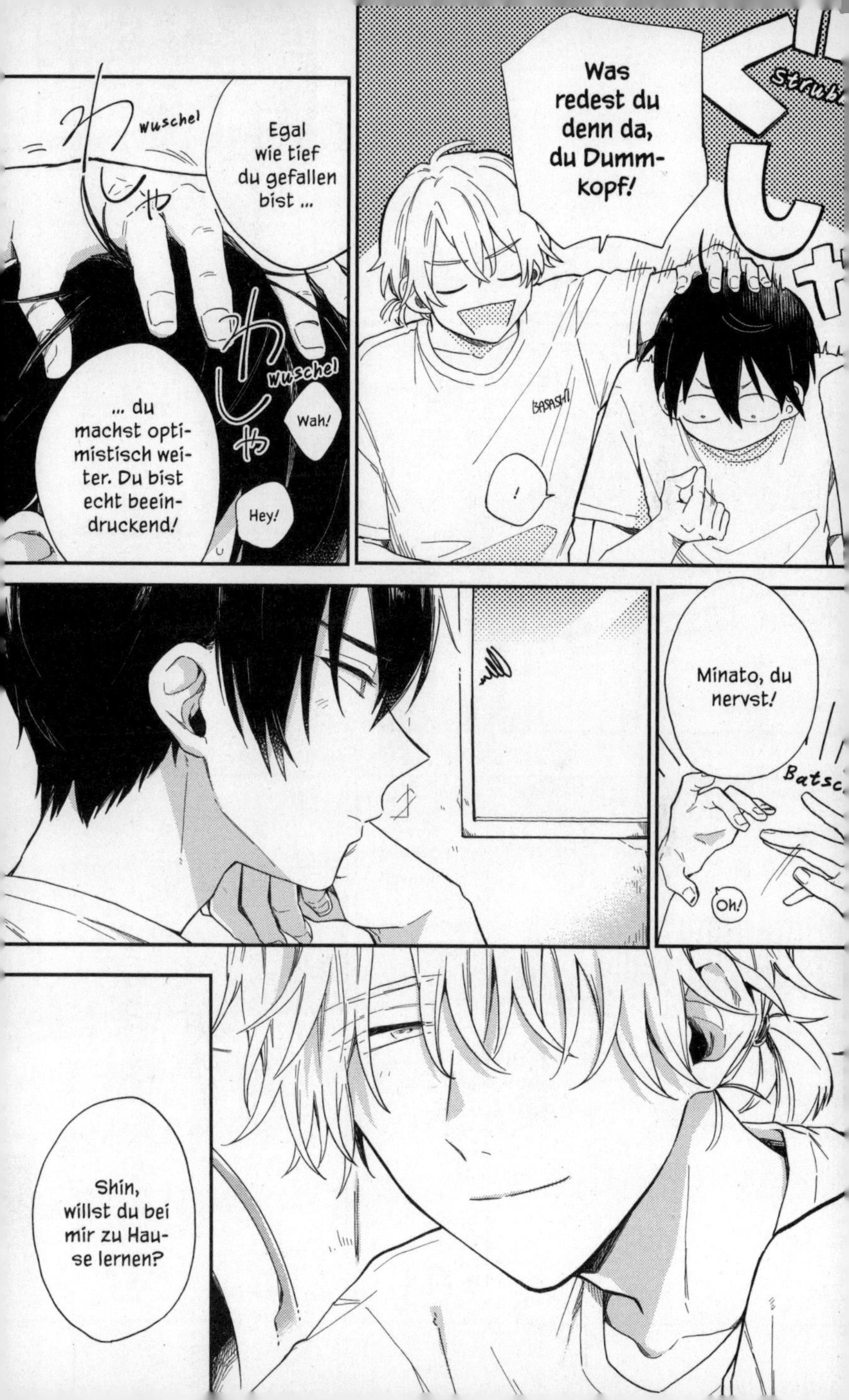
Was redest du denn da, du Dummkopf!
!
Egal wie tief du gefallen bist ...
wuschel
wuschel
Wah!
... du machst optimistisch weiter. Du bist echt beeindruckend!
Hey!
Minato, du nervst!
Oh!
Shin, willst du bei mir zu Hause lernen?

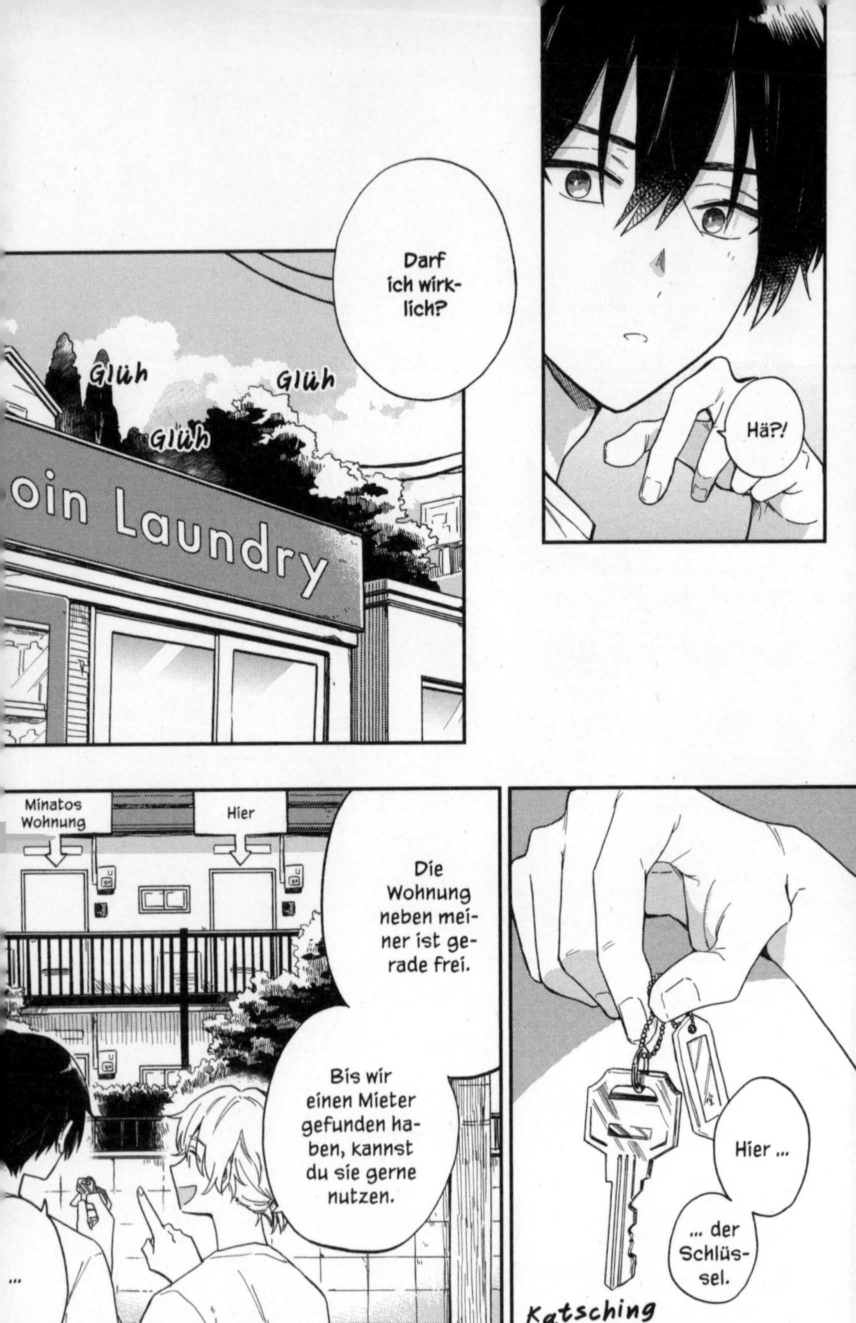
Hä?!
Darf ich wirklich?
oin Laundry
Glüh
Glüh
Glüh
Hier ...
... der Schlüssel.
Katsching
Die Wohnung neben meiner ist gerade frei.
Bis wir einen Mieter gefunden haben, kannst du sie gerne nutzen.
Hier
Minatos Wohnung
...

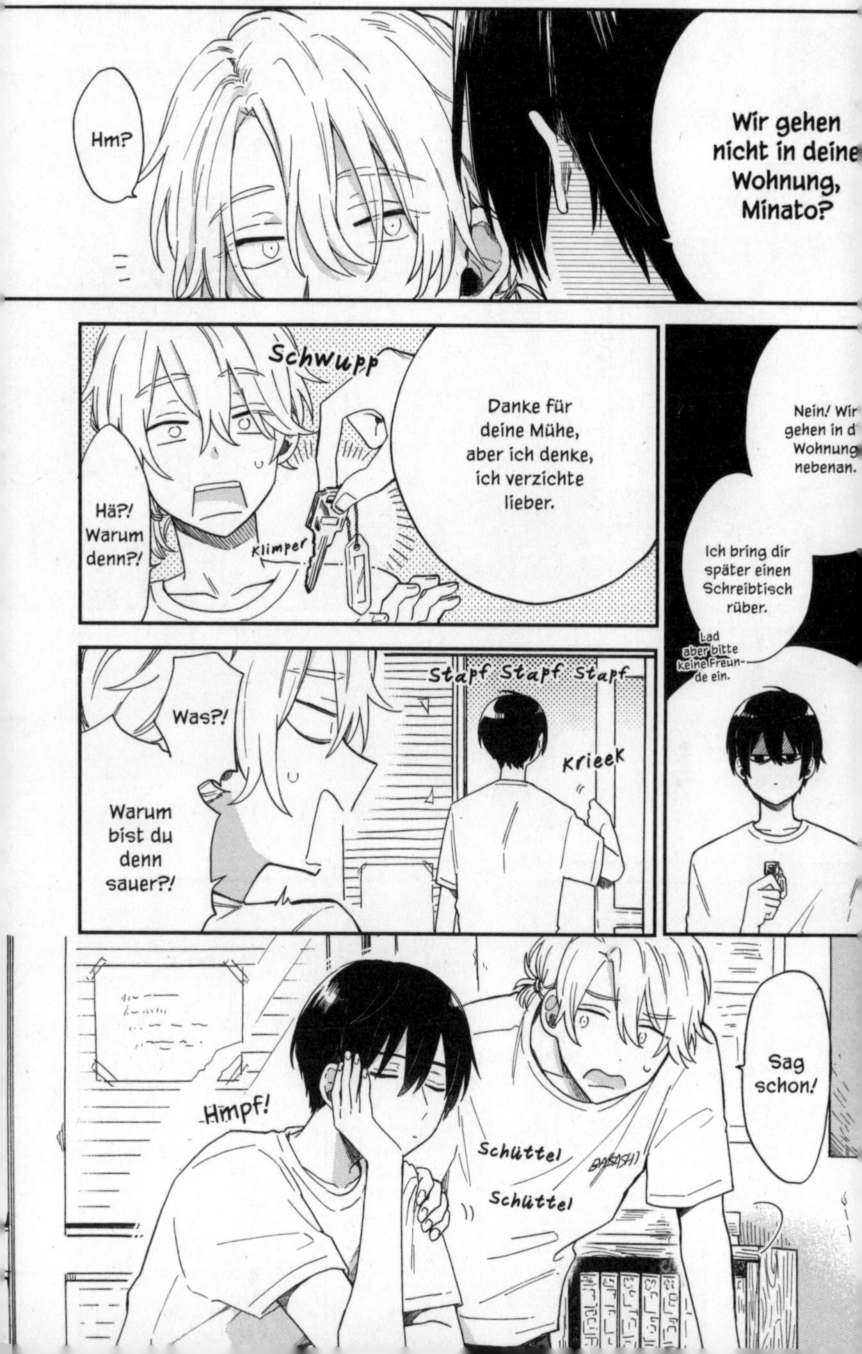
Wir gehen nicht in deine Wohnung, Minato?
Hm?
Nein! Wir gehen in d
Wohnung nebenan.
Ich bring dir später einen Schreibtisch rüber.
Lad aber bitte keine Freunde ein.
Schwupp
Danke für deine Mühe, aber ich denke, ich verzichte lieber.
Klimper
Hä?! Warum denn?!
Stapf Stapf Stapf
Krieek
Was?!
Warum bist du denn sauer?!
Sag schon!
Schüttel
Schüttel
Hmpf!

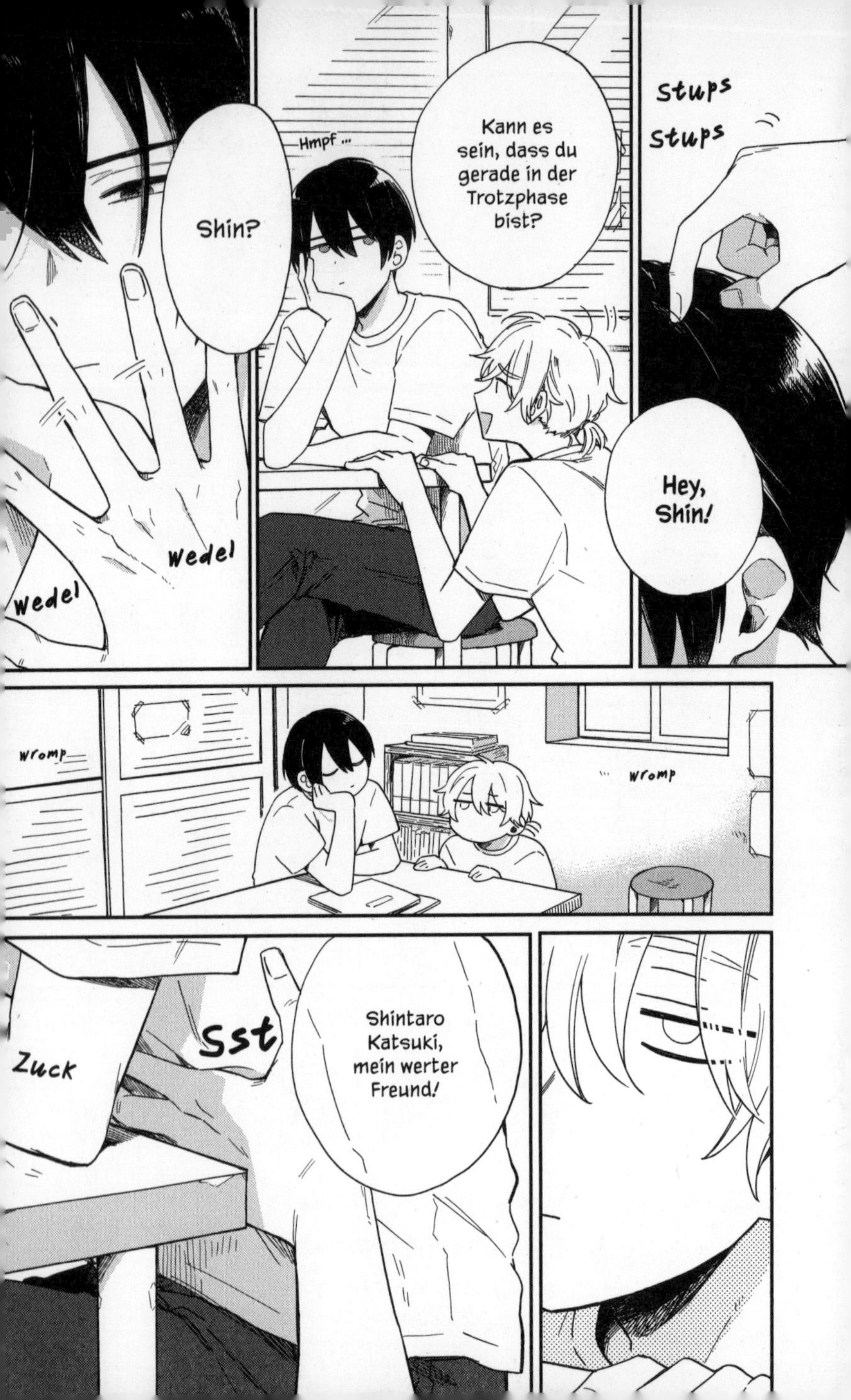
Stups
Stups
Hey, Shin!
Kann es sein, dass du gerade in der Trotzphase bist?
Hmpf ...
Shin?
wedel
wedel
wromp
wromp
Shintaro Katsuki, mein werter Freund!
Sst
Zuck

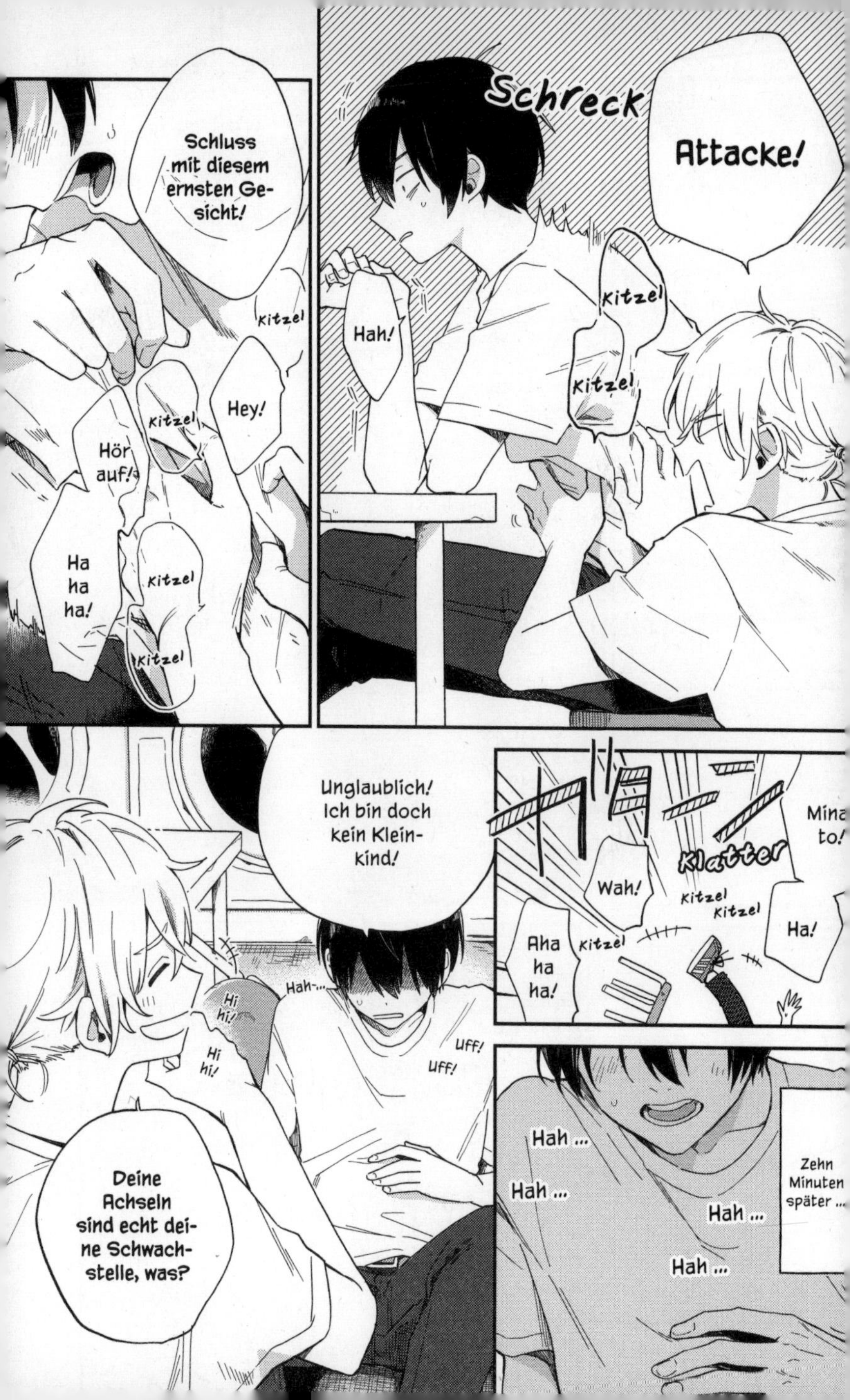
Attacke!
Schreck
Kitzel
Kitzel
Hah!
Schluss mit diesem ernsten Gesicht!
Kitzel
Hey!
Kitzel
Hör auf!
Kitzel
Ha ha ha!
Kitzel
Minato!
Klatter
Wah!
Kitzel
Kitzel
Ha!
Kitzel
Aha ha ha!
Zehn Minuten später ...
Hah ...
Hah ...
Hah ...
Hah ...
Unglaublich! Ich bin doch kein Kleinkind!
Hah-...
Uff!
Uff!
Hi hi!
Hi hi!
Deine Achseln sind echt deine Schwachstelle, was?

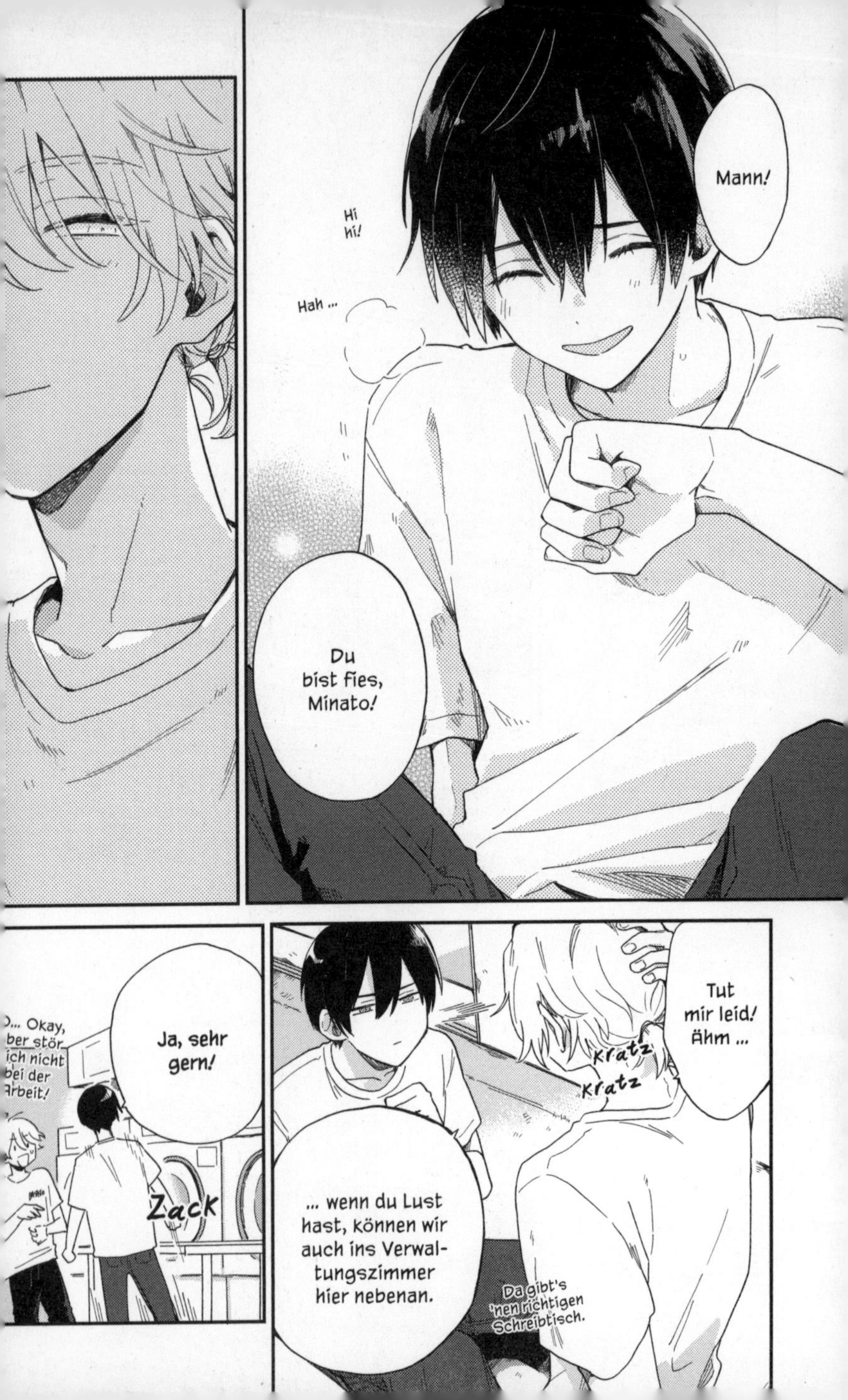
Mann!
Hi hi!
Hah ...
Du bist fies, Minato!
Tut mir leid! Ähm ...
Kratz
Kratz
... wenn du Lust hast, können wir auch ins Verwaltungszimmer hier nebenan.
Da gibt's 'nen richtigen Schreibtisch.
Ja, sehr gern!
... Okay, ber stör ich nicht bei der Arbeit!
Zack

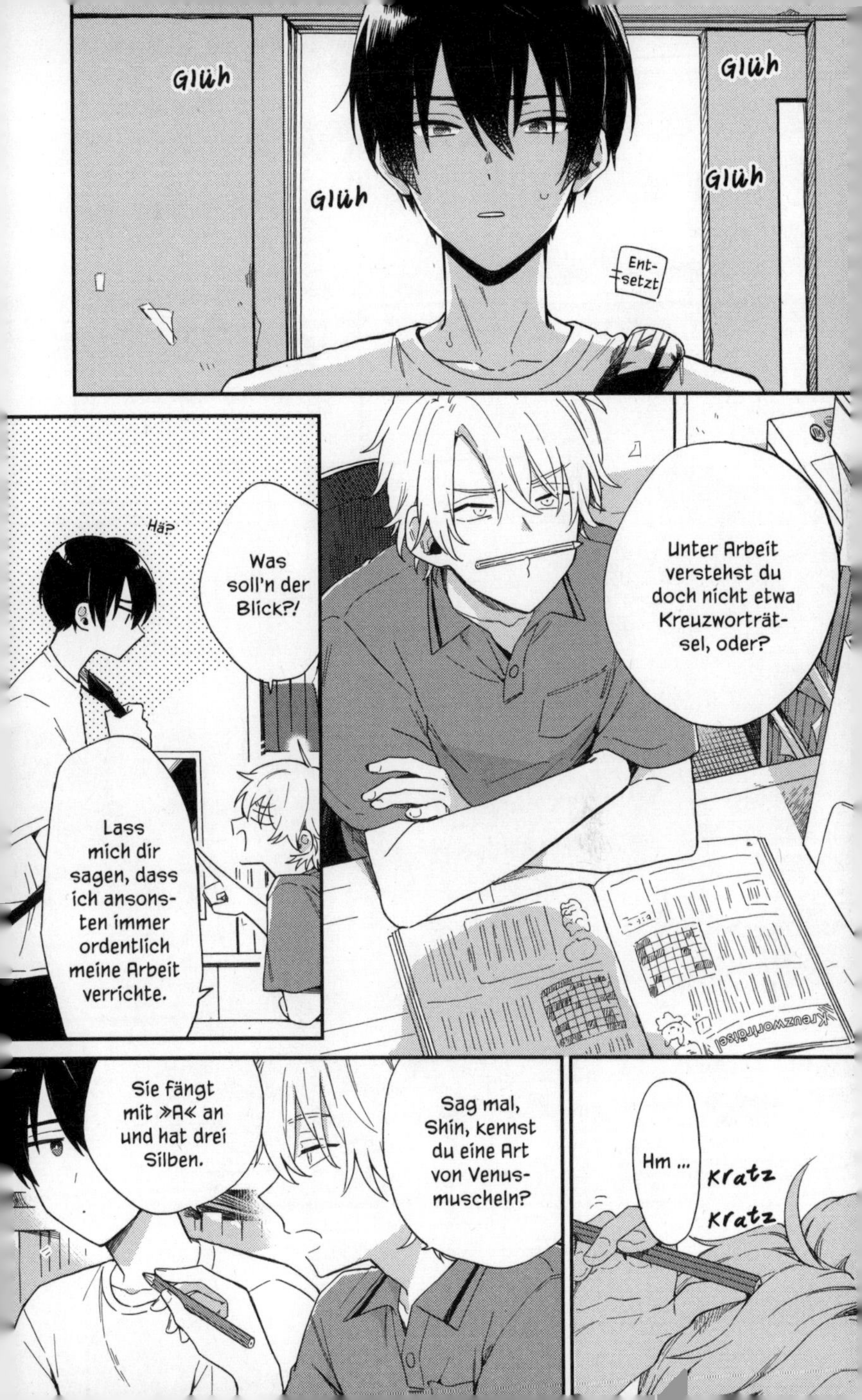
Glüh
Glüh
Glüh
Glüh
Ent-setzt
Unter Arbeit verstehst du doch nicht etwa Kreuzworträtsel, oder?
Kreuzworträtsel
Hä?
Was soll'n der Blick?!
Lass mich dir sagen, dass ich ansonsten immer ordentlich meine Arbeit verrichte.
Hm ...
Kratz
Kratz
Sag mal, Shin, kennst du eine Art von Venusmuscheln?
Sie fängt mit »A« an und hat drei Silben.

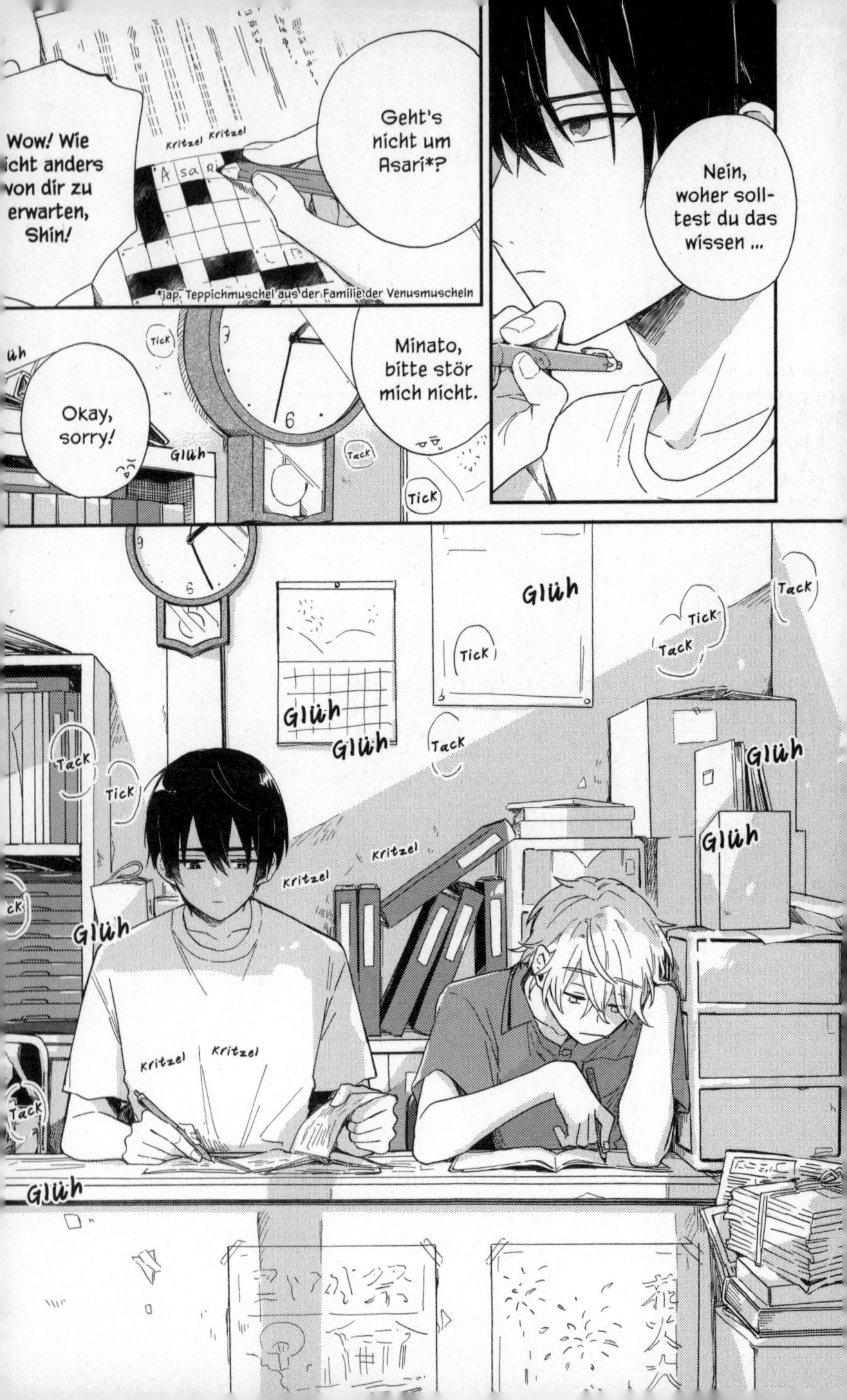

Nein, woher soll-test du das wissen ...
Geht's nicht um Asari*?
Kritzel Kritzel
Wow! Wie nicht anders von dir zu erwarten, Shin!
*jap. Teppichmuschel aus der Familie der Venusmuscheln
Minato, bitte stör mich nicht.
Tick
Tack
Tick
Okay, sorry!
Glüh
Glüh
Tack
Tick
Tack
Tick
Glüh
Glüh
Tack
Glüh
Tack
Tick
Glüh
Kritzel
Kritzel
Glüh
Kritzel
Kritzel
Tack
Glüh

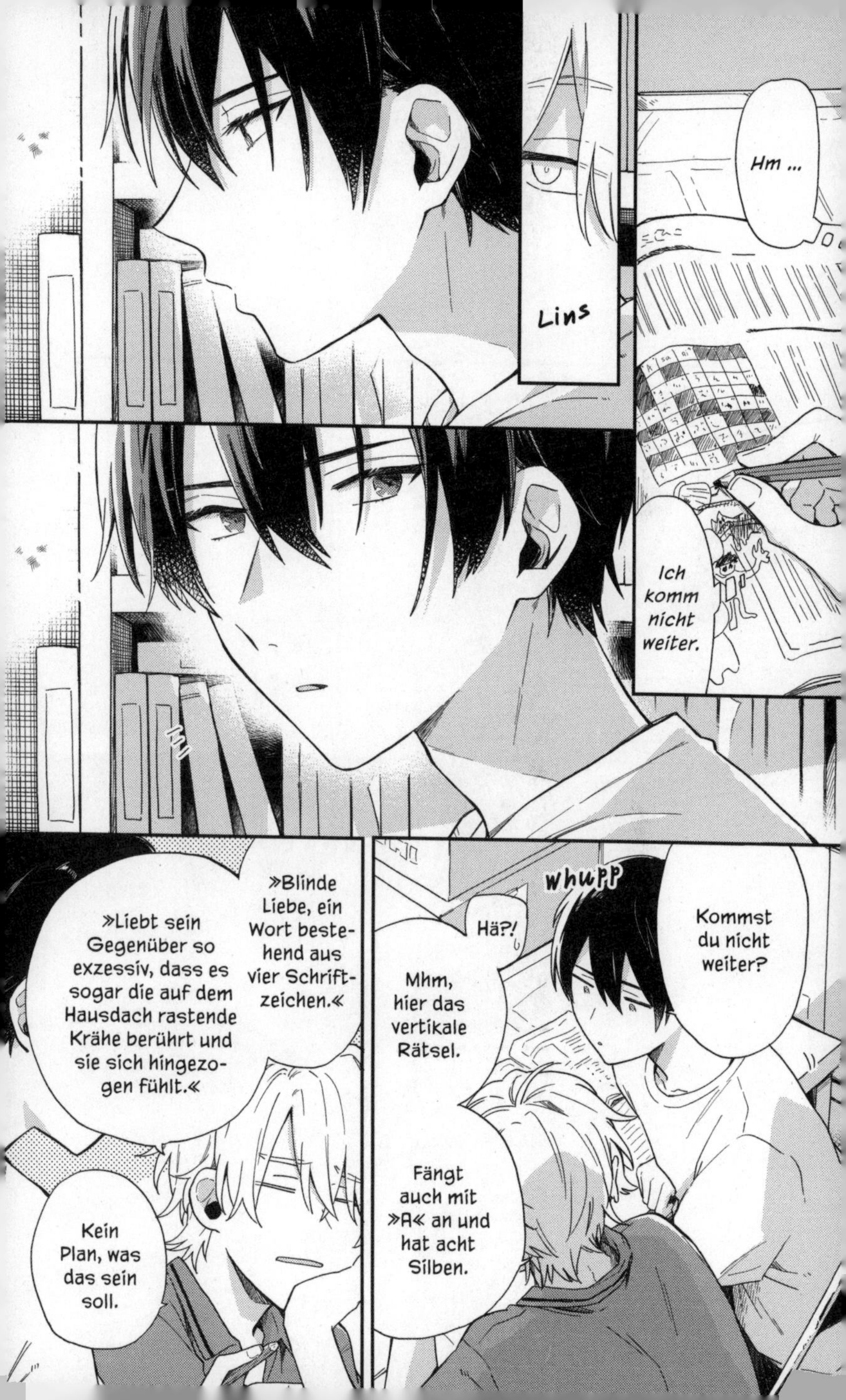
Hm ...
Ich komm nicht weiter.
Lins
Kommst du nicht weiter?
whupp
Hä?!
Mhm, hier das vertikale Rätsel.
Fängt auch mit »A« an und hat acht Silben.
»Blinde Liebe, ein Wort bestehend aus vier Schriftzeichen.«
»Liebt sein Gegenüber so exzessiv, dass es sogar die auf dem Hausdach rastende Krähe berührt und sie sich hingezogen fühlt.«
Kein Plan, was das sein soll.

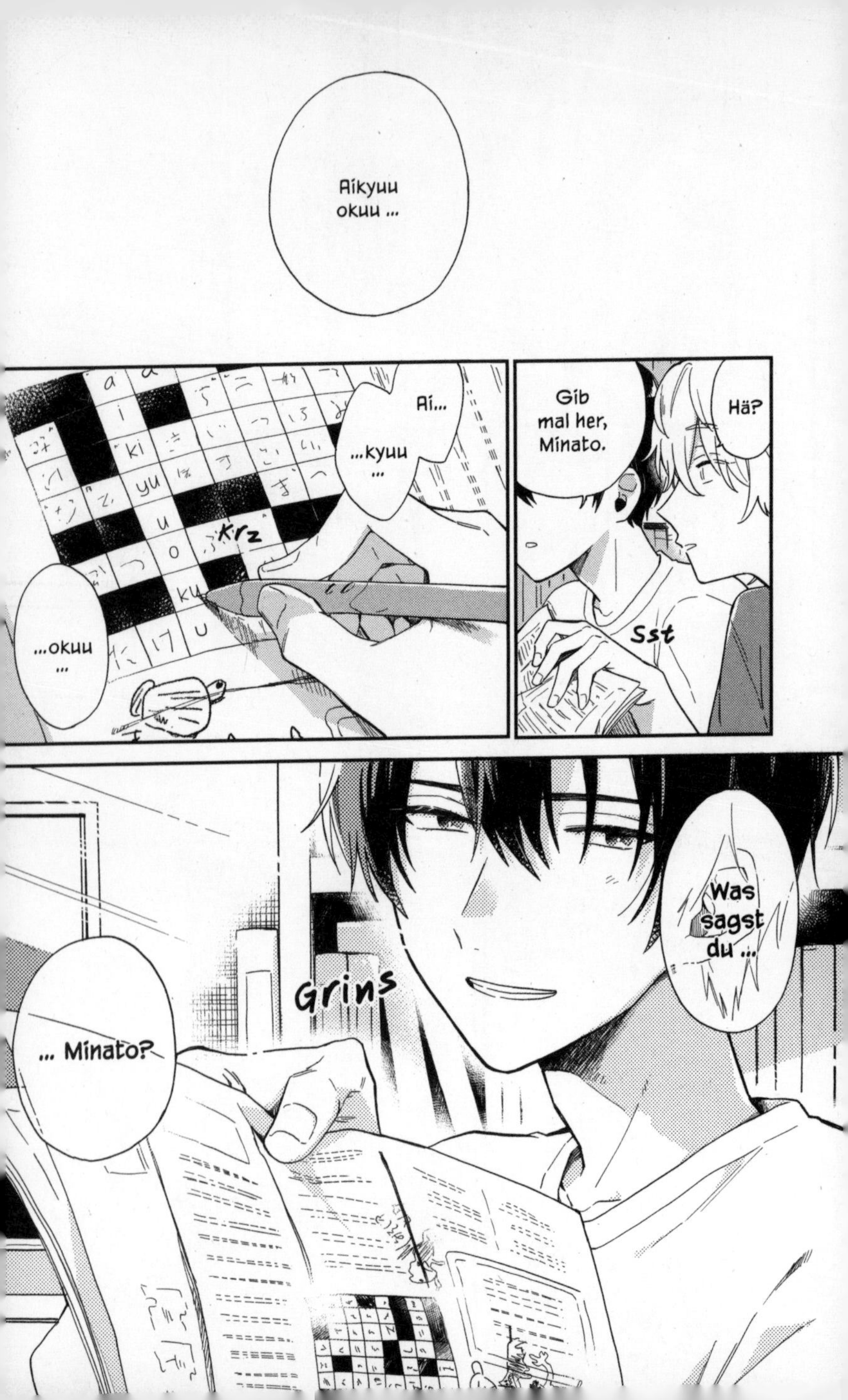
Aikyuu okuu ...
Hä?
Gib mal her, Minato.
Sst
Ai...
...kyuu ...
Krz
...okuu ...
Was sagst du ...
Grins
... Minato?

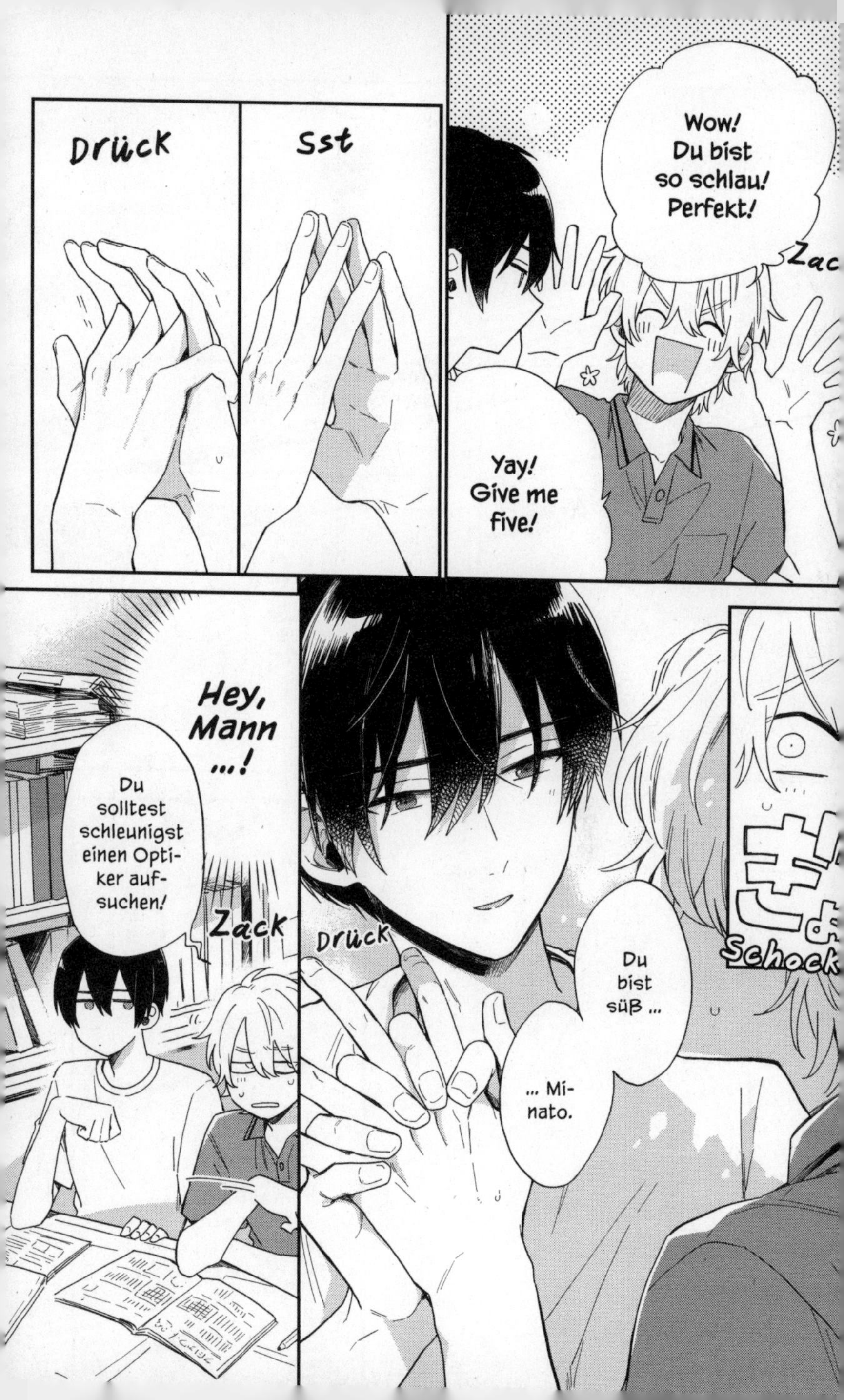
Wow!
Du bist
so schlau!
Perfekt!
Zack
Yay!
Give me
five!
Sst
Drück
Schock
Du
bist
süß ...
... Mi-
nato.
Drück
Hey,
Mann
...!
Du
solltest
schleunigst
einen Opti-
ker auf-
suchen!
Zack

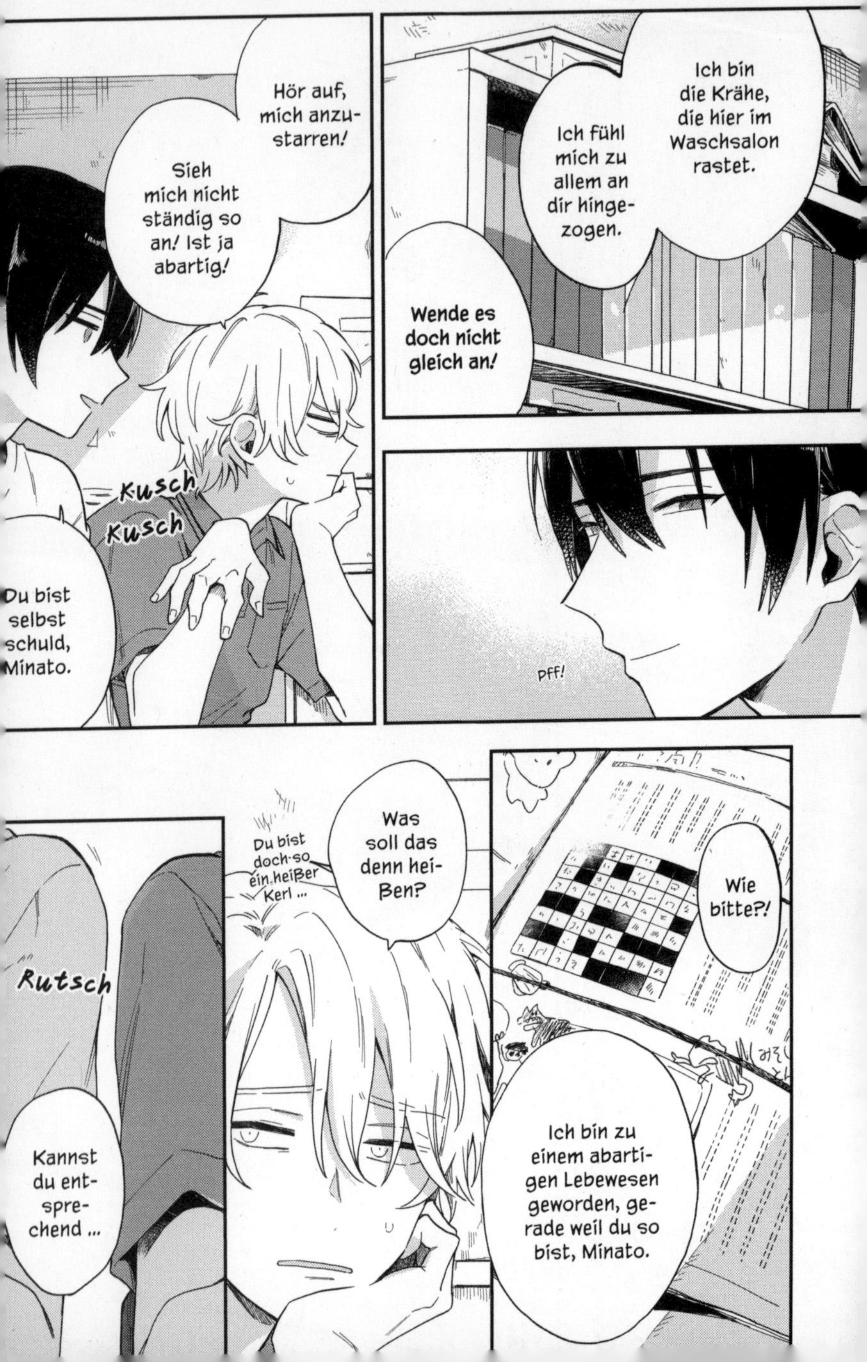
Ich bin die Krähe, die hier im Waschsalon rastet.
Ich fühl mich zu allem an dir hingezogen.
Wende es doch nicht gleich an!
Hör auf, mich anzustarren!
Sieh mich nicht ständig so an! Ist ja abartig!
Kusch
Kusch
Du bist selbst schuld, Minato.
Pff!
Wie bitte?!
Ich bin zu einem abartigen Lebewesen geworden, gerade weil du so bist, Minato.
Was soll das denn heißen?
Du bist doch so ein heißer Kerl ...
Rutsch
Kannst du entsprechend ...

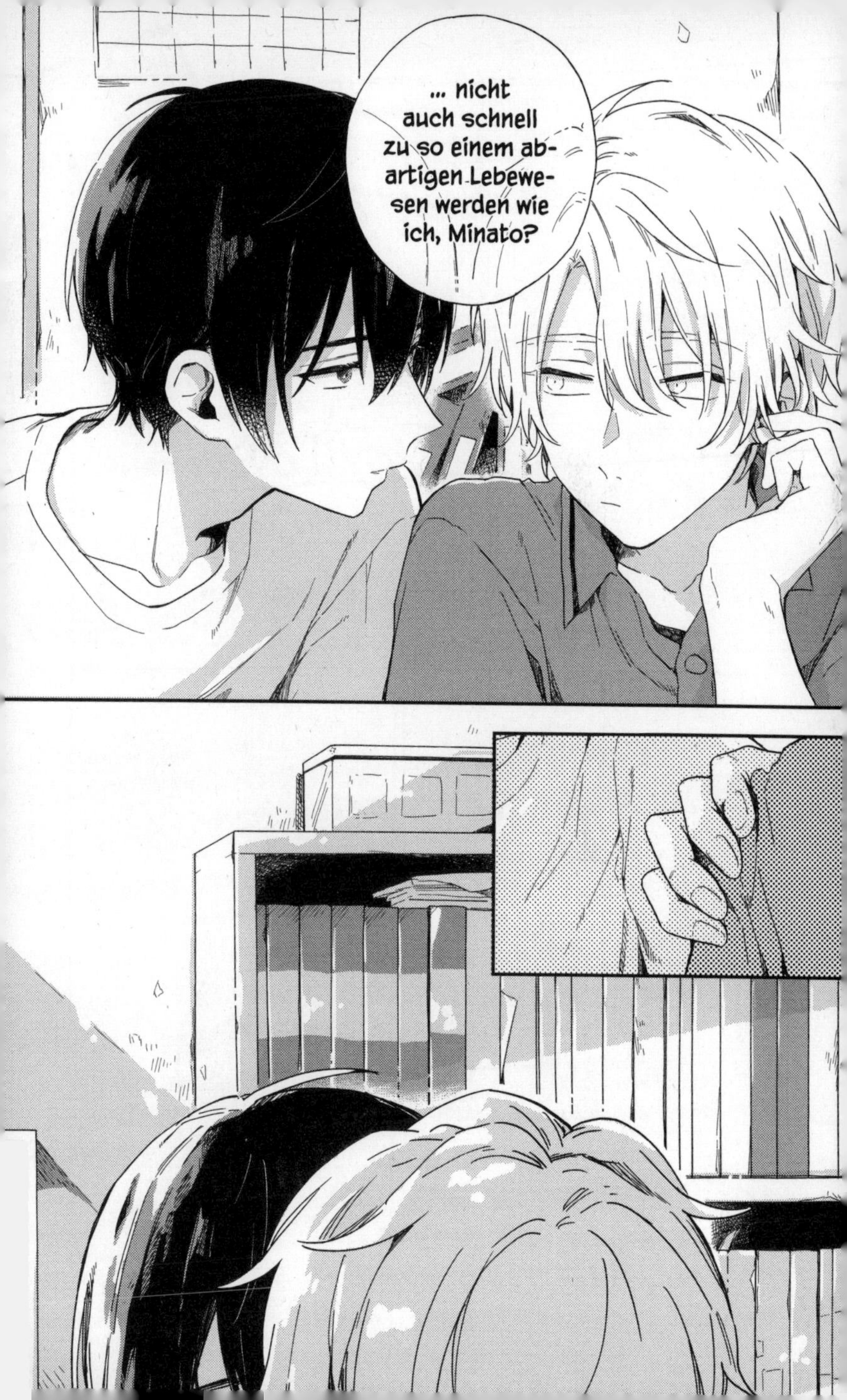
... nicht auch schnell zu so einem abartigen Lebewesen werden wie ich, Minato?

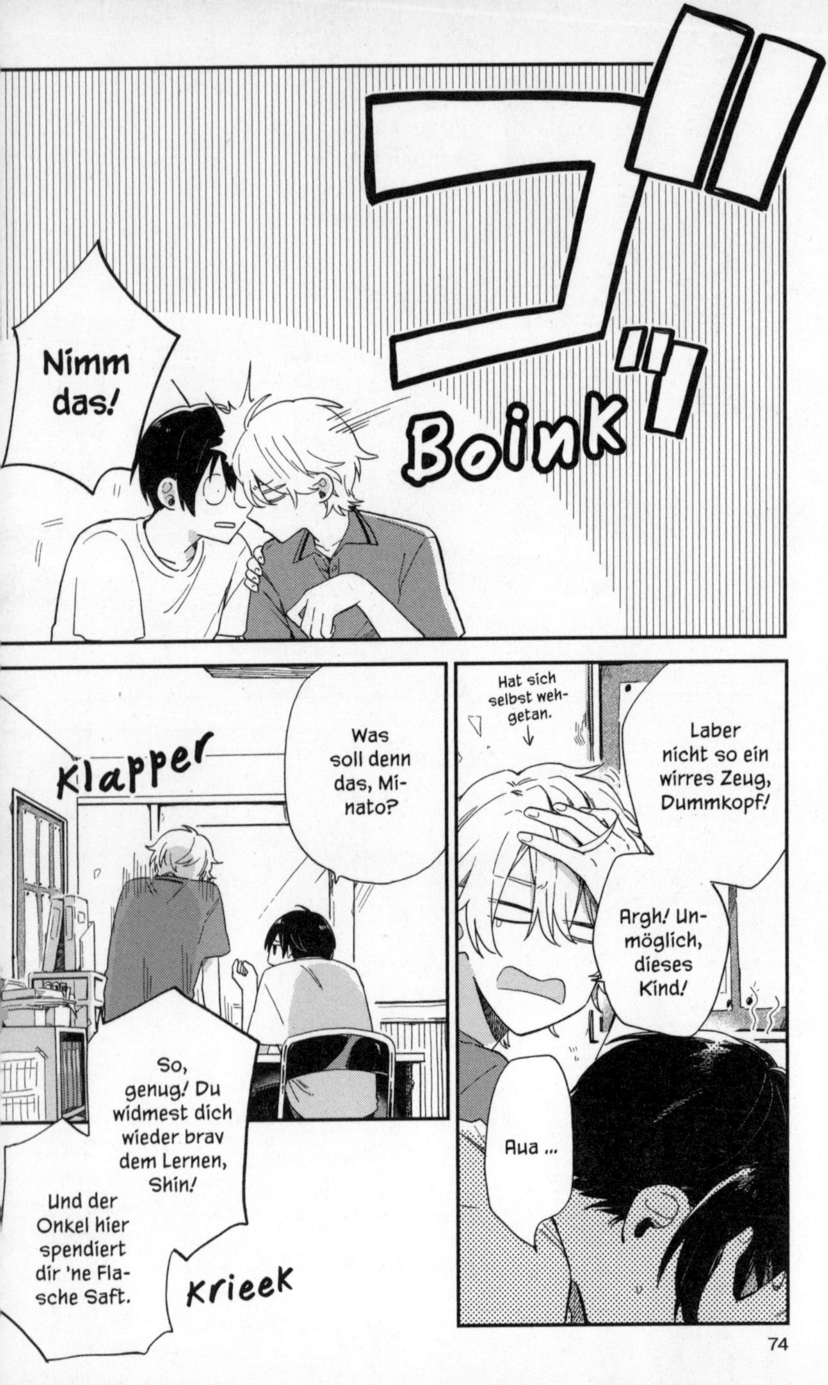
Boink
Nimm das!
Hat sich selbst wehgetan.
Laber nicht so ein wirres Zeug, Dummkopf!
Argh! Unmöglich, dieses Kind!
Aua ...
Was soll denn das, Minato?
Klapper
So, genug! Du widmest dich wieder brav dem Lernen, Shin!
Und der Onkel hier spendiert dir 'ne Flasche Saft.
Krieek

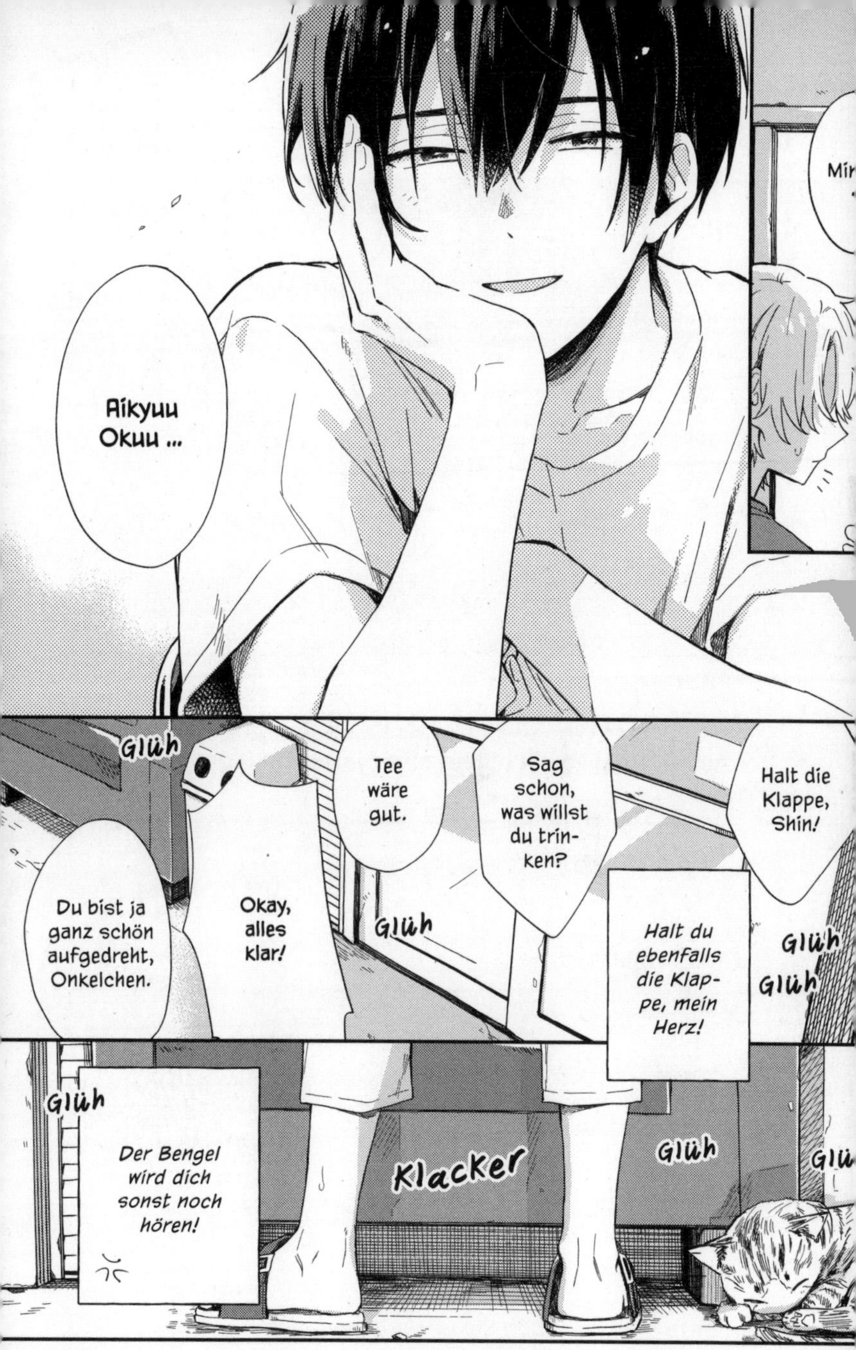
Mir
Aikyuu Okuu ...
Halt die Klappe, Shin!
Sag schon, was willst du trinken?
Tee wäre gut.
Glüh
Okay, alles klar!
Du bist ja ganz schön aufgedreht, Onkelchen.
Glüh
Halt du ebenfalls die Klappe, mein Herz!
Glüh
Glüh
Glü
Glüh
Klacker
Der Bengel wird dich sonst noch hören!
Glüh

Für heute hat Minato's Coin Laundry
seine Pforten geschlossen.

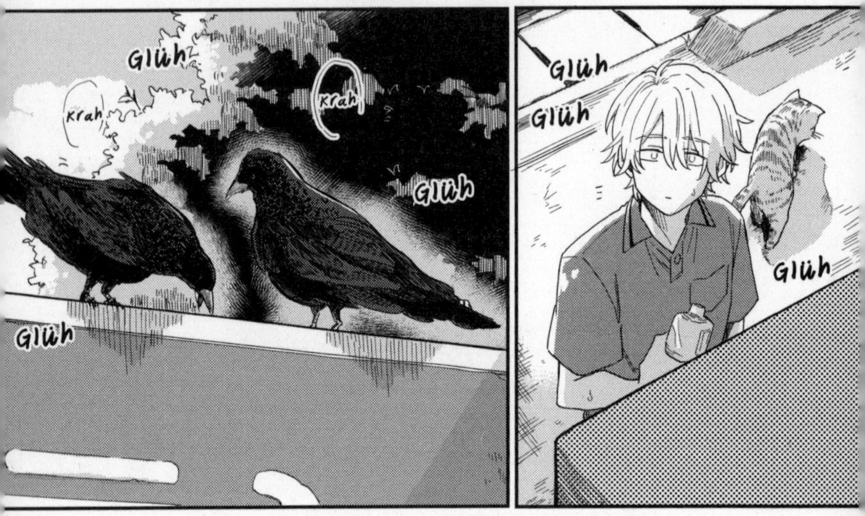

Diese Woche gibt es als Kampagne zur
Anfeuerung von Schülern eine Flasche Saft gratis.

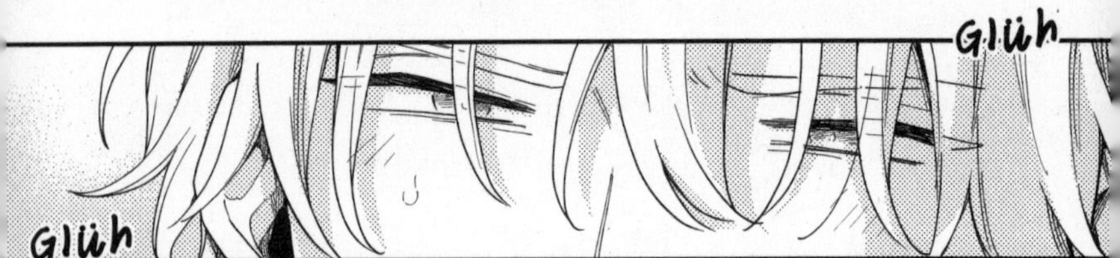

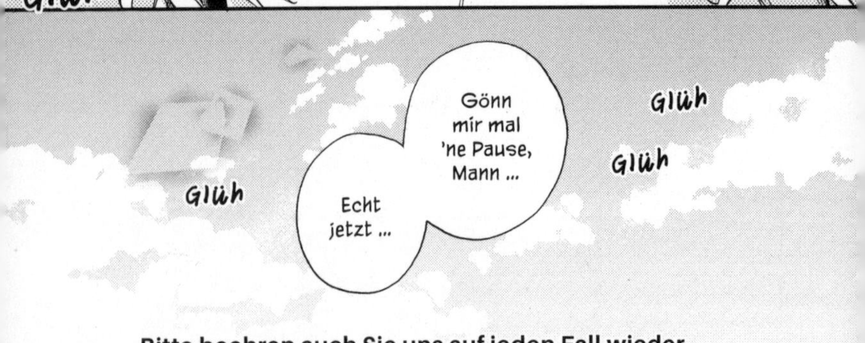

Bitte beehren auch Sie uns auf jeden Fall wieder.

Wash
my heart!

Wash
my heart!

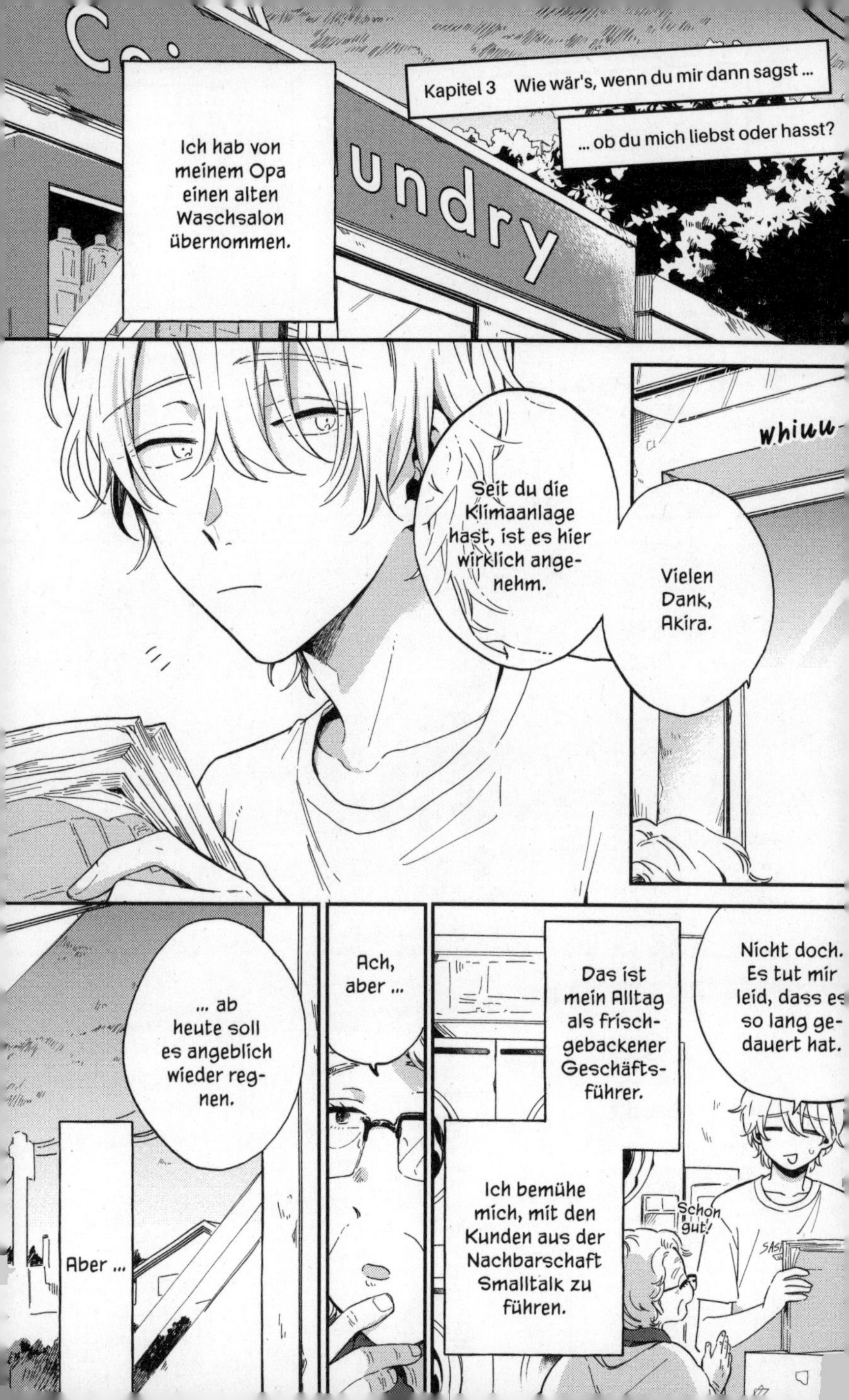

Kapitel 3 Wie wär's, wenn du mir dann sagst ...
... ob du mich liebst oder hasst?
Ich hab von meinem Opa einen alten Waschsalon übernommen.
undry
whiuu-
Seit du die Klimaanlage hast, ist es hier wirklich angenehm.
Vielen Dank, Akira.
Nicht doch. Es tut mir leid, dass es so lang gedauert hat.
Schon gut!
Das ist mein Alltag als frischgebackener Geschäftsführer.
Ich bemühe mich, mit den Kunden aus der Nachbarschaft Smalltalk zu führen.
Ach, aber ...
... ab heute soll es angeblich wieder regnen.
Aber ...

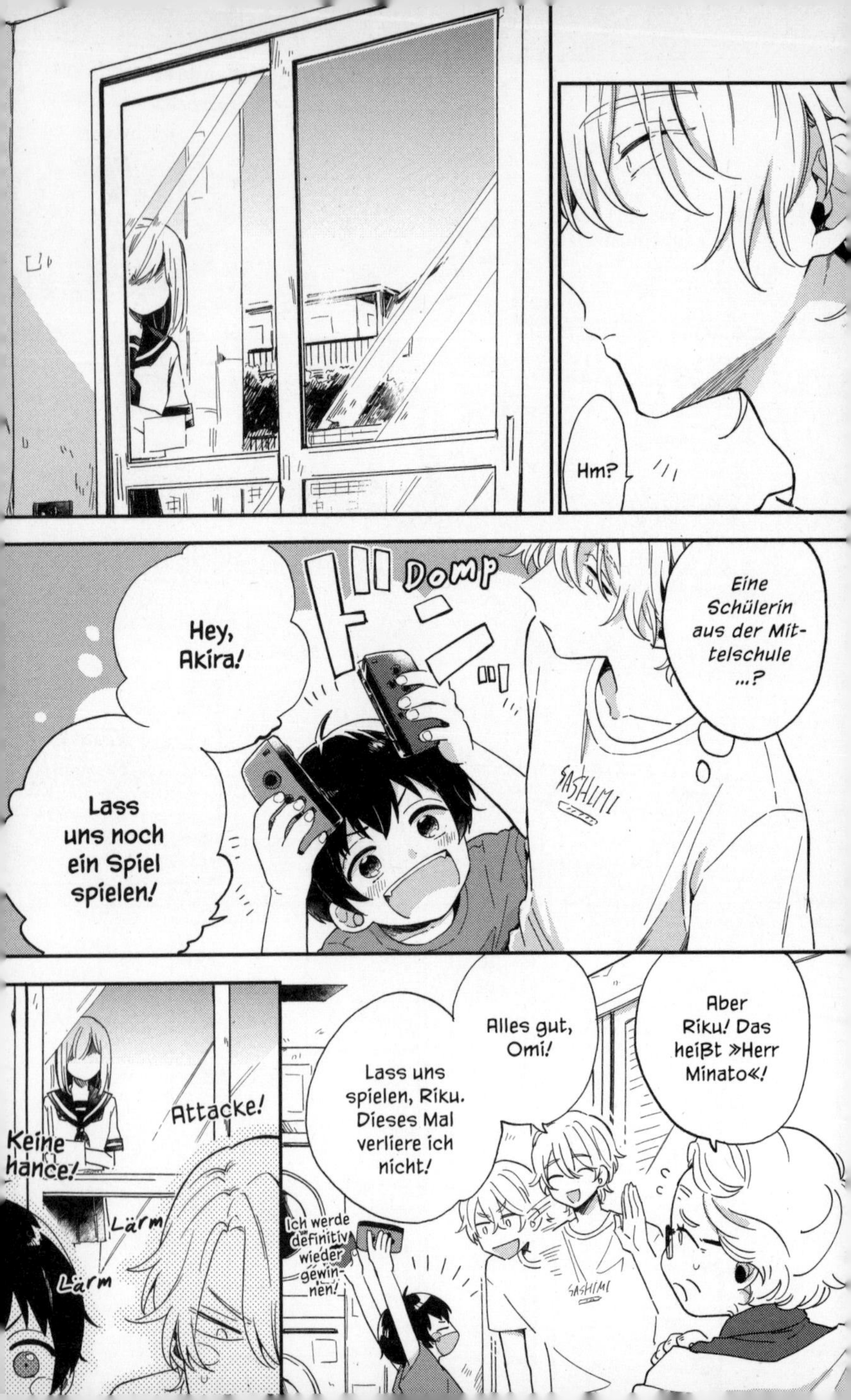
Hm?
Eine Schülerin aus der Mittelschule ...?
Domp
Hey, Akira!
Lass uns noch ein Spiel spielen!
Aber Riku! Das heißt »Herr Minato«!
Alles gut, Omi!
Lass uns spielen, Riku. Dieses Mal verliere ich nicht!
Ich werde definitiv wieder gewinnen!
Attacke!
Keine hance!
Lärm
Lärm

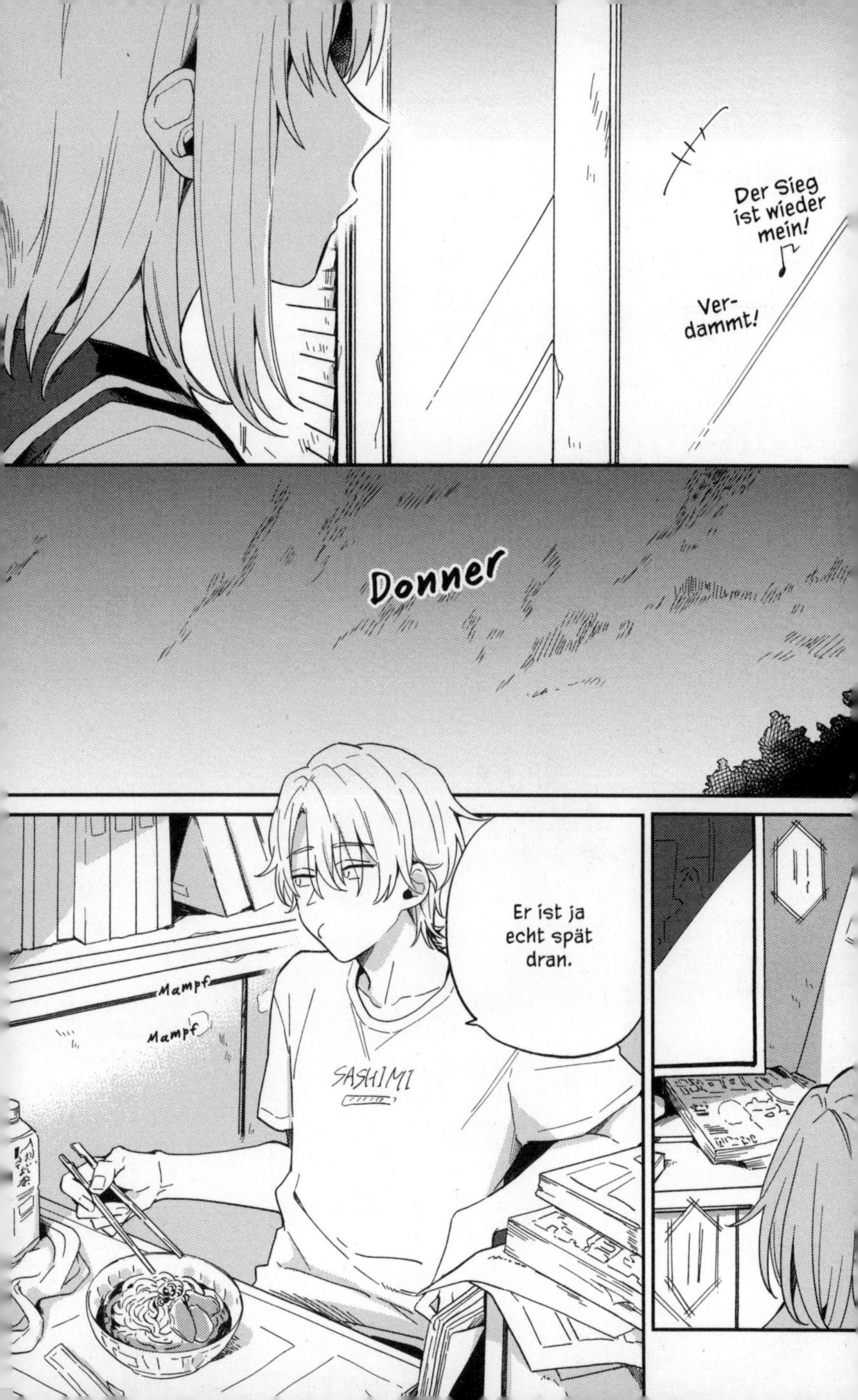
Der Sieg ist wieder mein!
Verdammt!
Donner
Er ist ja echt spät dran.
Mampf
Mampf
SASHIMI

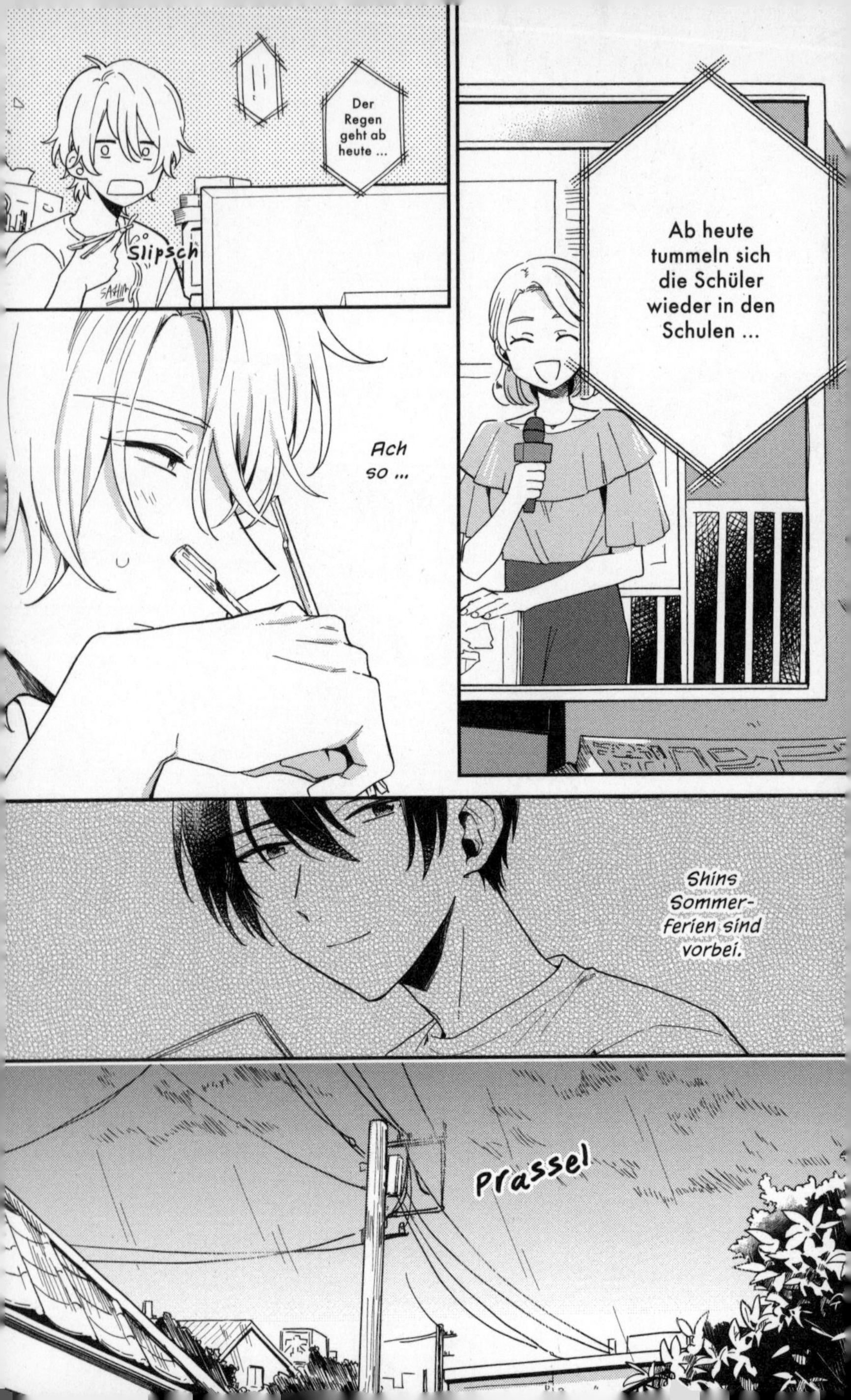
Ab heute tummeln sich die Schüler wieder in den Schulen ...
Der Regen geht ab heute ...
!
Slipsch
Ach so ...
Shins Sommerferien sind vorbei.
Prassel

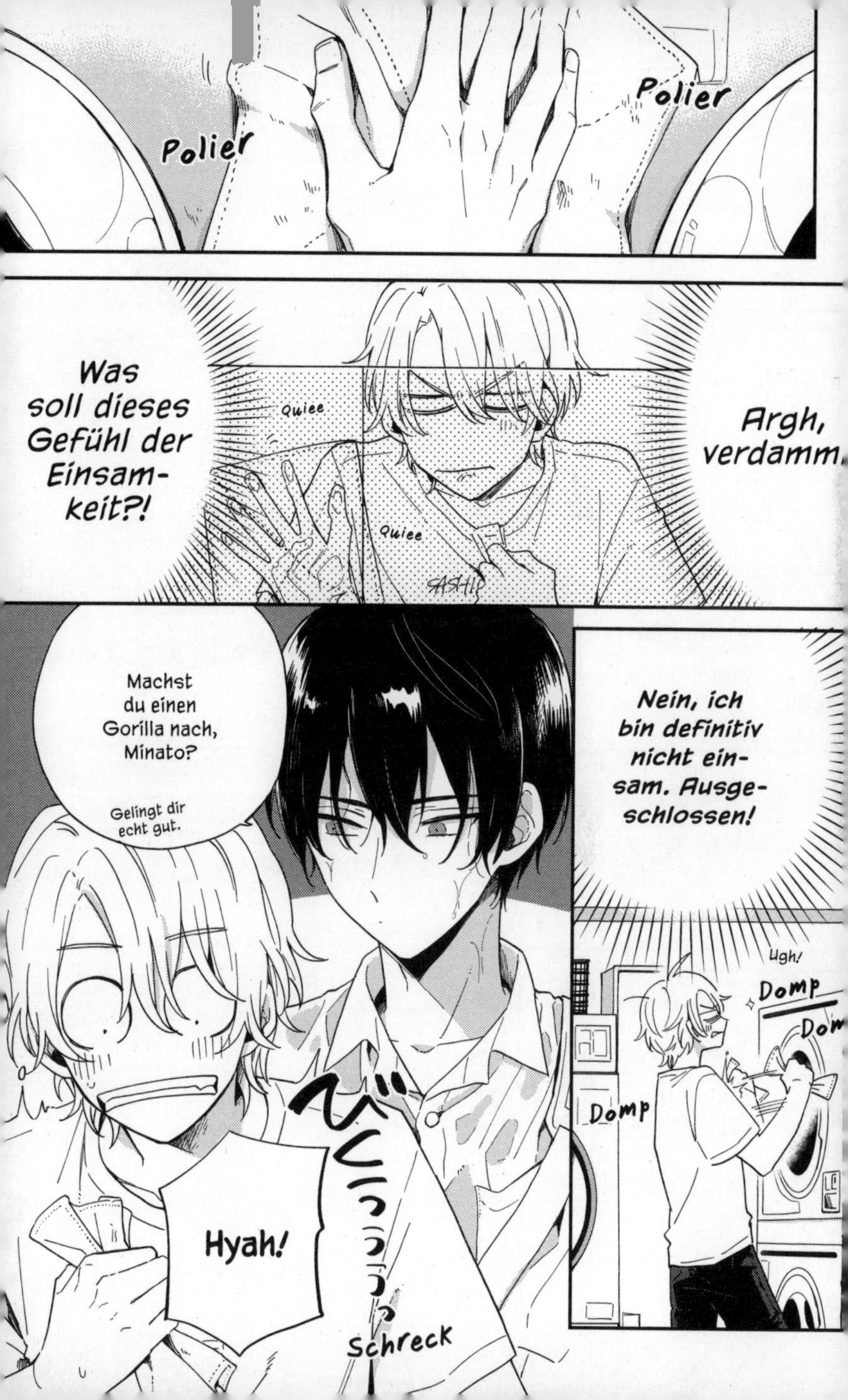
Polier
Polier
Argh, verdamm.
Quiee
Quiee
Was soll dieses Gefühl der Einsamkeit?!
Nein, ich bin definitiv nicht einsam. Ausgeschlossen!
Ugh!
Domp
Domp
Machst du einen Gorilla nach, Minato?
Gelingt dir echt gut.
Hyah!
Schreck

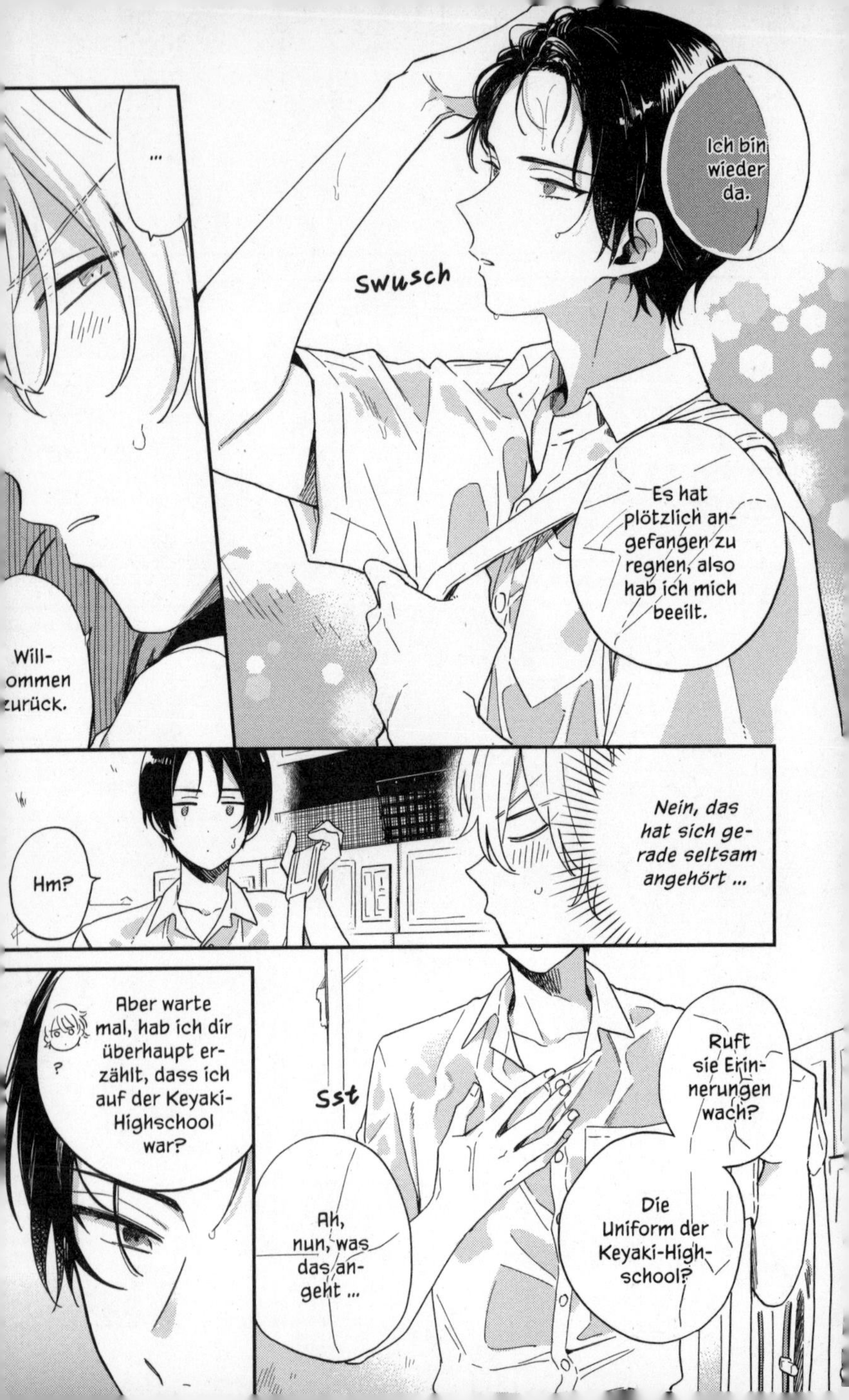

Ich bin wieder da.
Swusch
Es hat plötzlich angefangen zu regnen, also hab ich mich beeilt.
...
Will- ommen zurück.
Nein, das hat sich gerade seltsam angehört ...
Hm?
Ruft sie Erinnerungen wach?
Die Uniform der Keyaki-Highschool?
Sst
Ah, nun, was das angeht ...
Aber warte mal, hab ich dir überhaupt erzählt, dass ich auf der Keyaki-Highschool war?
?

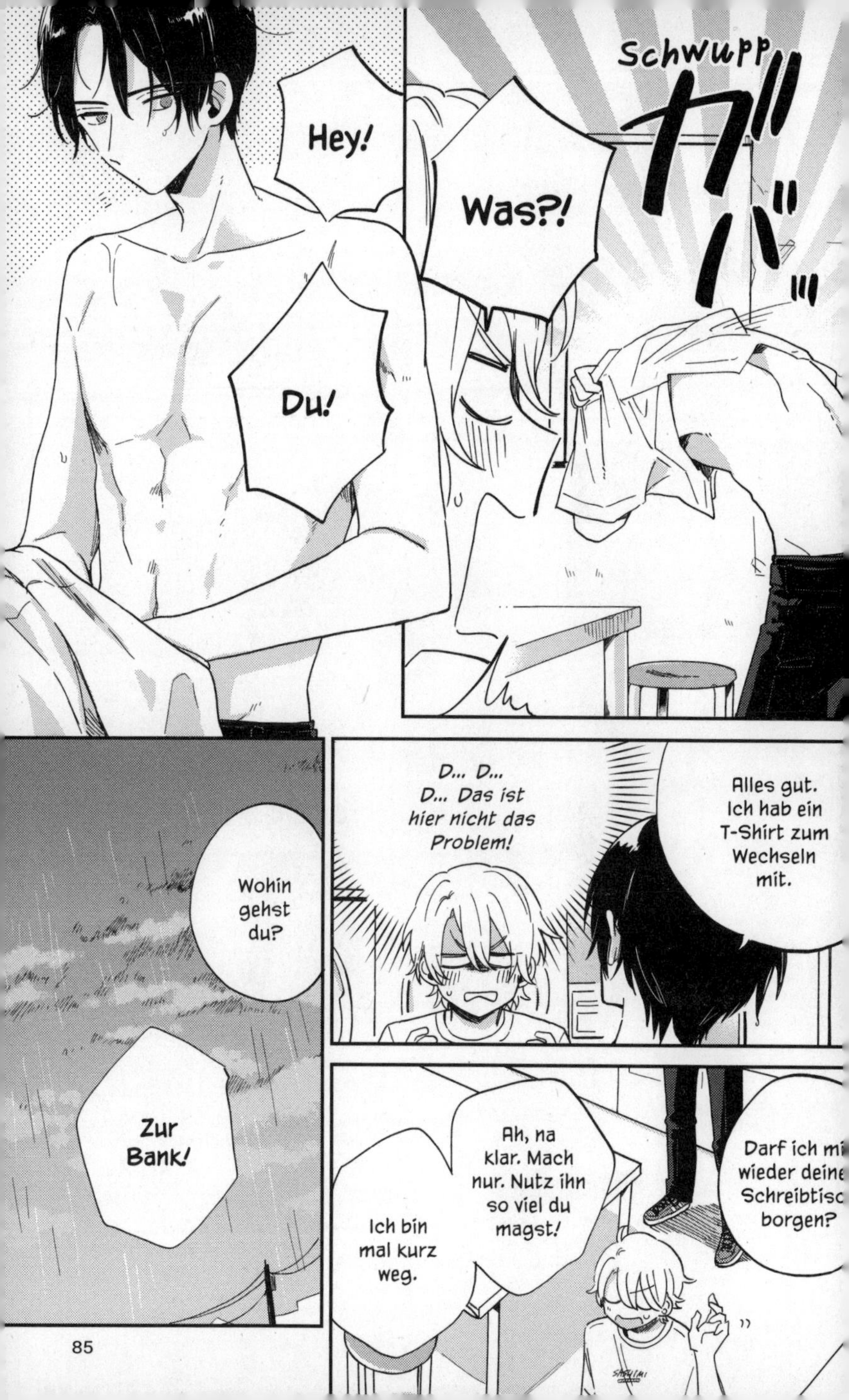
Schwupp
Was?!
Hey!
Du!
Alles gut. Ich hab ein T-Shirt zum Wechseln mit.
D... D... D... Das ist hier nicht das Problem!
Darf ich mi wieder deine Schreibtisc borgen?
Ah, na klar. Mach nur. Nutz ihn so viel du magst!
Ich bin mal kurz weg.
Wohin gehst du?
Zur Bank!

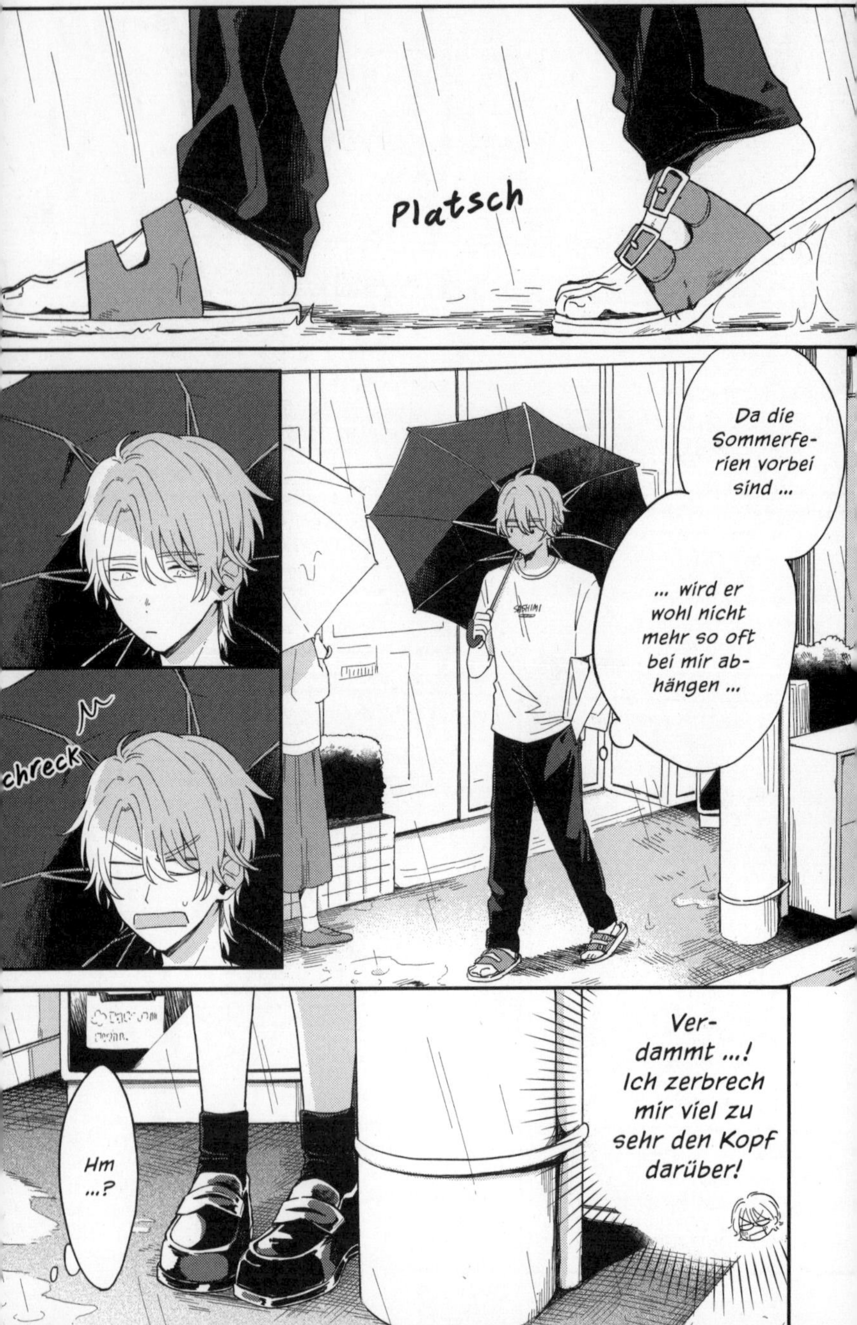
Platsch
Da die Sommerferien vorbei sind ...
... wird er wohl nicht mehr so oft bei mir abhängen ...
chreck
Verdammt ...! Ich zerbrech mir viel zu sehr den Kopf darüber!
Hm ...?

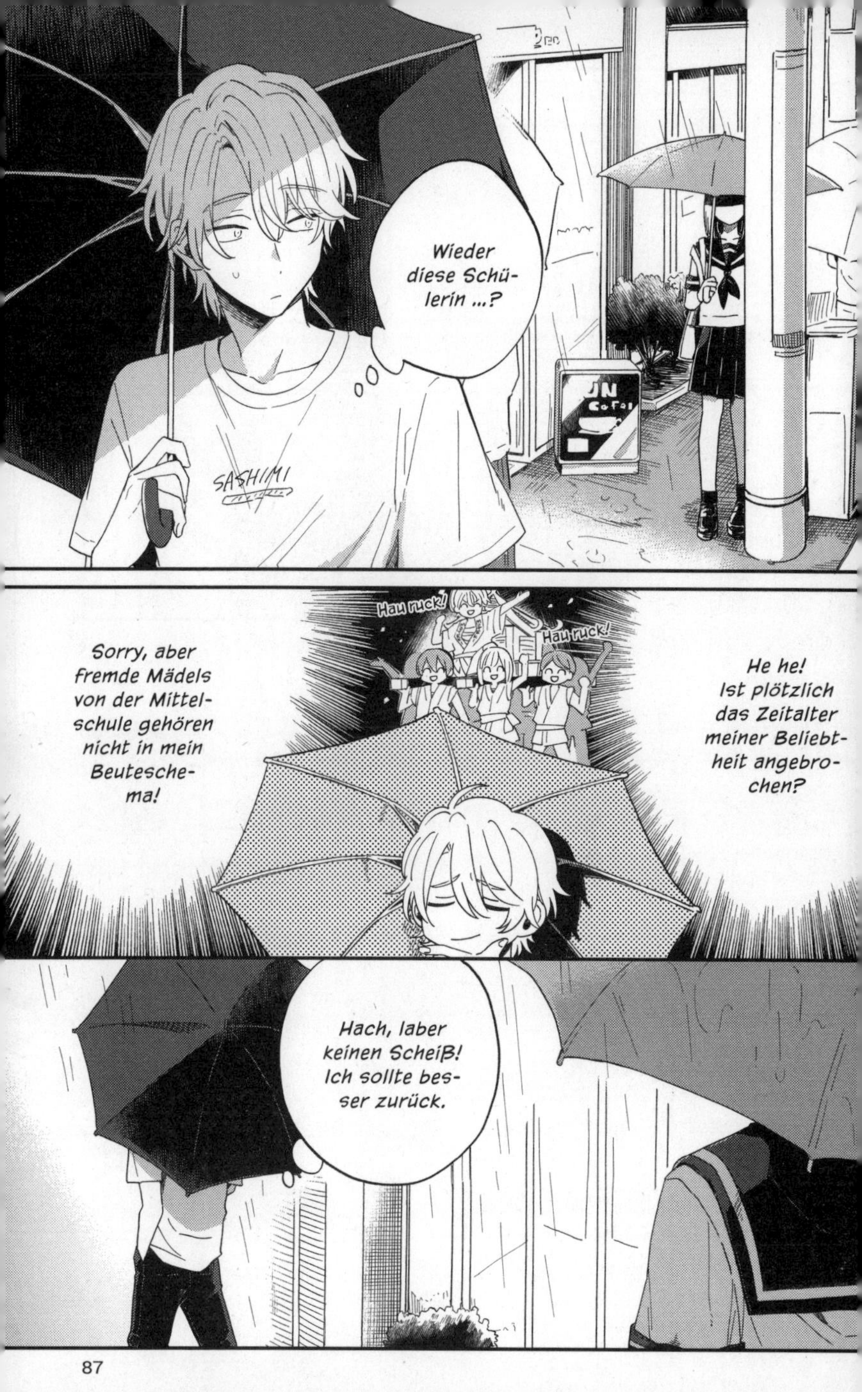
Wieder diese Schülerin ...?
He he! Ist plötzlich das Zeitalter meiner Beliebtheit angebrochen?
Hau ruck!
Hau ruck!
Sorry, aber fremde Mädels von der Mittelschule gehören nicht in mein Beuteschema!
Hach, laber keinen Scheiß! Ich sollte besser zurück.
SASHIMI

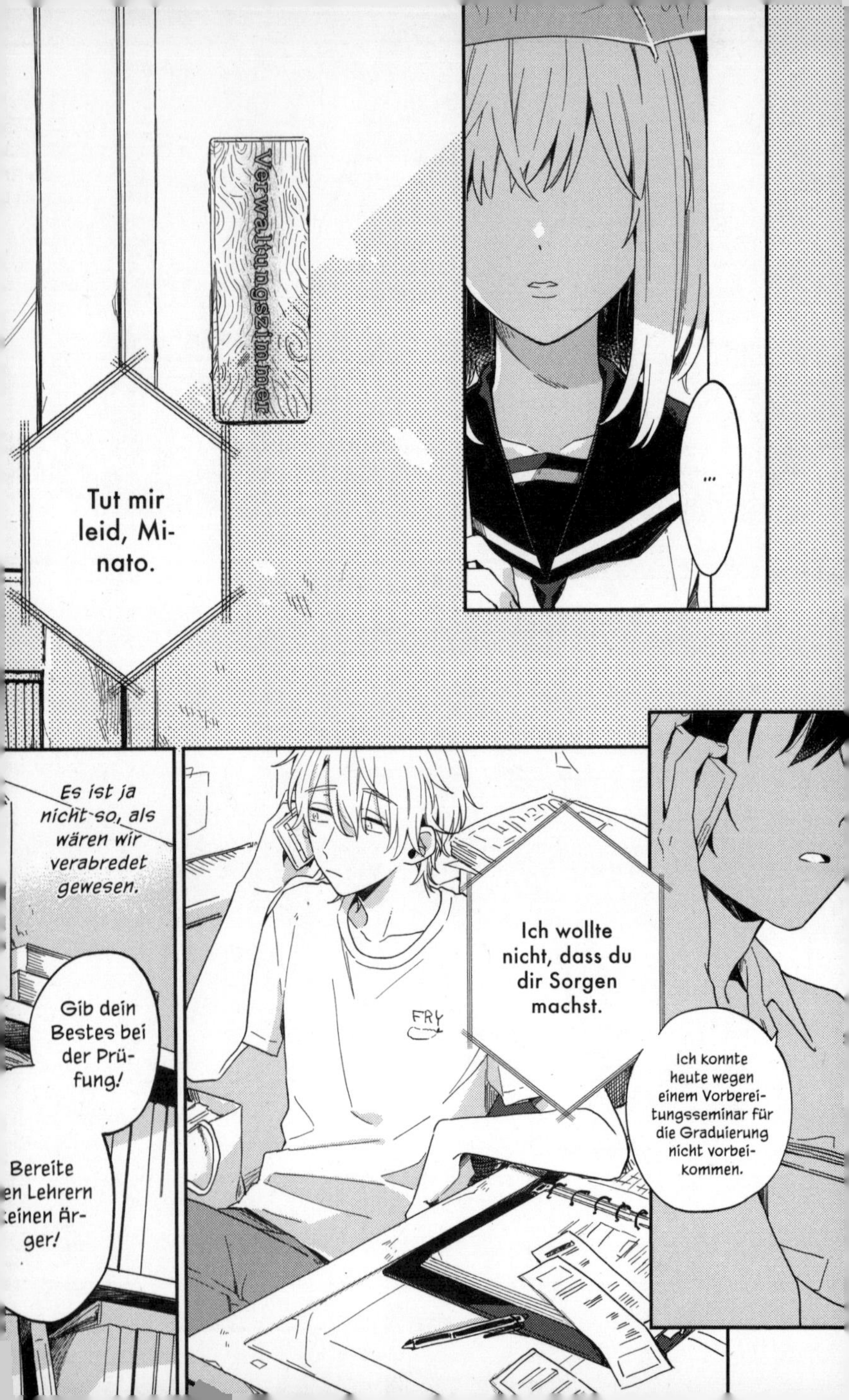
Verwaltungszimmer
...
Tut mir leid, Minato.
Ich konnte heute wegen einem Vorbereitungsseminar für die Graduierung nicht vorbeikommen.
Ich wollte nicht, dass du dir Sorgen machst.
FRY
Es ist ja nicht so, als wären wir verabredet gewesen.
Gib dein Bestes bei der Prüfung!
Bereite en Lehrern einen Ärger!

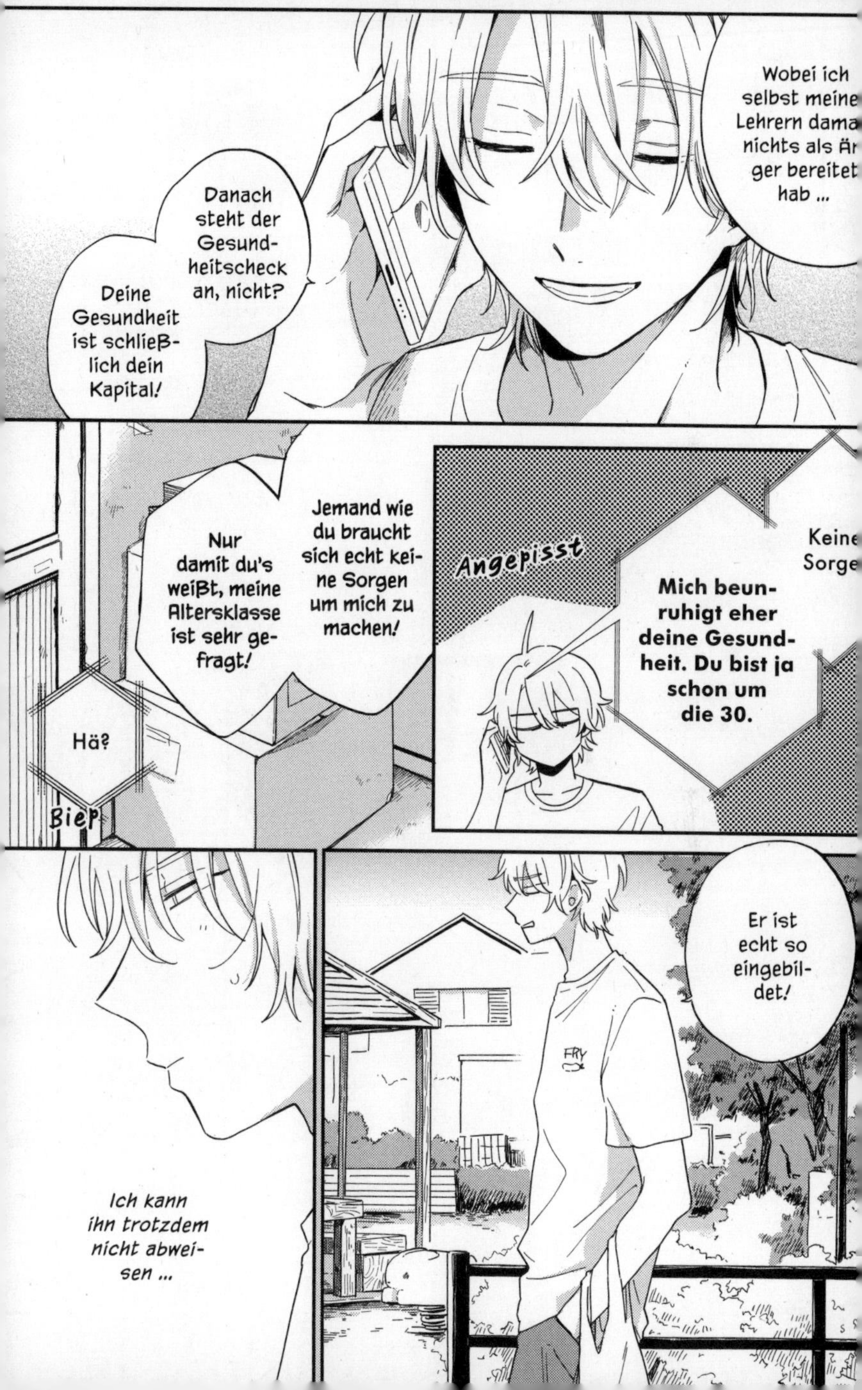
Wobei ich selbst meine Lehrern dama nichts als Är ger bereitet hab ...
Danach steht der Gesundheitscheck an, nicht?
Deine Gesundheit ist schließlich dein Kapital!
Keine Sorge
Mich beunruhigt eher deine Gesundheit. Du bist ja schon um die 30.
Angepisst
Jemand wie du braucht sich echt keine Sorgen um mich zu machen!
Nur damit du's weißt, meine Altersklasse ist sehr gefragt!
Hä?
Biep
Er ist echt so eingebildet!
FRY
Ich kann ihn trotzdem nicht abweisen ...

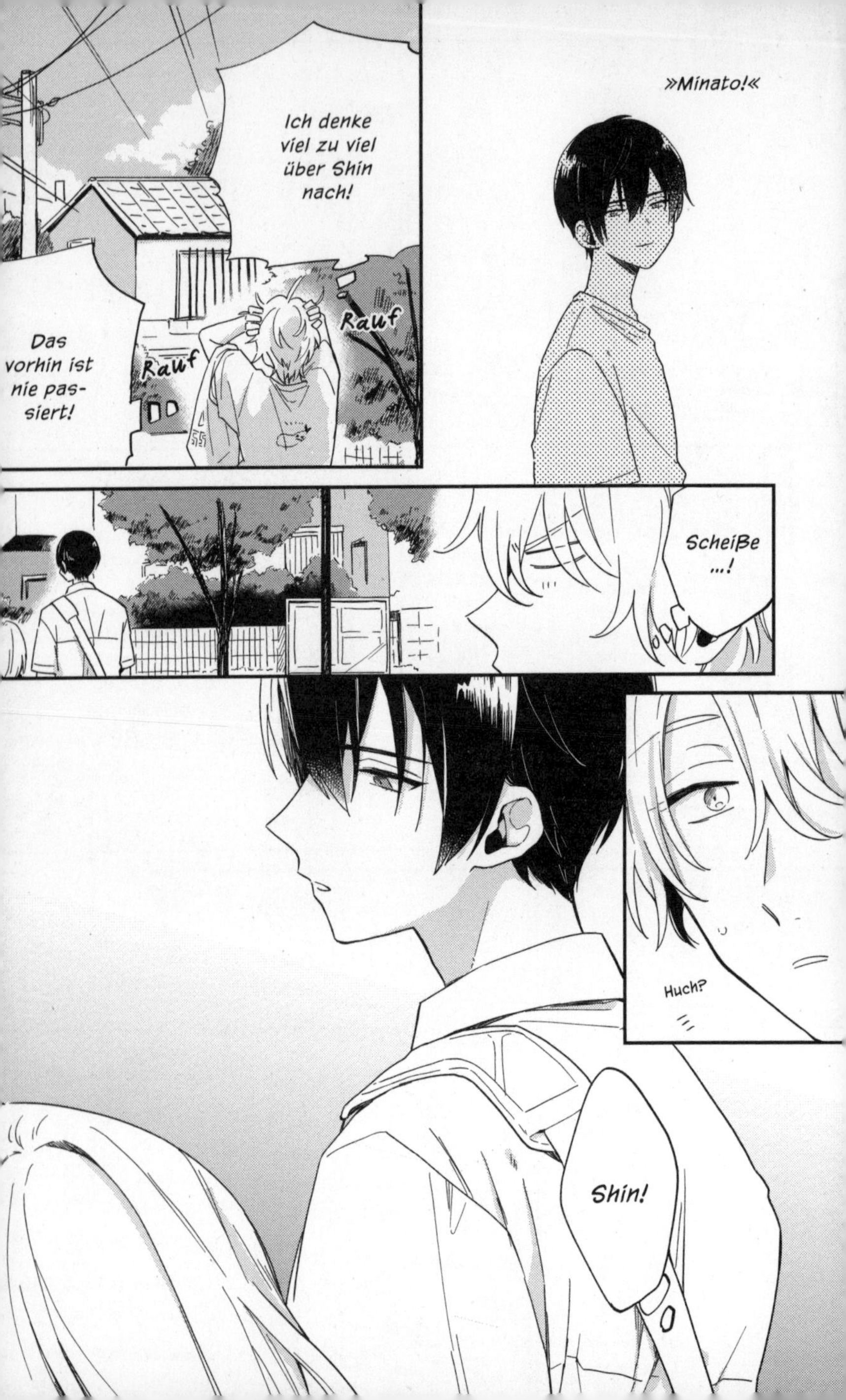
»Minato!«
Ich denke viel zu viel über Shin nach!
Rauf
Rauf
Das vorhin ist nie passiert!
Scheiße ...!
Huch?
Shin!

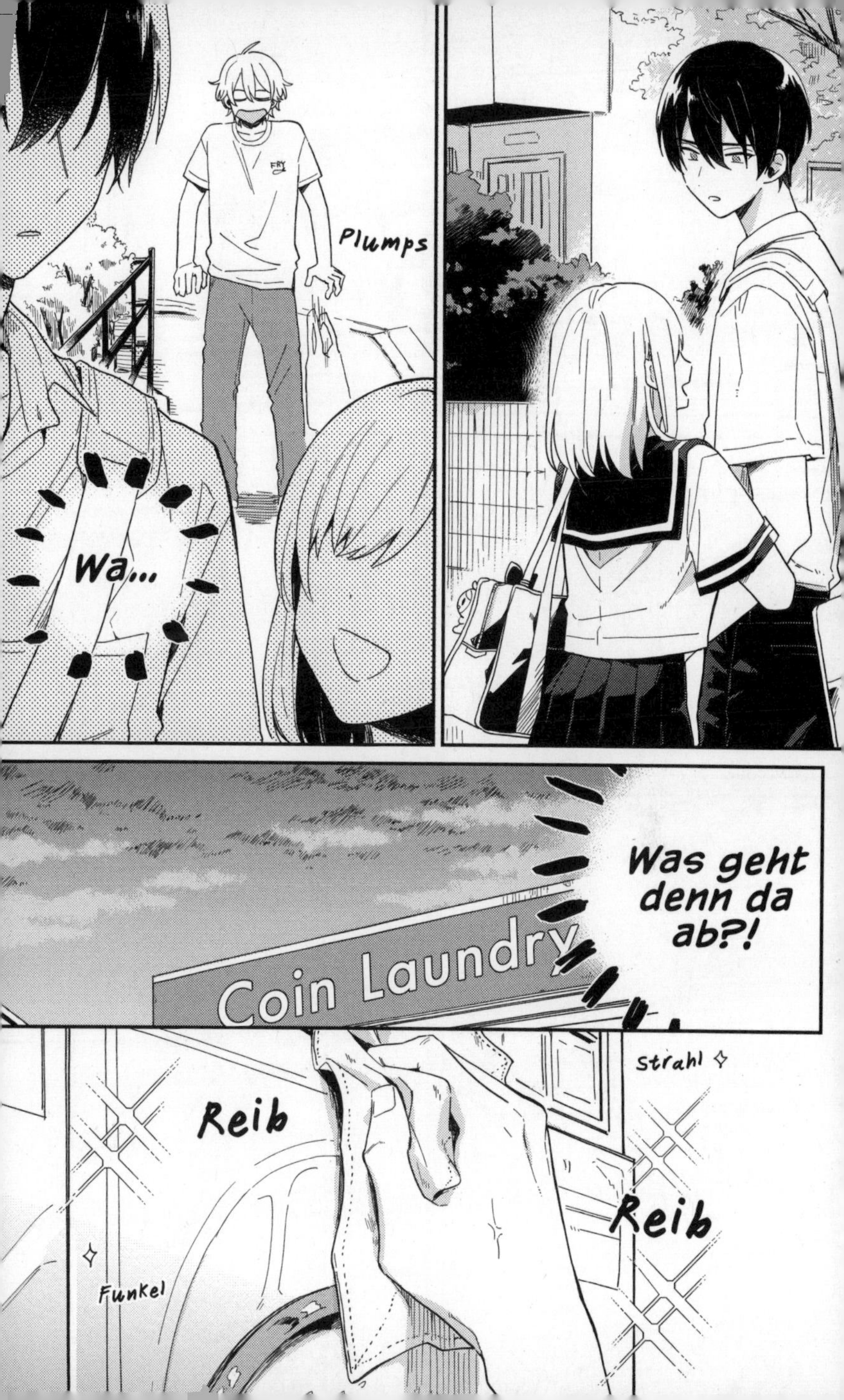
Plumps
Wa...
Coin Laundry
Was geht denn da ab?!
Strahl
Reib
Reib
Funkel

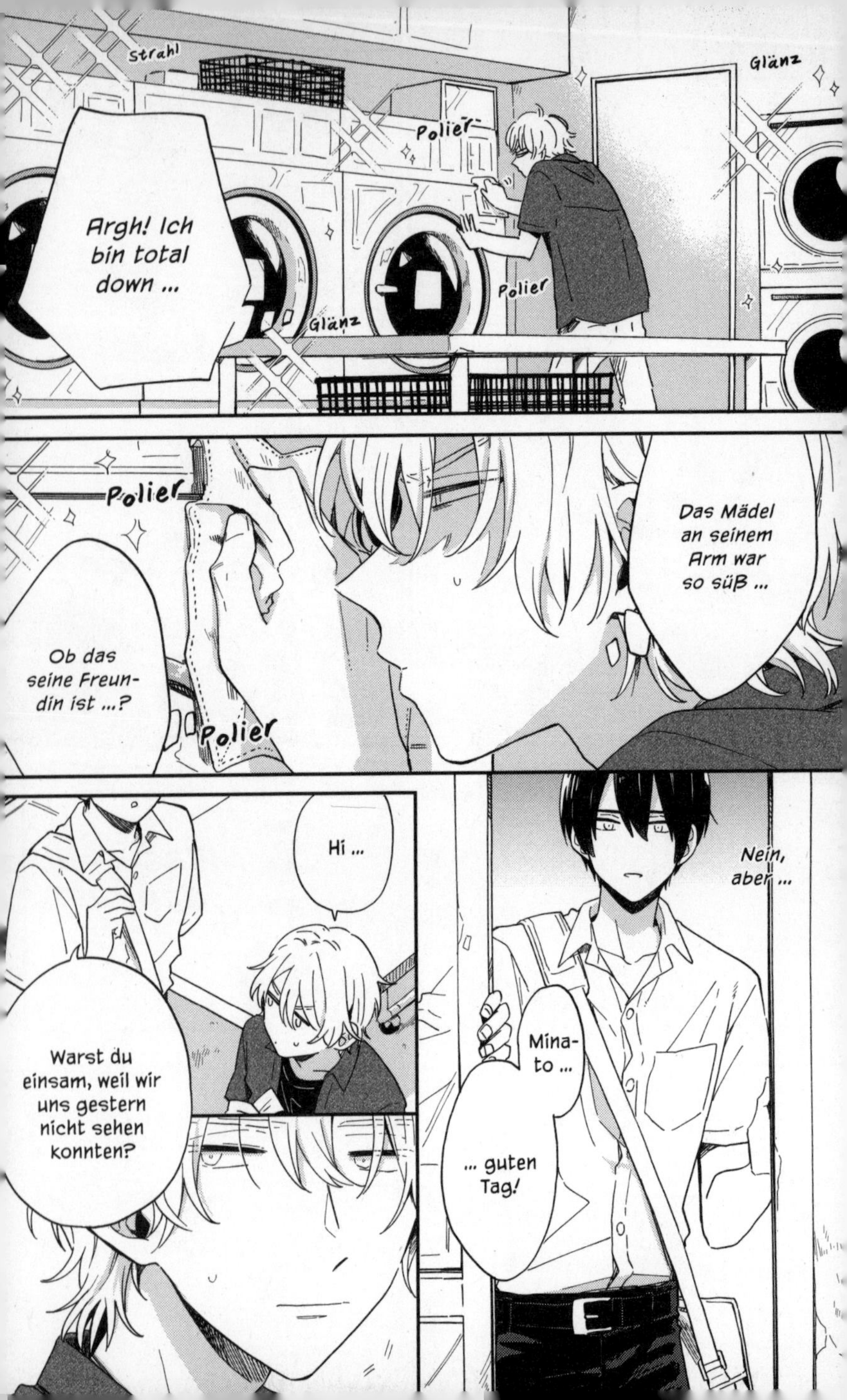
Strahl
Glänz
Polier
Argh! Ich bin total down ...
Polier
Glänz
Polier
Das Mädel an seinem Arm war so süß ...
Ob das seine Freundin ist ...?
Polier
Nein, aber ...
Hi ...
Mina-to ...
... guten Tag!
Warst du einsam, weil wir uns gestern nicht sehen konnten?

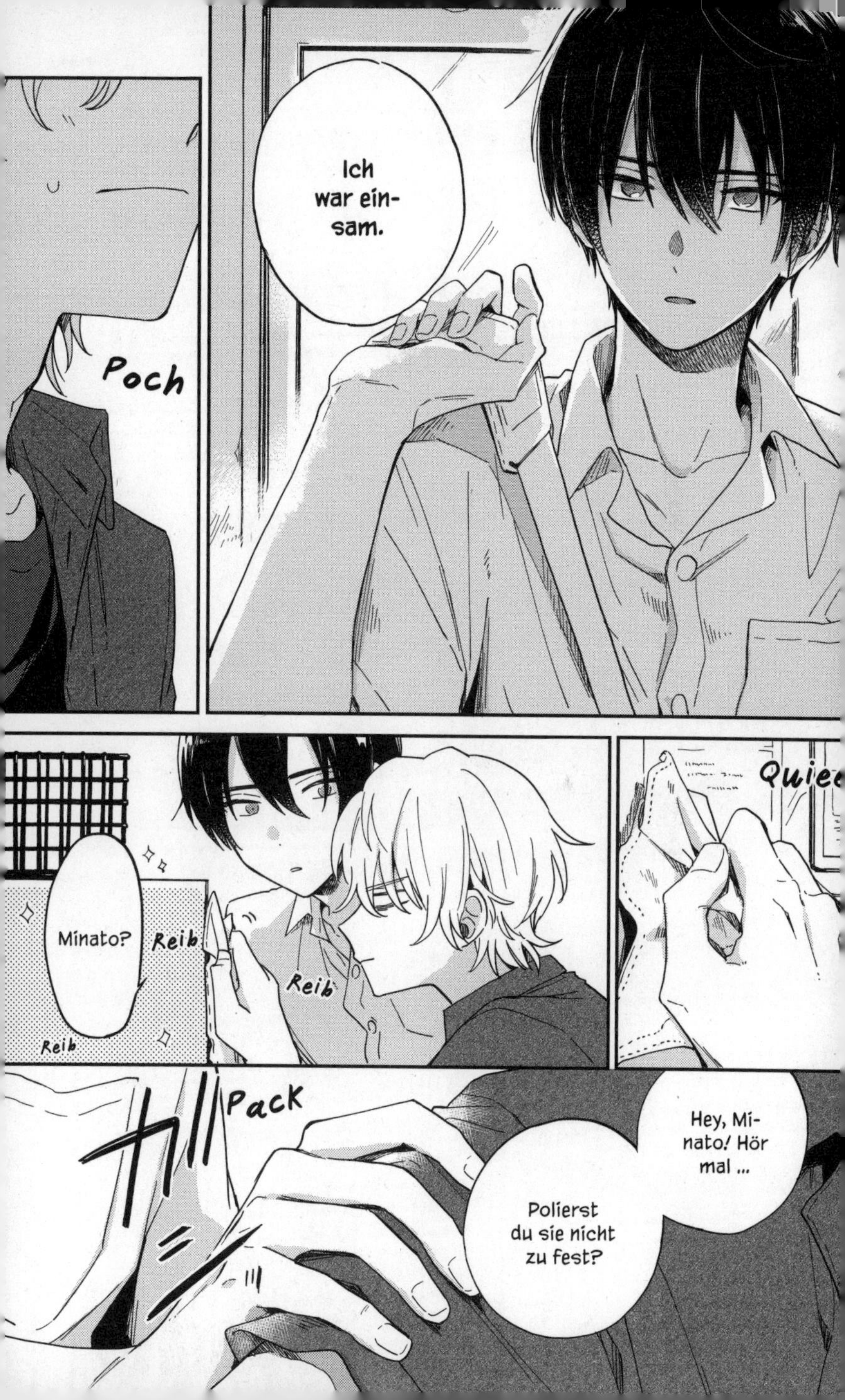
Ich war ein-sam.
Poch
Quiee
Minato?
Reib
Reib
Reib
Pack
Hey, Mi-nato! Hör mal ...
Polierst du sie nicht zu fest?

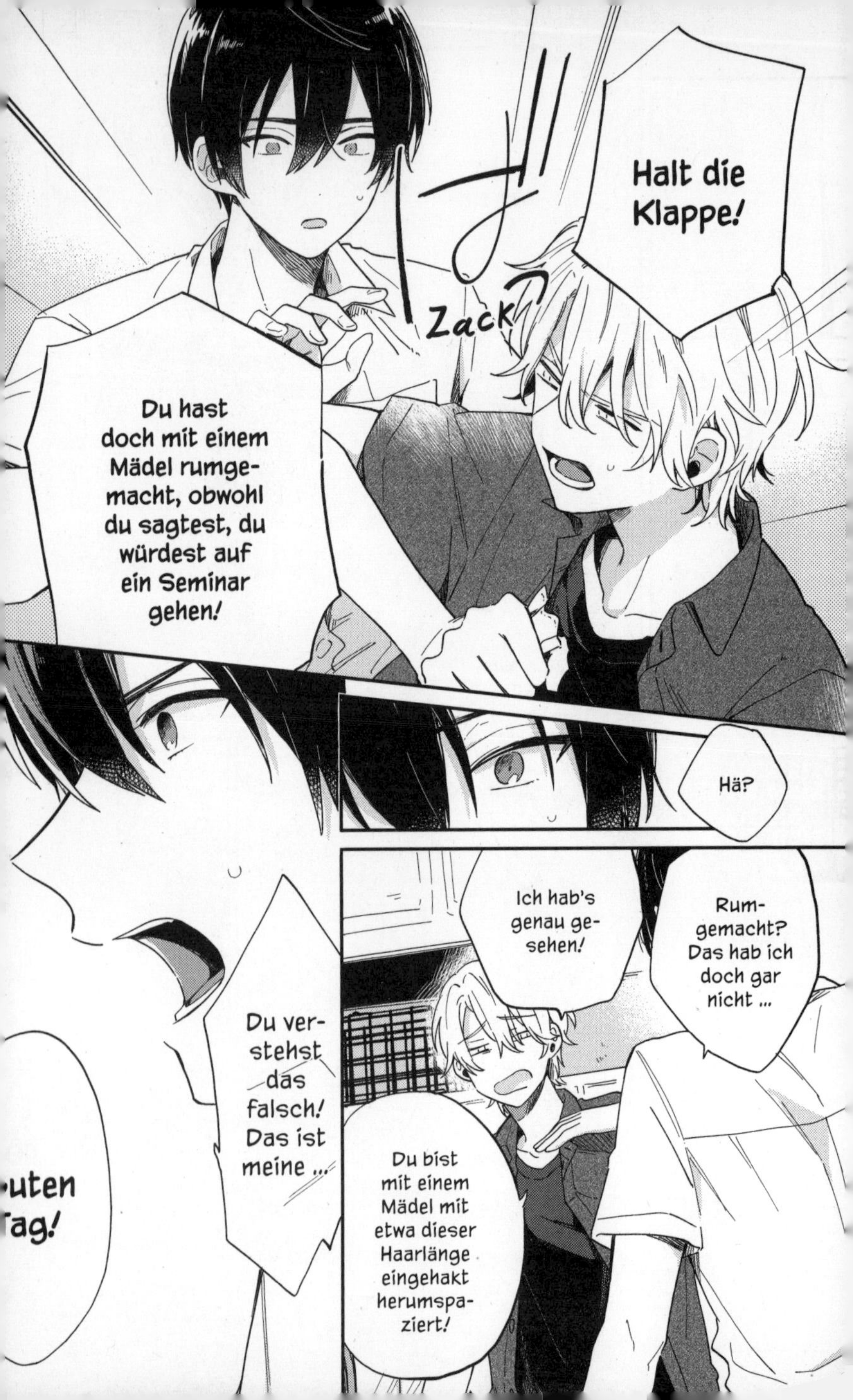
Halt die Klappe!
Zack
Du hast doch mit einem Mädel rumgemacht, obwohl du sagtest, du würdest auf ein Seminar gehen!
Hä?
Rum-gemacht? Das hab ich doch gar nicht ...
Ich hab's genau ge-sehen!
Du bist mit einem Mädel mit etwa dieser Haarlänge eingehakt herumspa-ziert!
Du ver-stehst das falsch! Das ist meine ...

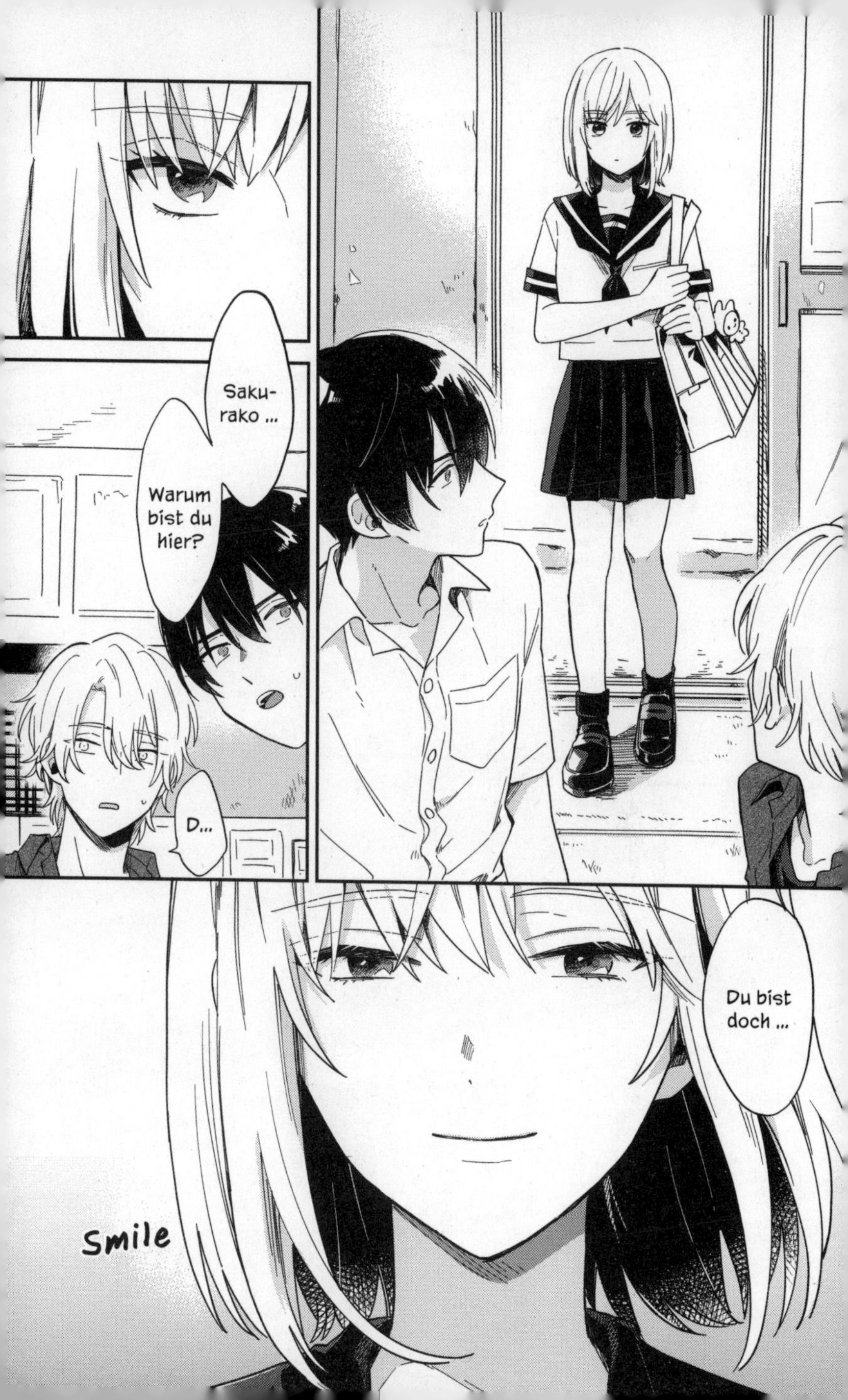
Saku-
rako ...
Warum
bist du
hier?
D...
Du bist
doch ...
Smile

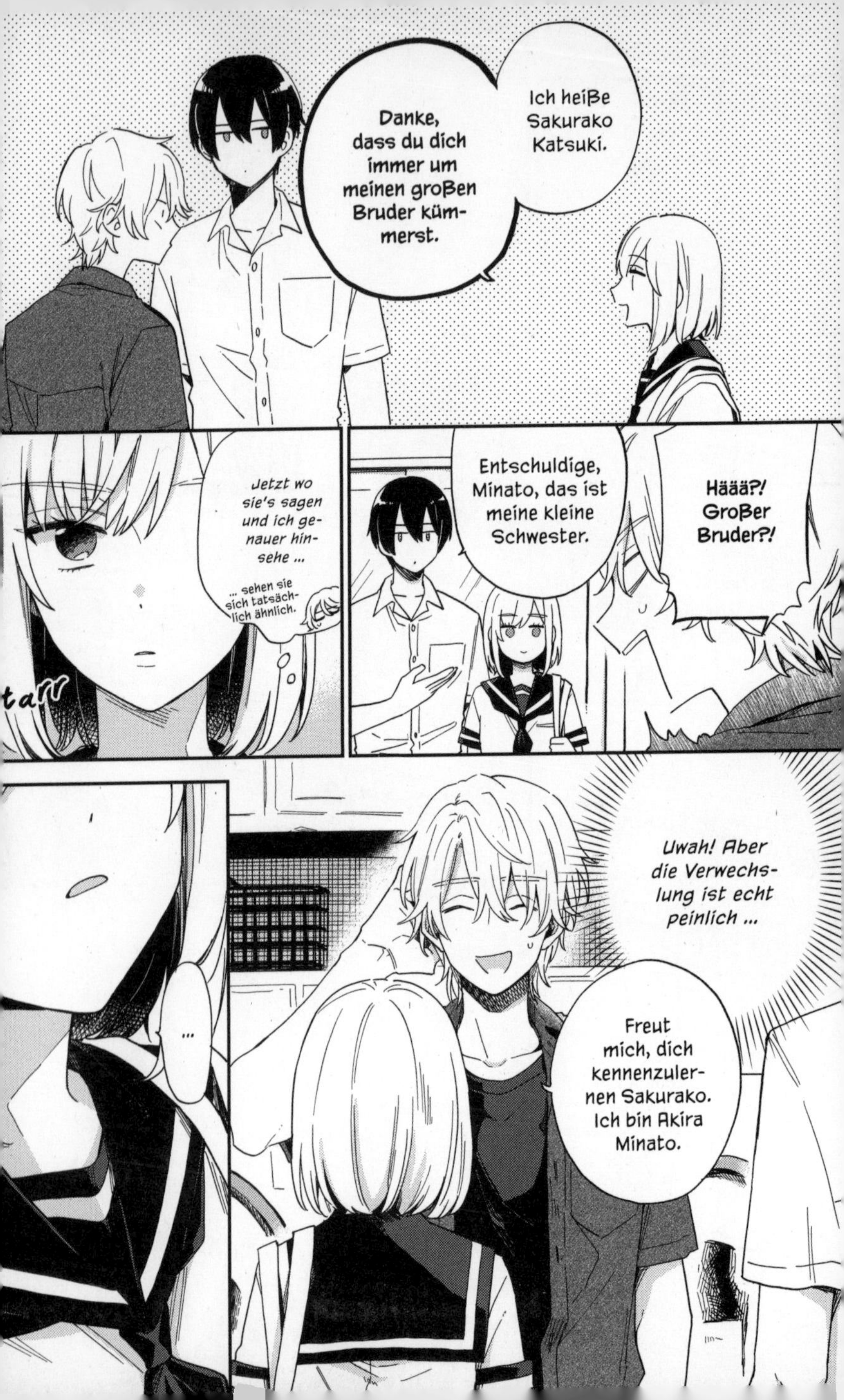
Ich heiße Sakurako Katsuki.
Danke, dass du dich immer um meinen großen Bruder kümmerst.
Häää?! Großer Bruder?!
Entschuldige, Minato, das ist meine kleine Schwester.
Jetzt wo sie's sagen und ich genauer hinsehe ...
... sehen sie sich tatsächlich ähnlich.
tarr
Uwah! Aber die Verwechslung ist echt peinlich ...
Freut mich, dich kennenzulernen Sakurako. Ich bin Akira Minato.
...

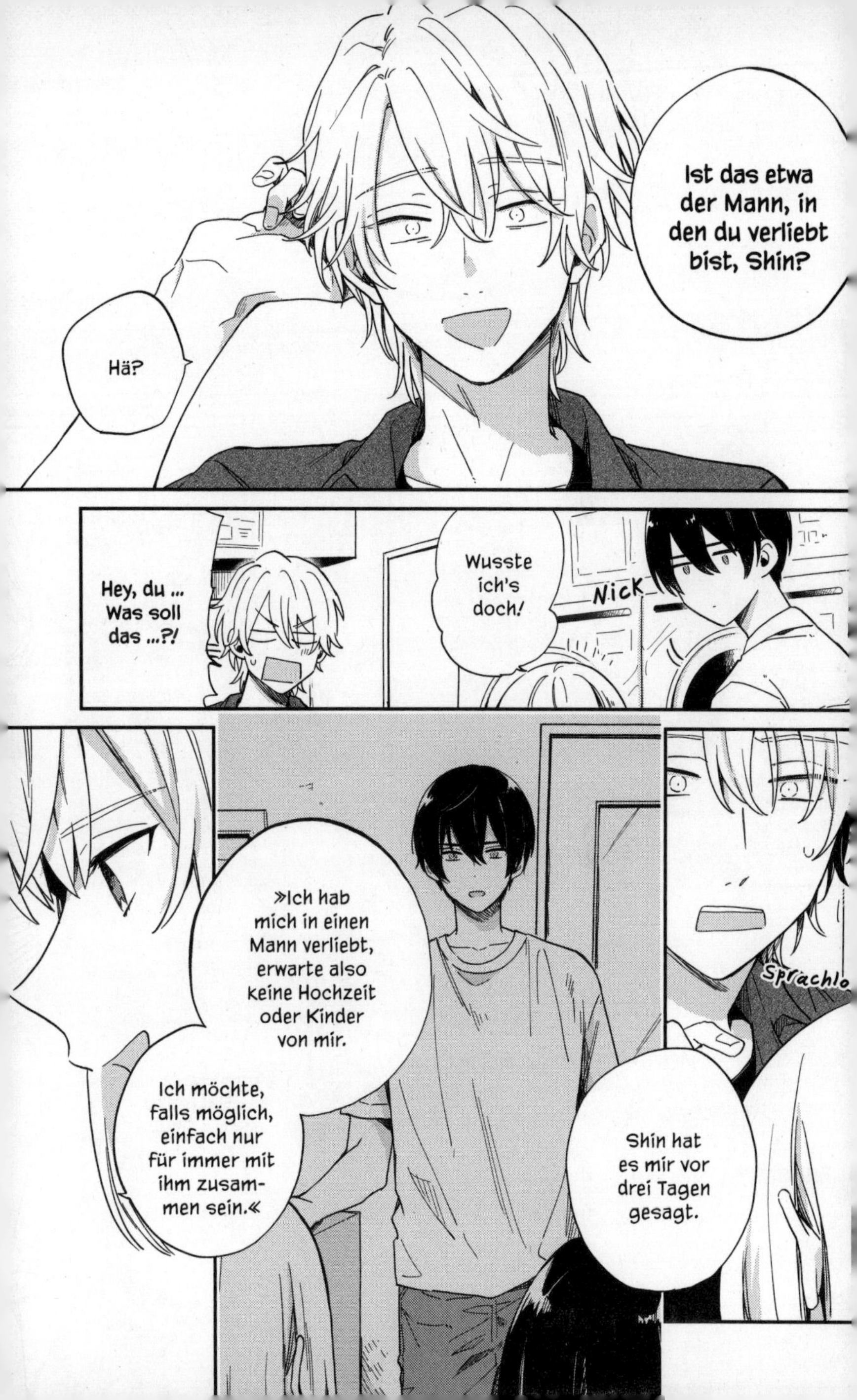

Ist das etwa der Mann, in den du verliebt bist, Shin?
Hä?
NICK
Wusste ich's doch!
Hey, du ... Was soll das ...?!
Sprachlo
»Ich hab mich in einen Mann verliebt, erwarte also keine Hochzeit oder Kinder von mir.
Ich möchte, falls möglich, einfach nur für immer mit ihm zusammen sein.«
Shin hat es mir vor drei Tagen gesagt.

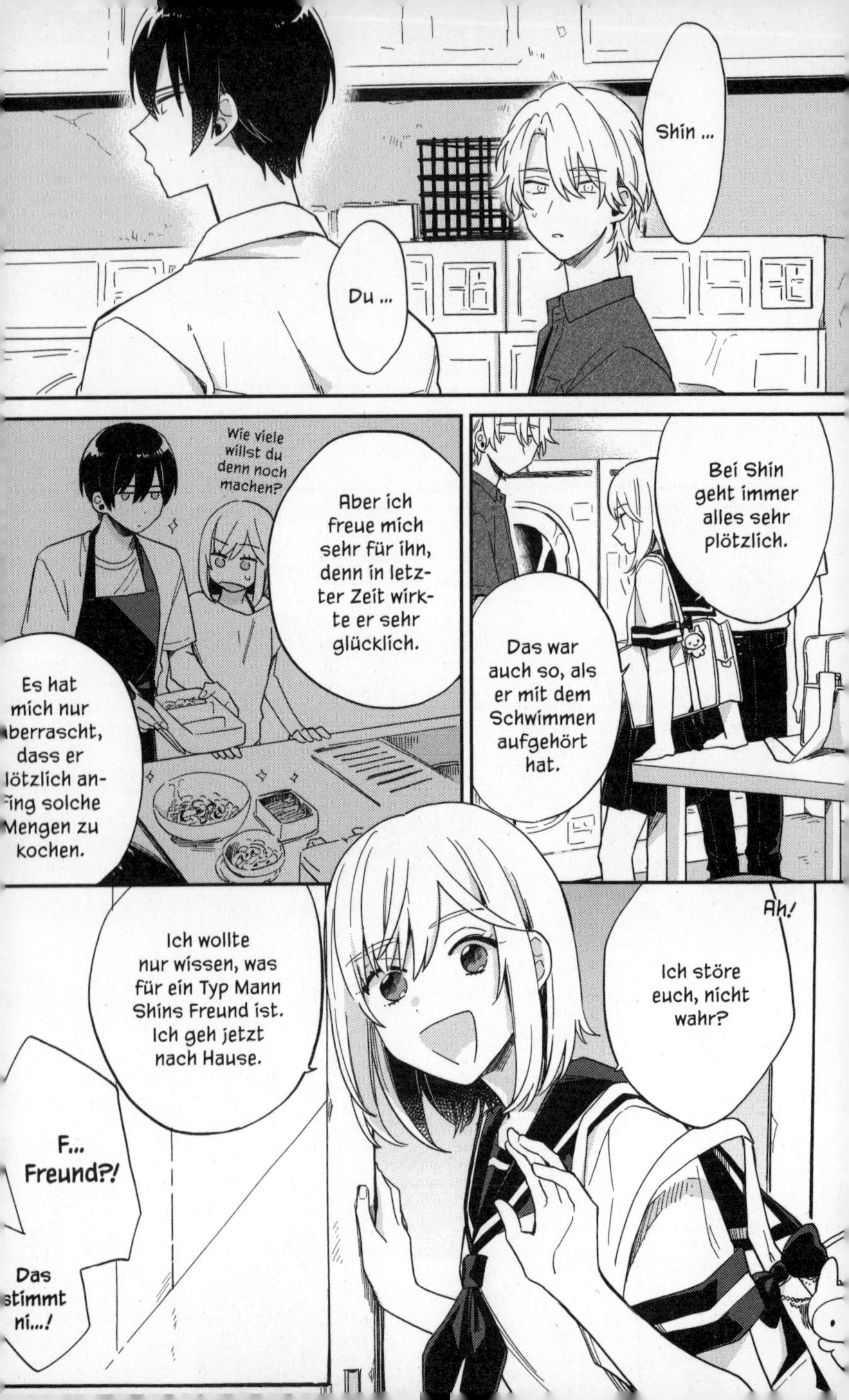
Shin ...
Du ...
Bei Shin geht immer alles sehr plötzlich.
Das war auch so, als er mit dem Schwimmen aufgehört hat.
Wie viele willst du denn noch machen?
Aber ich freue mich sehr für ihn, denn in letzter Zeit wirkte er sehr glücklich.
Es hat mich nur berrascht, dass er lötzlich an-fing solche Mengen zu kochen.
Ah!
Ich störe euch, nicht wahr?
Ich wollte nur wissen, was für ein Typ Mann Shins Freund ist. Ich geh jetzt nach Hause.
F... Freund?!
Das stimmt ni...!

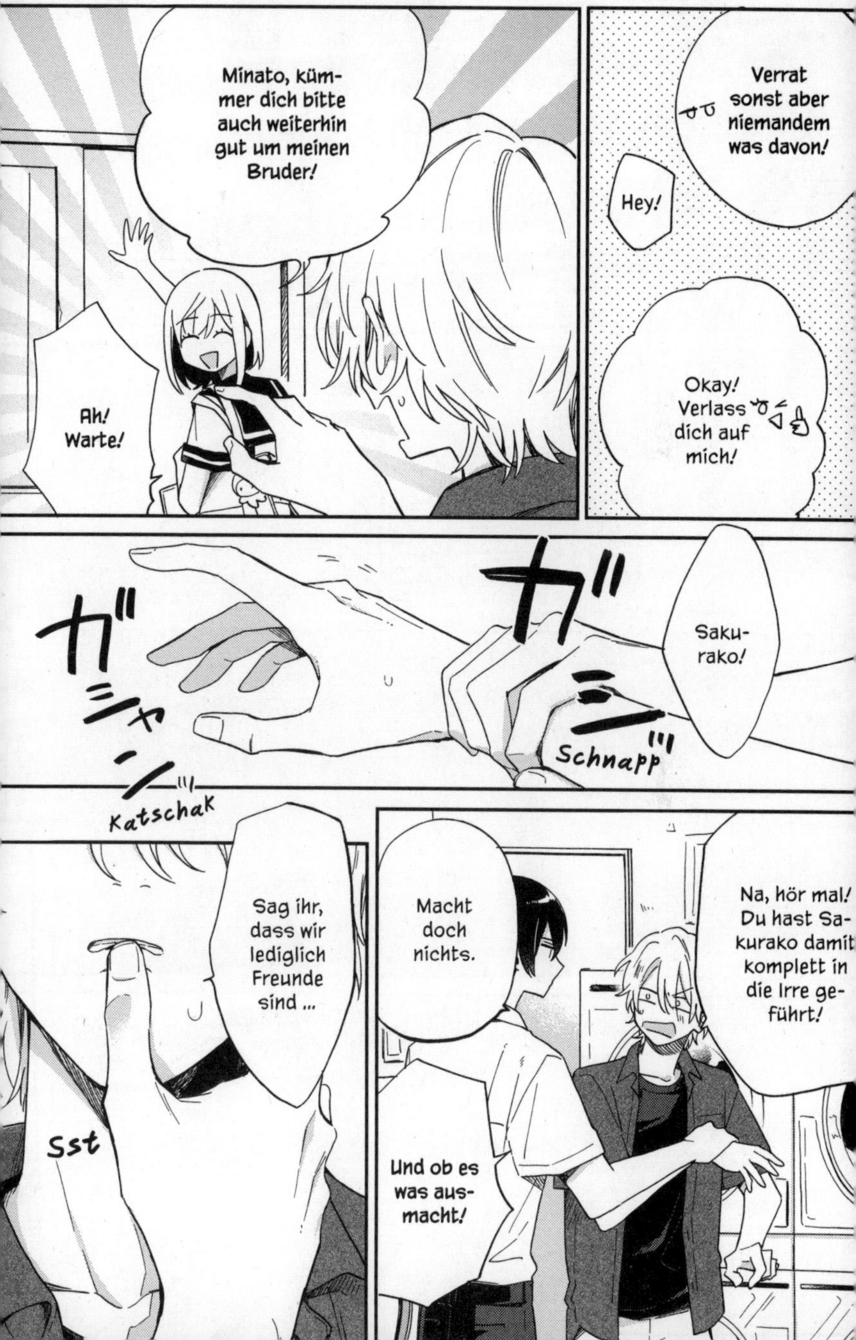
Verrat sonst aber niemandem was davon!
Hey!
Okay! Verlass dich auf mich!
Minato, kümmer dich bitte auch weiterhin gut um meinen Bruder!
Ah! Warte!
Sakurako!
Schnapp
Katschak
Na, hör mal! Du hast Sakurako damit komplett in die Irre geführt!
Macht doch nichts.
Und ob es was ausmacht!
Sag ihr, dass wir lediglich Freunde sind ...
Sst

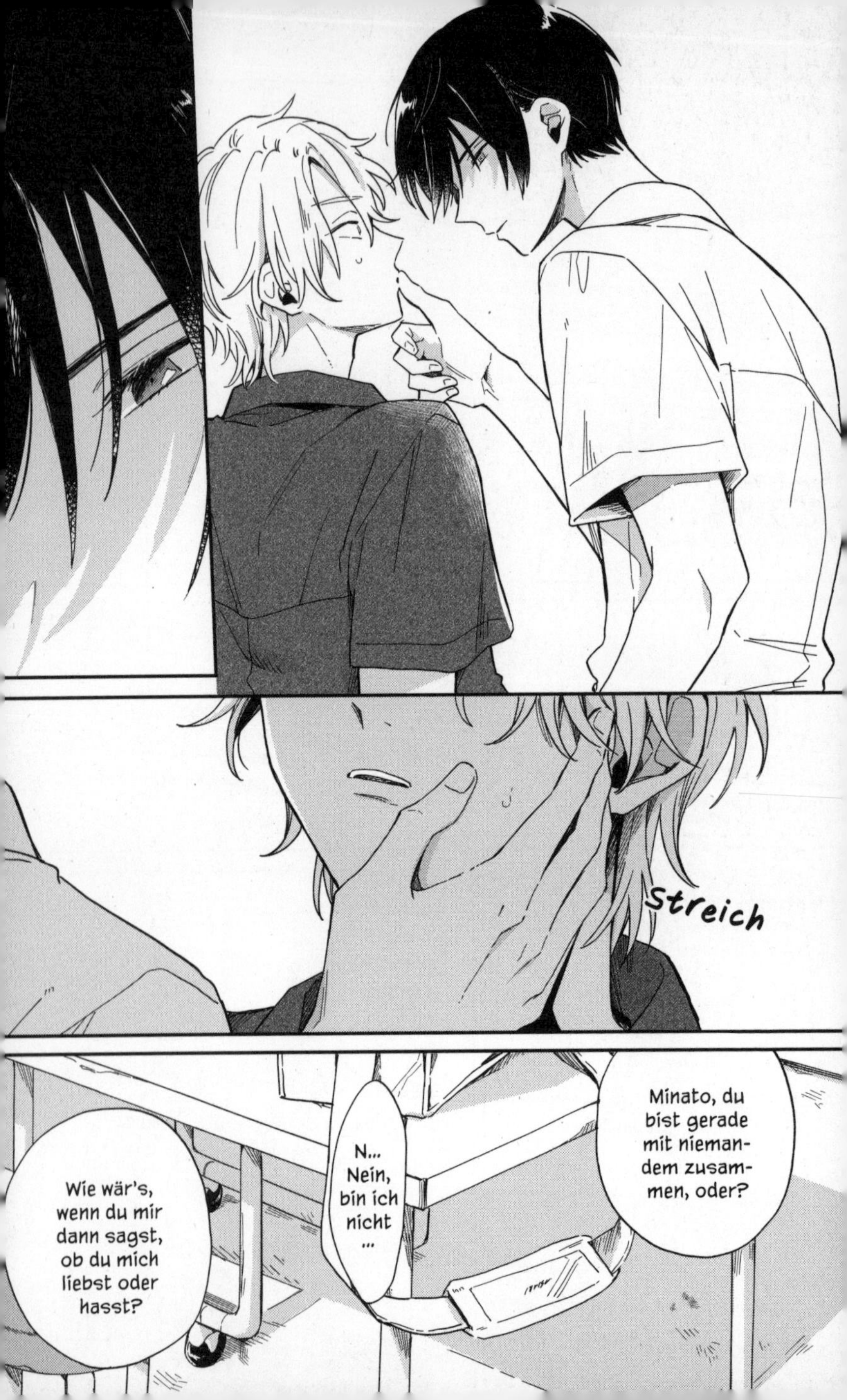
Streich
Minato, du bist gerade mit niemandem zusammen, oder?
N... Nein, bin ich nicht ...
Wie wär's, wenn du mir dann sagst, ob du mich liebst oder hasst?

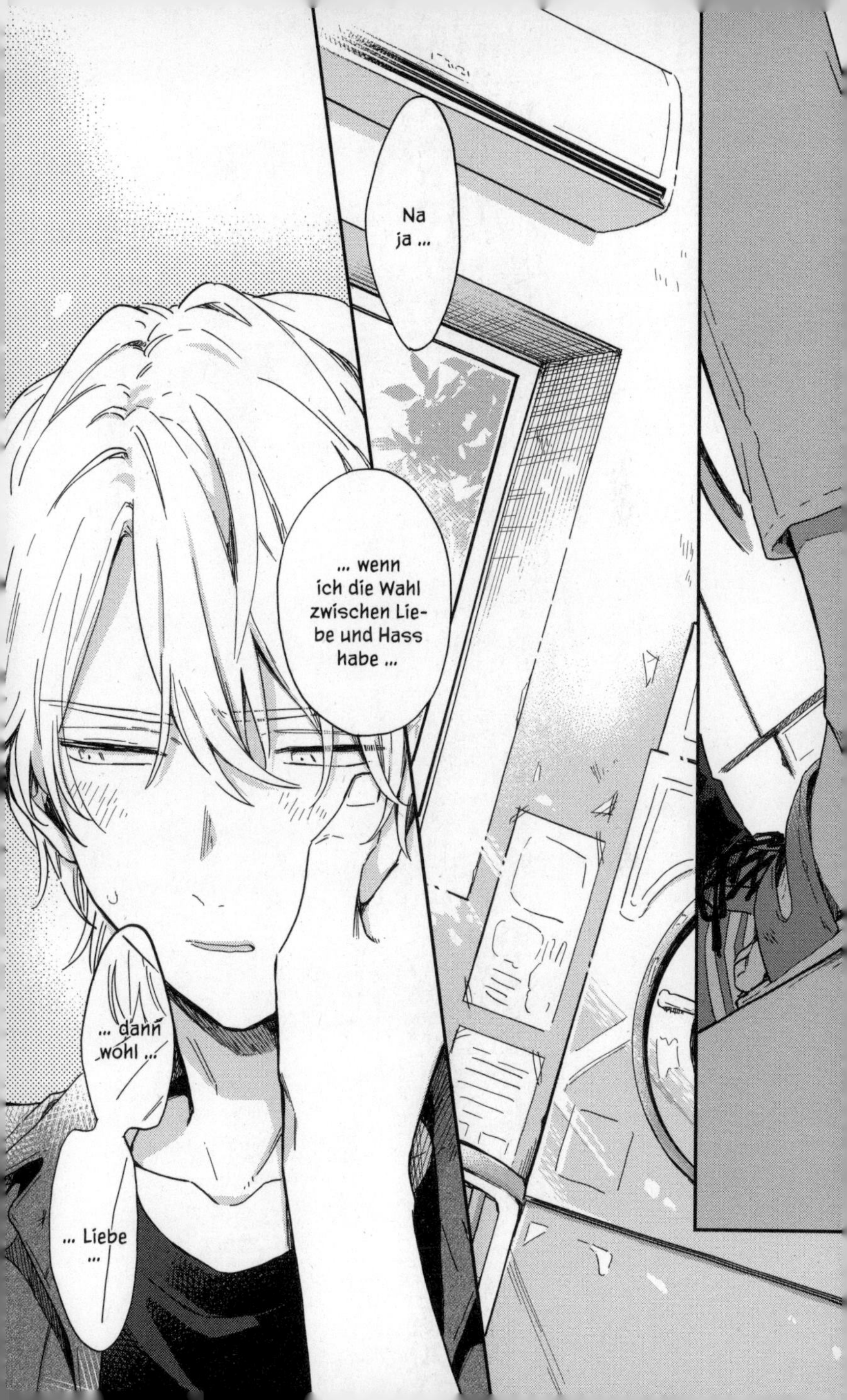

Na ja ...
... wenn ich die Wahl zwischen Lie-be und Hass habe ...
... dann wohl ...
... Liebe ...

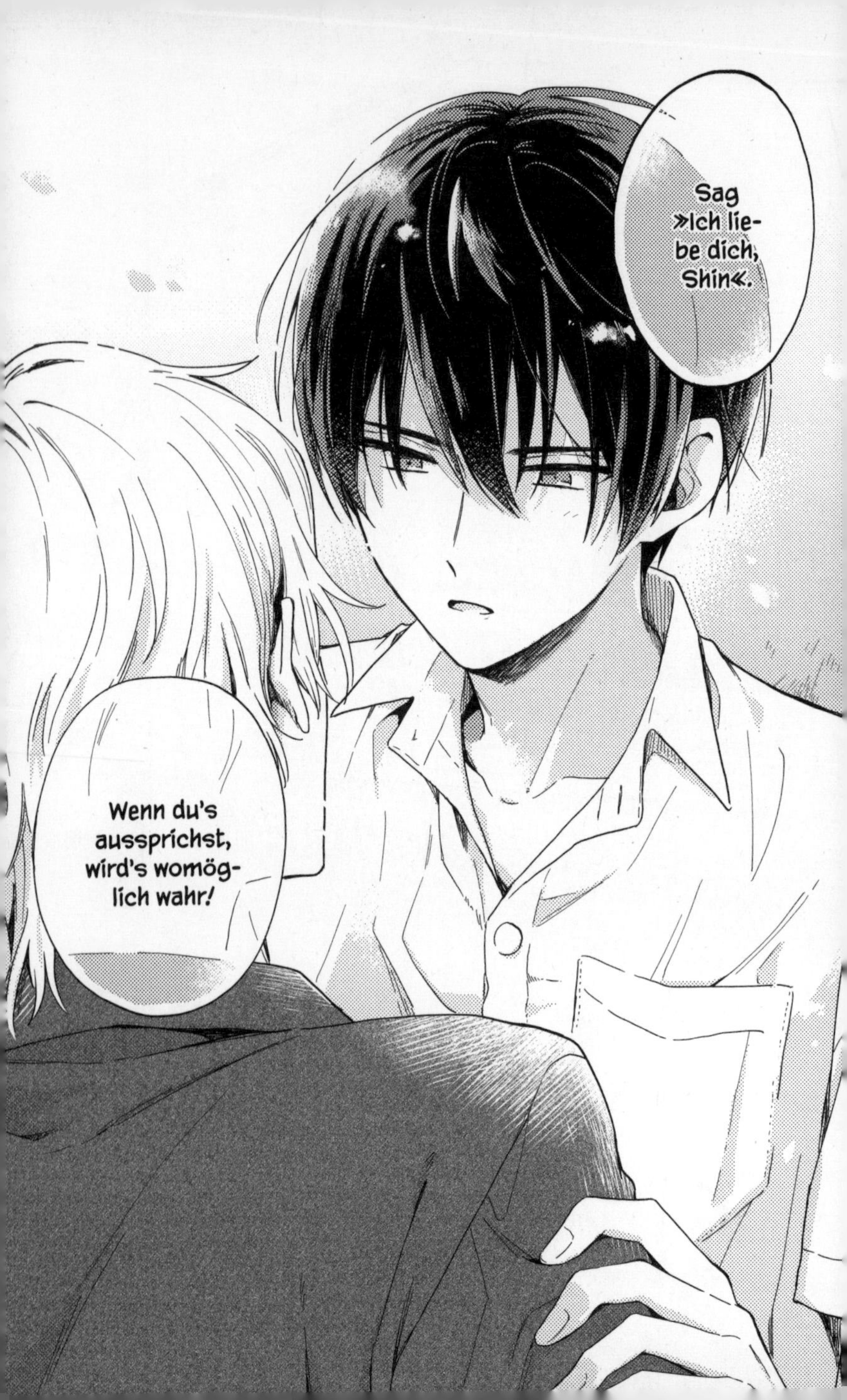
Sag »Ich liebe dich, Shin«.
Wenn du's aussprichst, wird's womöglich wahr!

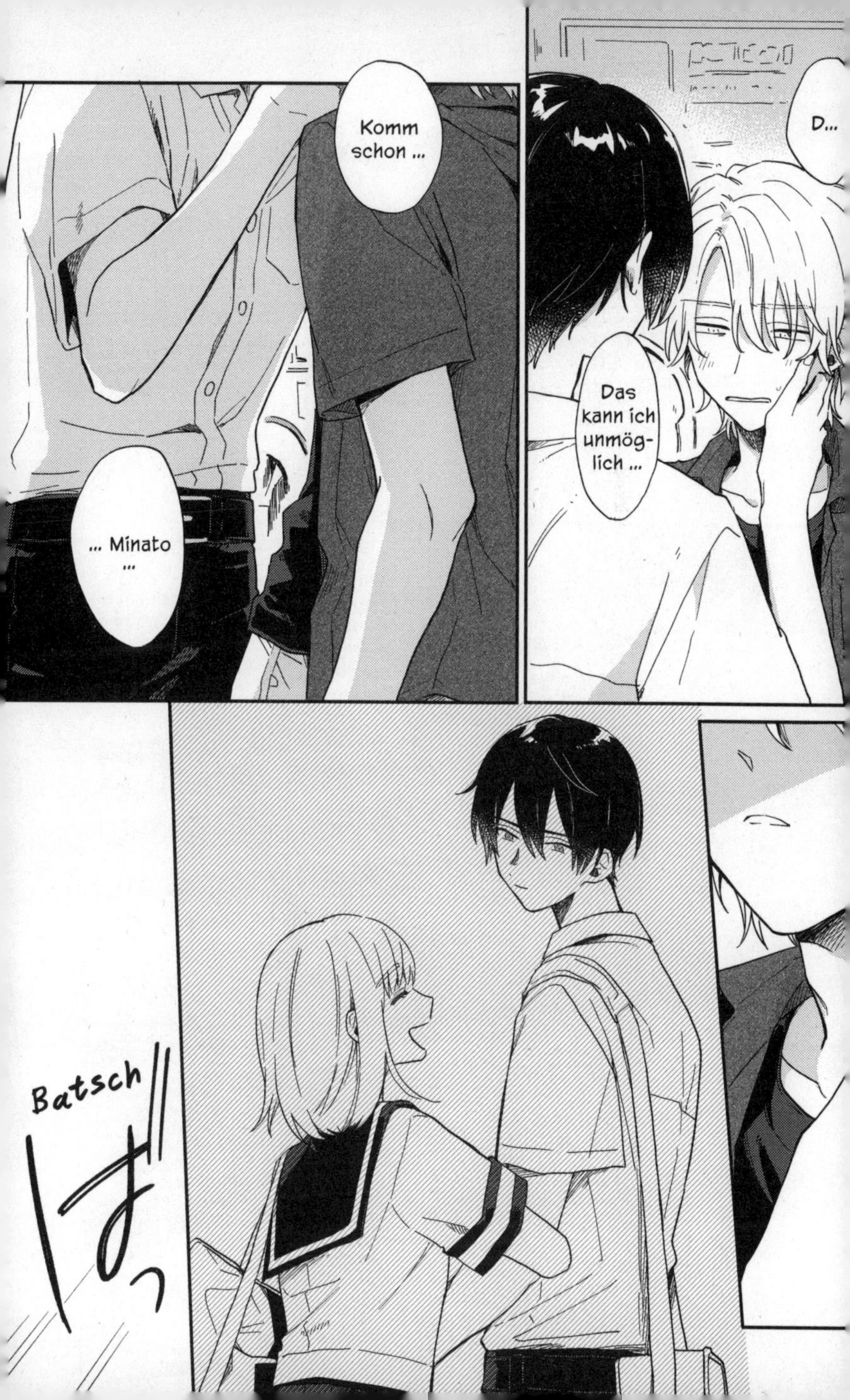
D...
Das kann ich unmöglich ...
Komm schon ...
... Minato ...
Batsch

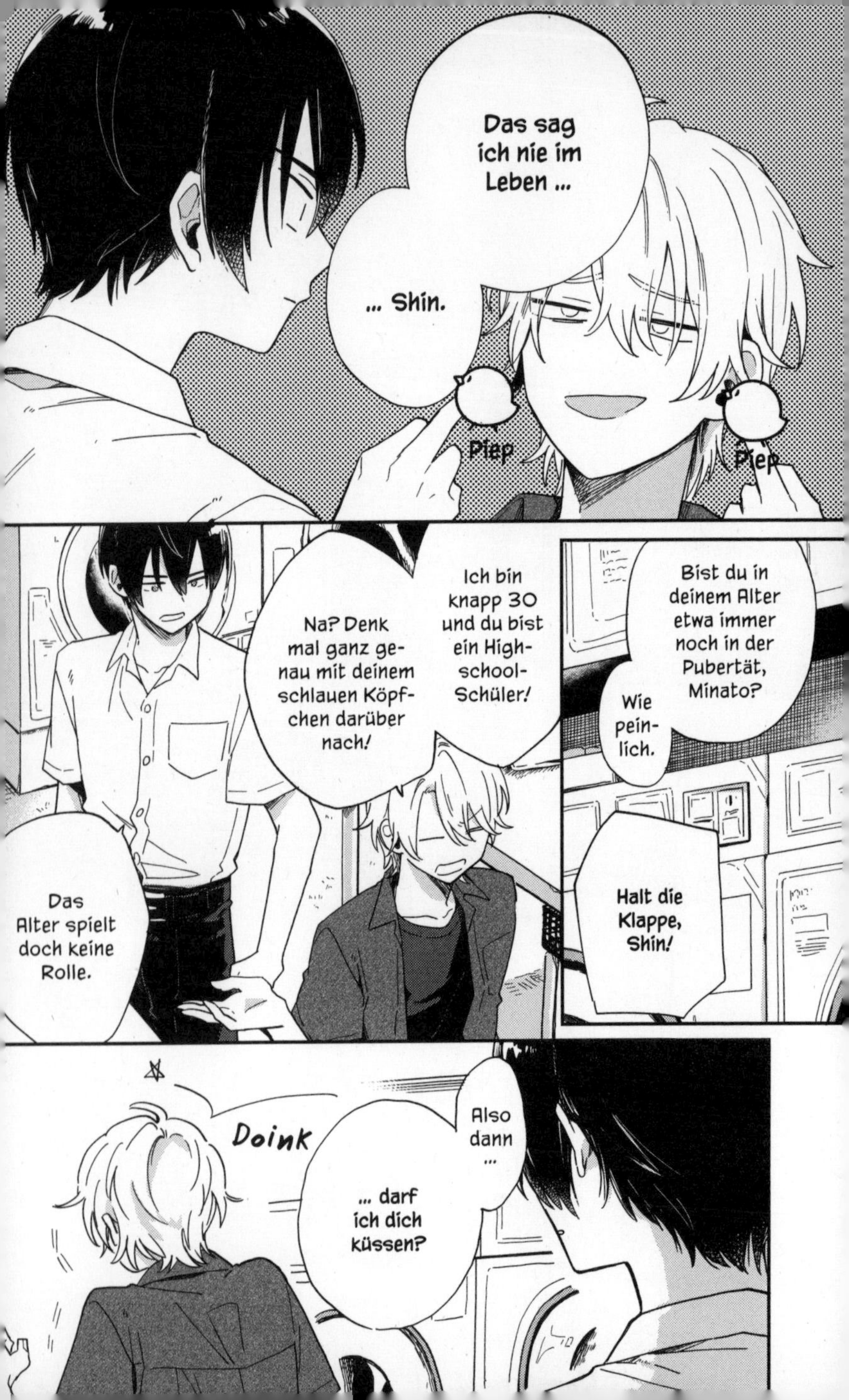
Das sag ich nie im Leben ...
... Shin.
Piep
Piep
Bist du in deinem Alter etwa immer noch in der Pubertät, Minato?
Wie peinlich.
Halt die Klappe, Shin!
Ich bin knapp 30 und du bist ein High-school-Schüler!
Na? Denk mal ganz genau mit deinem schlauen Köpfchen darüber nach!
Das Alter spielt doch keine Rolle.
Also dann ...
... darf ich dich küssen?
Doink

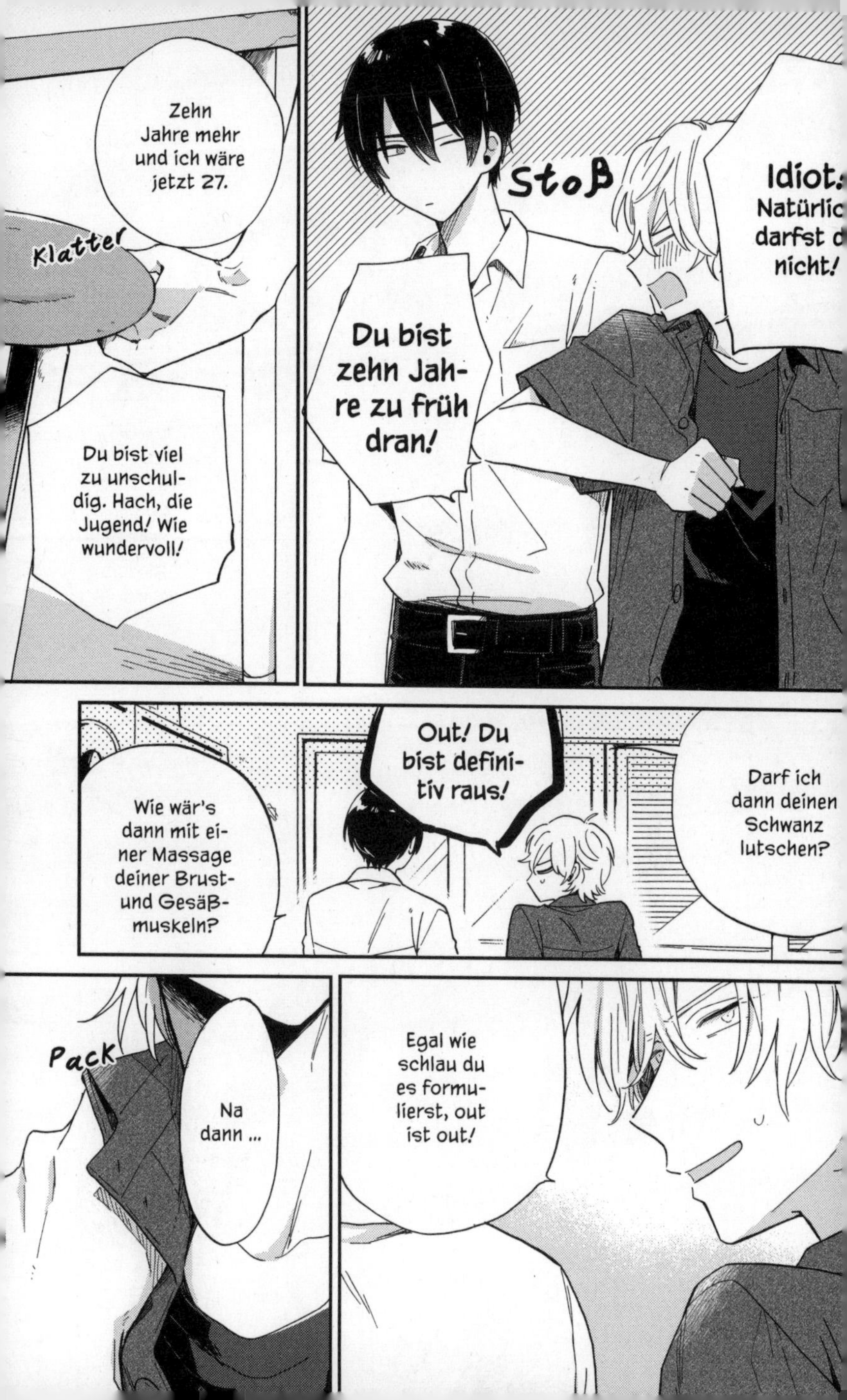
Idiot! Natürlic darfst d nicht!
Stoß
Du bist zehn Jahre zu früh dran!
Zehn Jahre mehr und ich wäre jetzt 27.
Klatter
Du bist viel zu unschuldig. Hach, die Jugend! Wie wundervoll!
Darf ich dann deinen Schwanz lutschen?
Out! Du bist definitiv raus!
Wie wär's dann mit einer Massage deiner Brust- und Gesäßmuskeln?
Egal wie schlau du es formulierst, out ist out!
Na dann ...
Pack

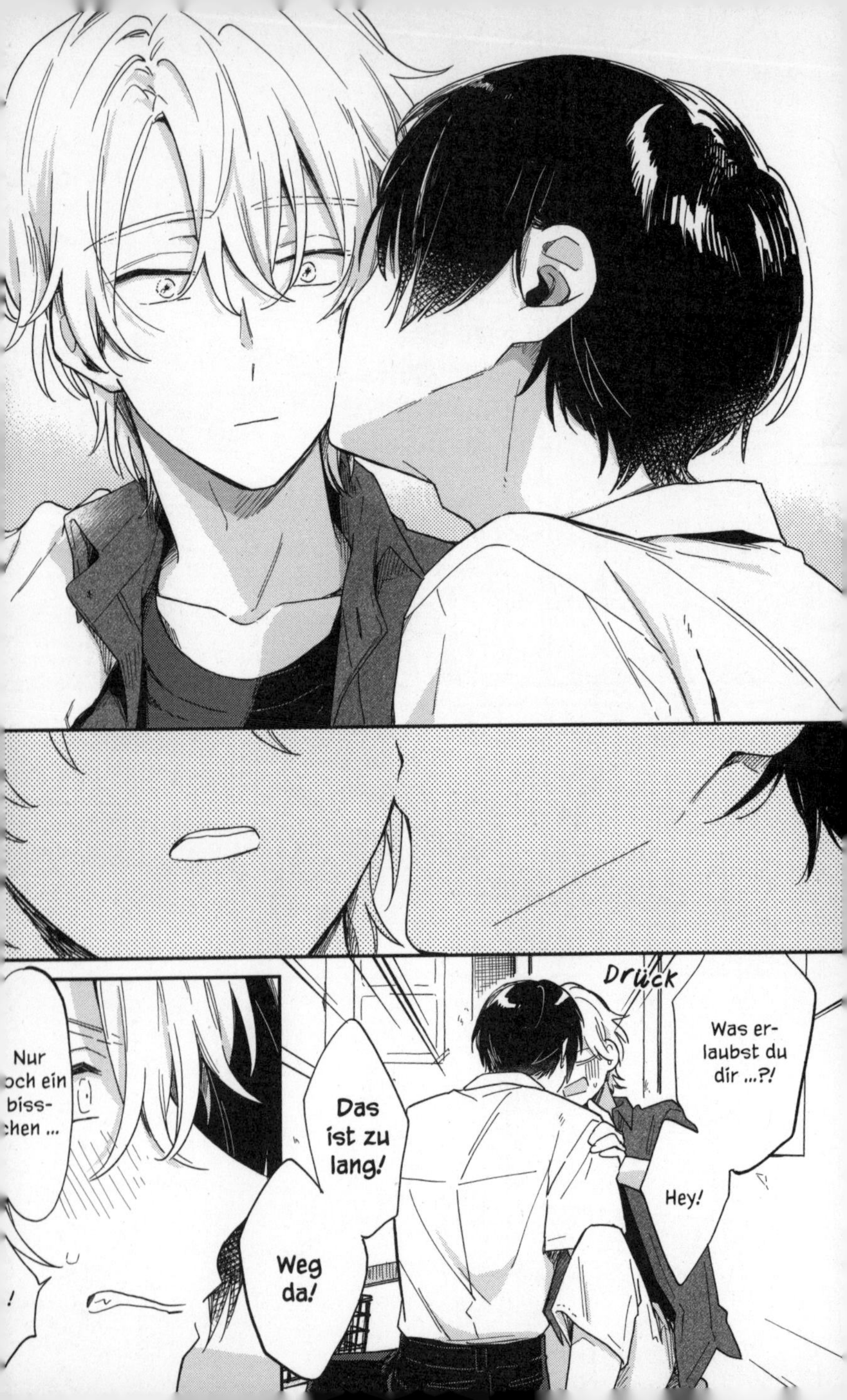
Drück
Was erlaubst du dir ...?!
Hey!
Das ist zu lang!
Weg da!
Nur och ein biss- chen ...

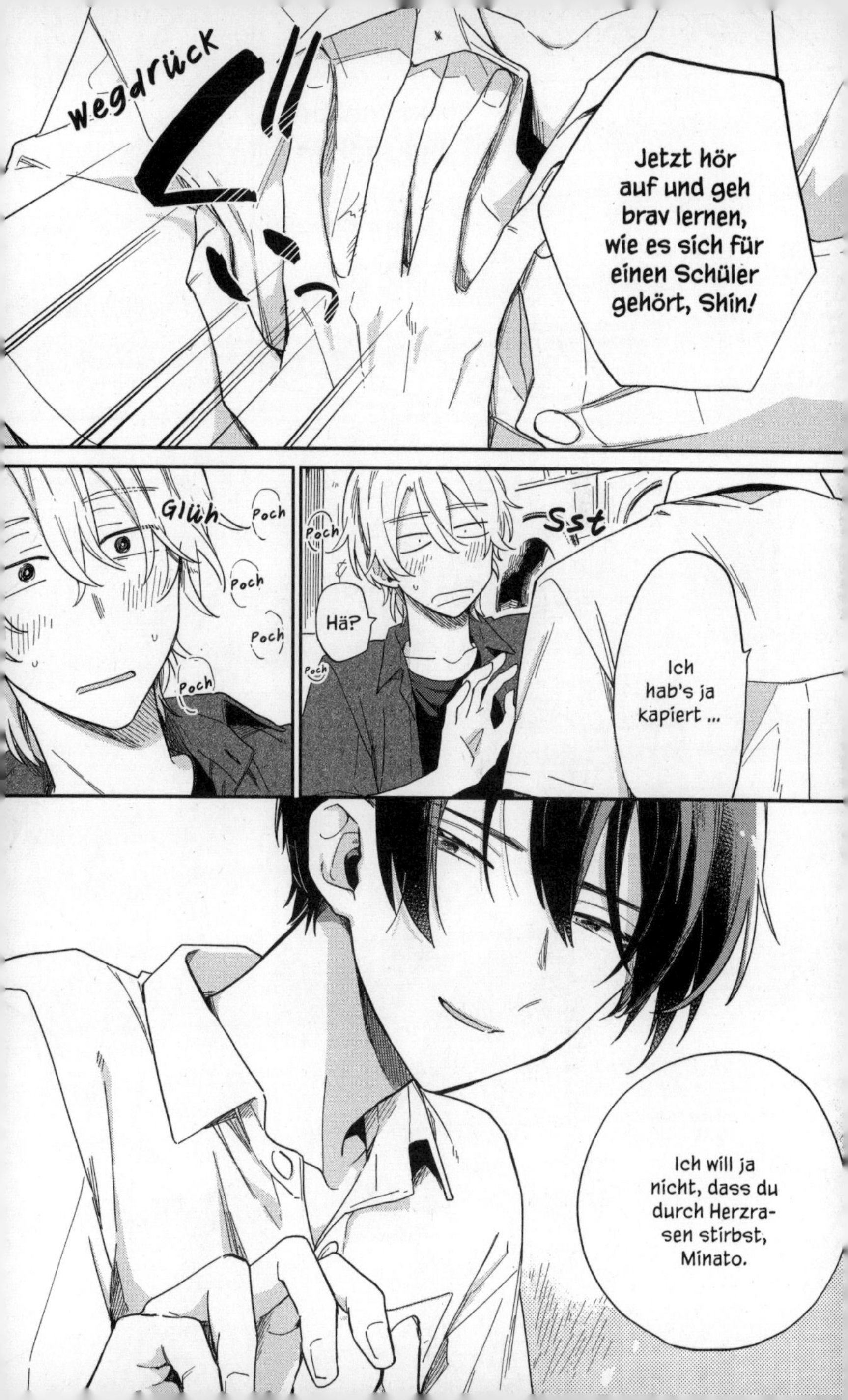
Jetzt hör auf und geh brav lernen, wie es sich für einen Schüler gehört, Shin!
wegdrück
Sst
Ich hab's ja kapiert ...
Hä?
Poch
Poch
Glüh
Poch
Poch
Poch
Poch
Poch
Ich will ja nicht, dass du durch Herzrasen stirbst, Minato.

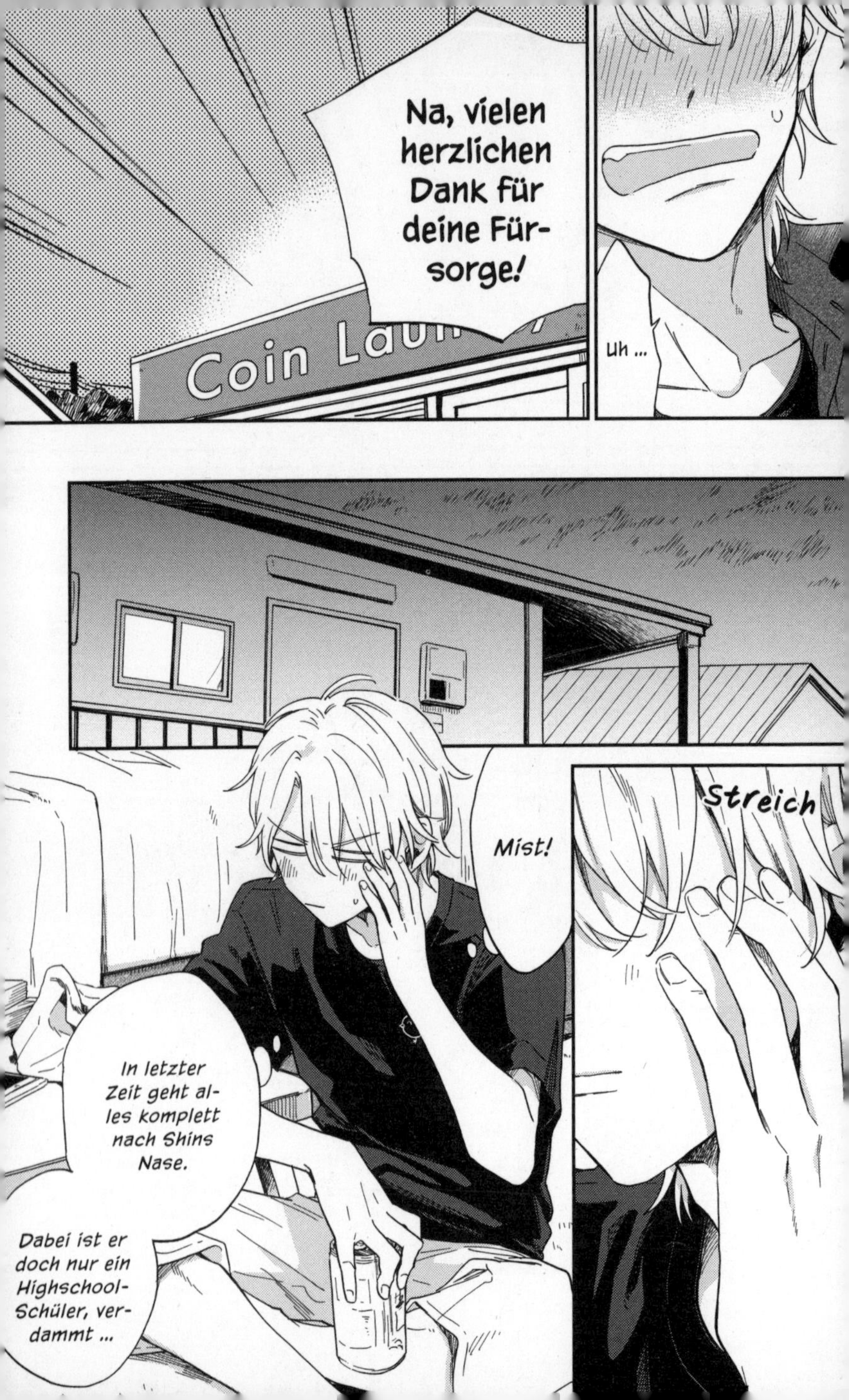
Na, vielen herzlichen Dank für deine Für-sorge!
Coin Laun
Uh ...
Streich
Mist!
In letzter Zeit geht al-les komplett nach Shins Nase.
Dabei ist er doch nur ein Highschool-Schüler, ver-dammt ...

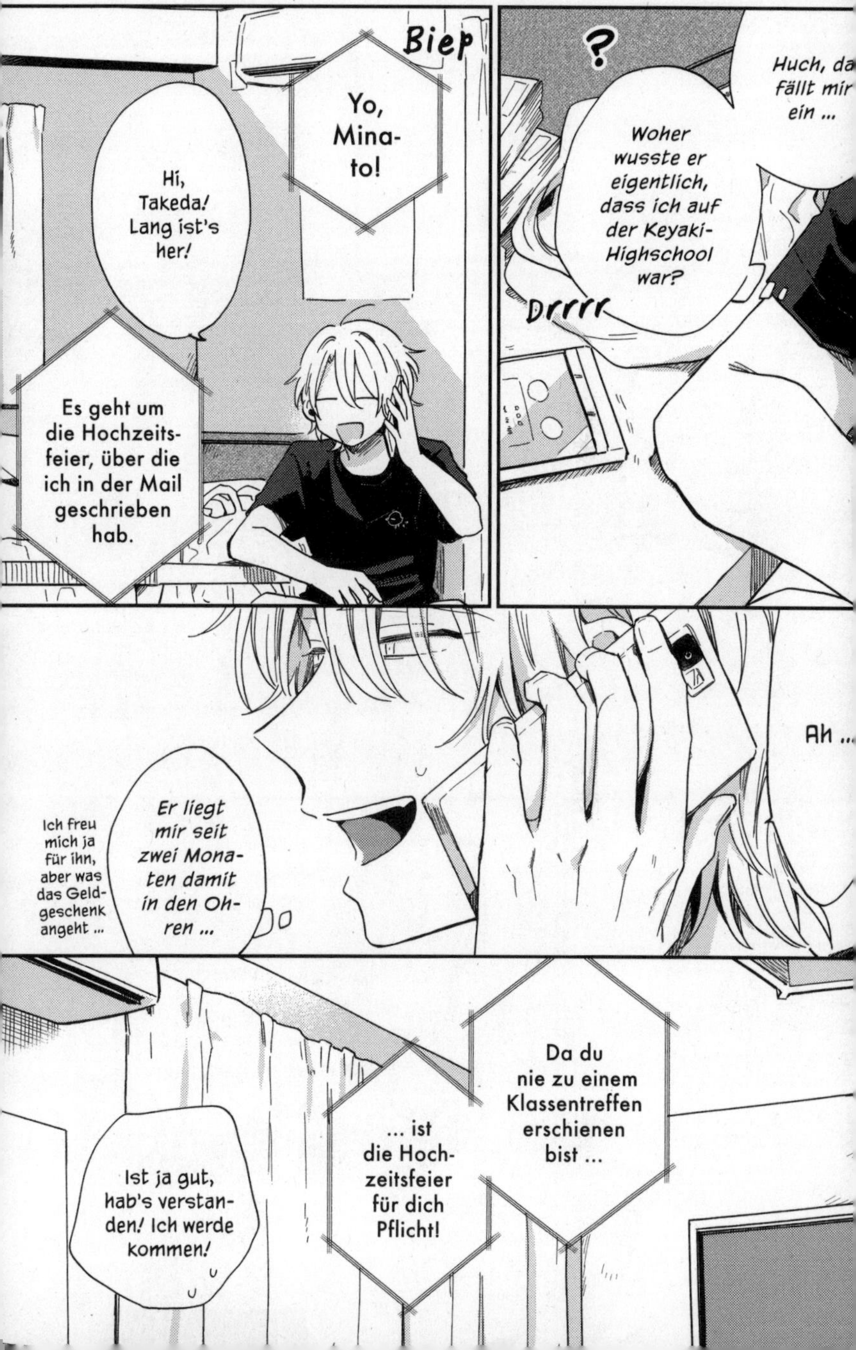
Huch, da fällt mir ein ...
?
Woher wusste er eigentlich, dass ich auf der Keyaki-Highschool war?
Drrrr
Biep
Yo, Minato!
Hi, Takeda! Lang ist's her!
Es geht um die Hochzeitsfeier, über die ich in der Mail geschrieben hab.
Ah ...
Er liegt mir seit zwei Monaten damit in den Ohren ...
Ich freu mich ja für ihn, aber was das Geldgeschenk angeht ...
Da du nie zu einem Klassentreffen erschienen bist ...
... ist die Hochzeitsfeier für dich Pflicht!
Ist ja gut, hab's verstanden! Ich werde kommen!

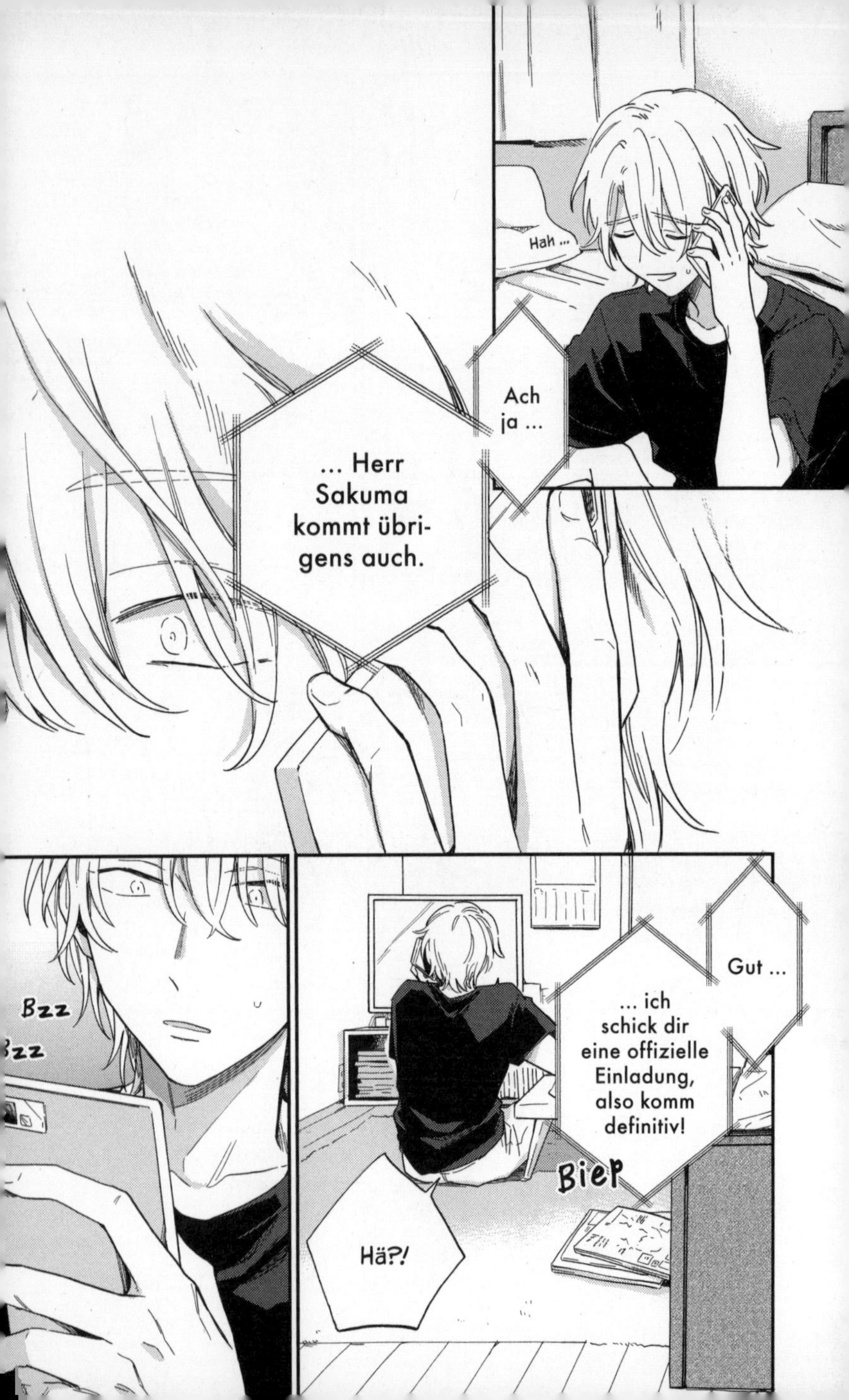
Hah ...
Ach ja ...
... Herr Sakuma kommt übri-gens auch.
Gut ...
... ich schick dir eine offizielle Einladung, also komm definitiv!
Biep
Hä?!
Bzz
Bzz

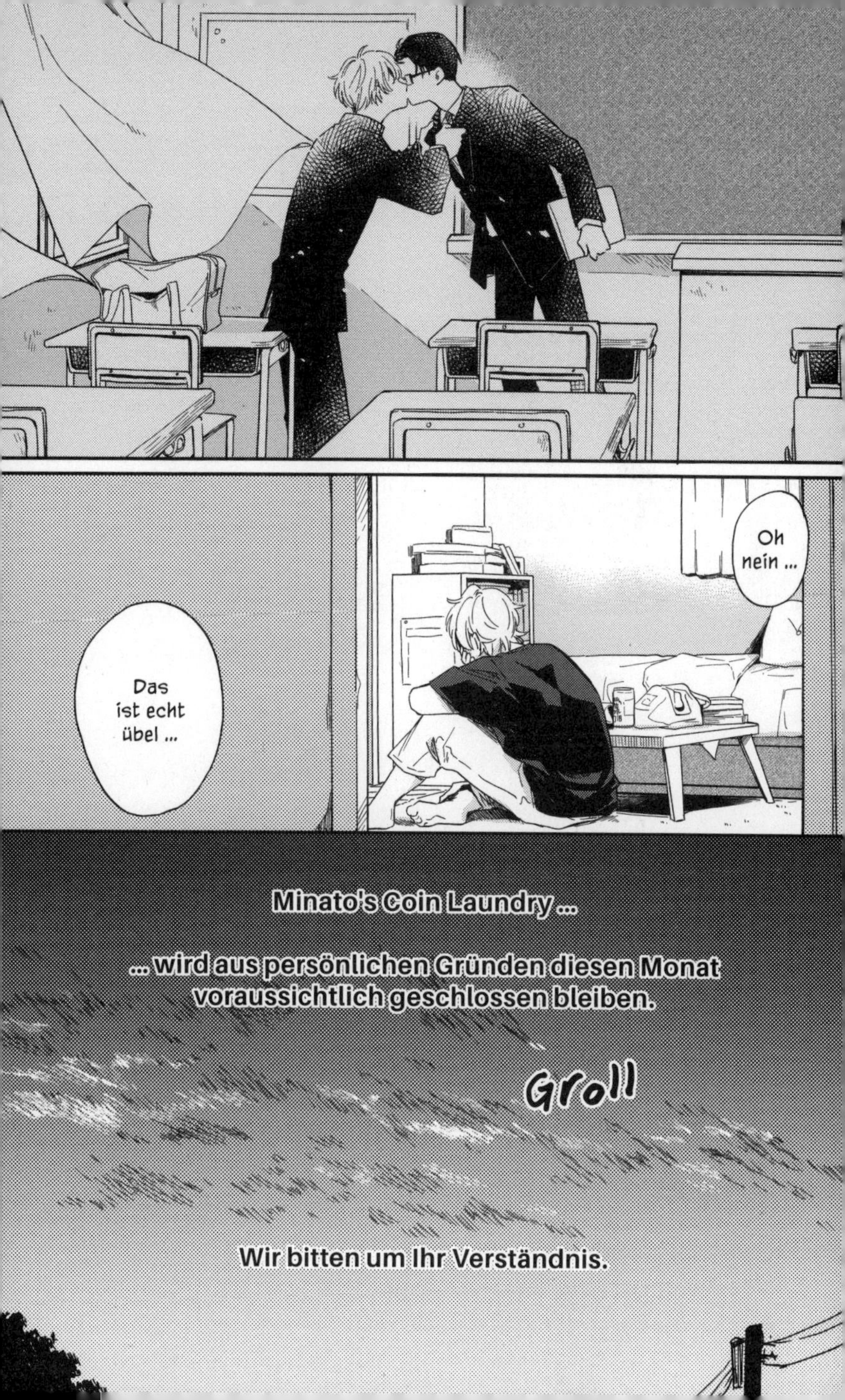
Oh nein ...
Das ist echt übel ...
Minato's Coin Laundry ...
... wird aus persönlichen Gründen diesen Monat voraussichtlich geschlossen bleiben.
Groll
Wir bitten um Ihr Verständnis.

Wash
my heart!

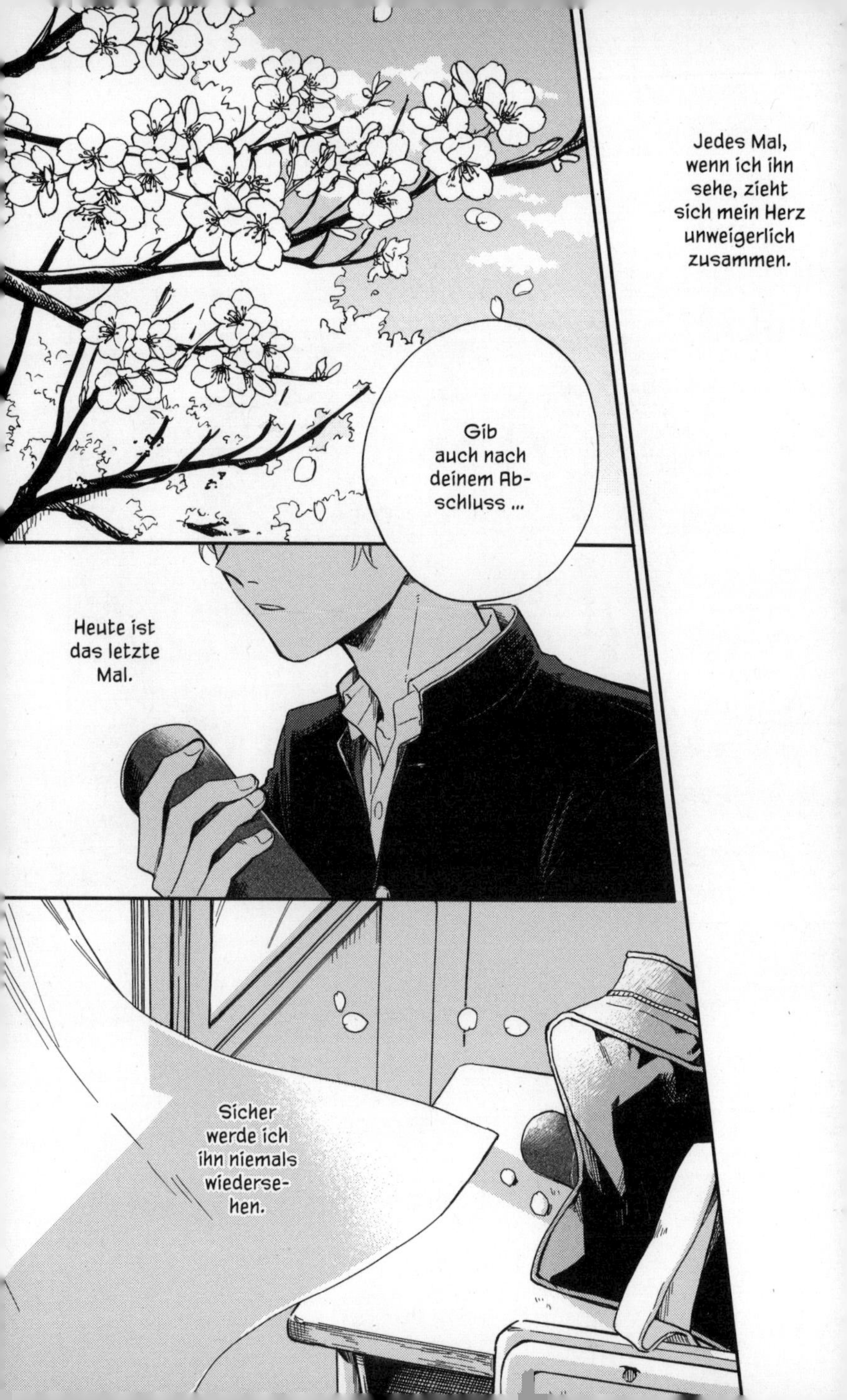
Jedes Mal, wenn ich ihn sehe, zieht sich mein Herz unweigerlich zusammen.
Gib auch nach deinem Abschluss ...
Heute ist das letzte Mal.
Sicher werde ich ihn niemals wiedersehen.

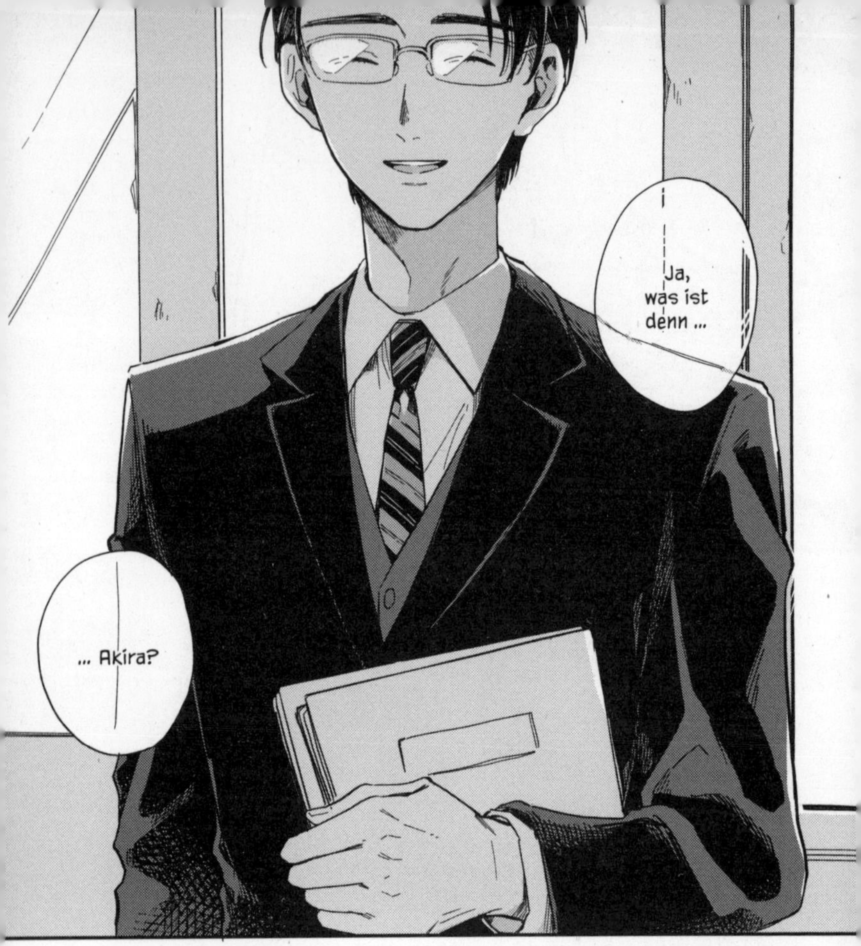

»Ich liebe dich …«

Diese drei einfachen Worte konnte ich nicht über die Lippen bringen.

Kapitel 4 Ich bilde mir nichts ein!

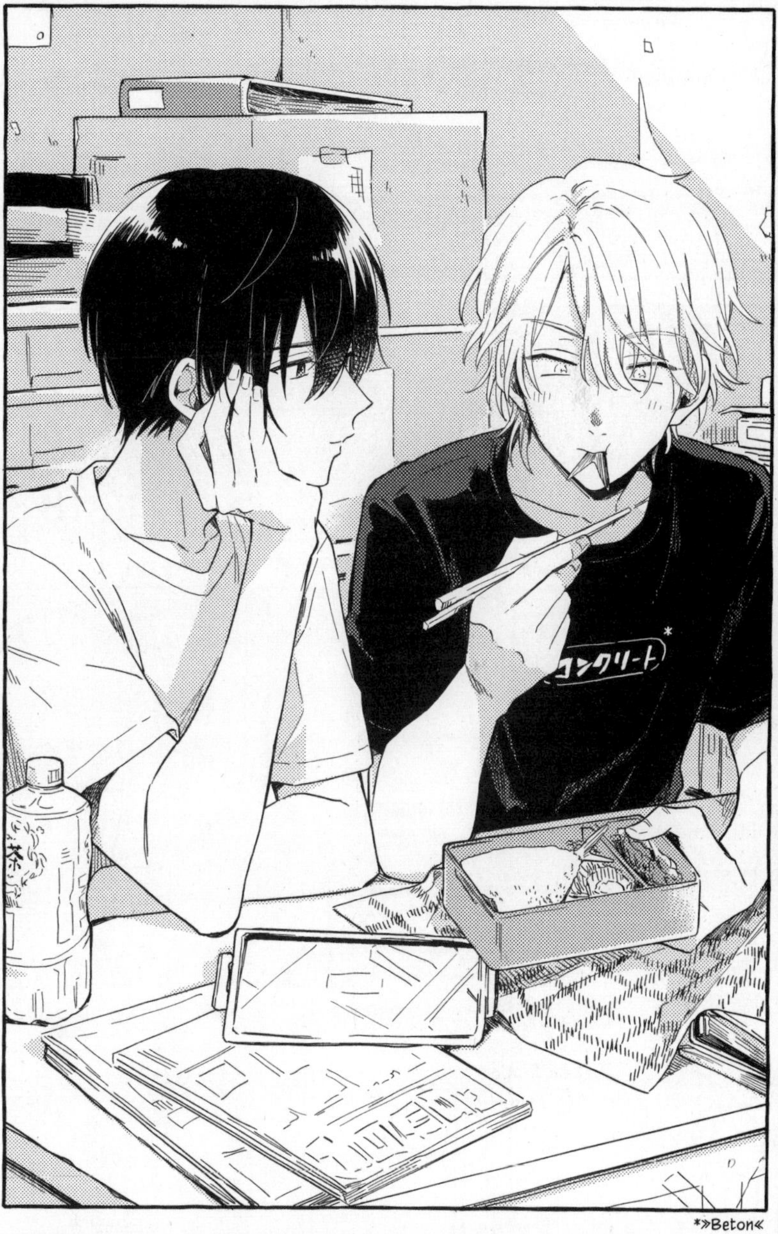

*»Beton«

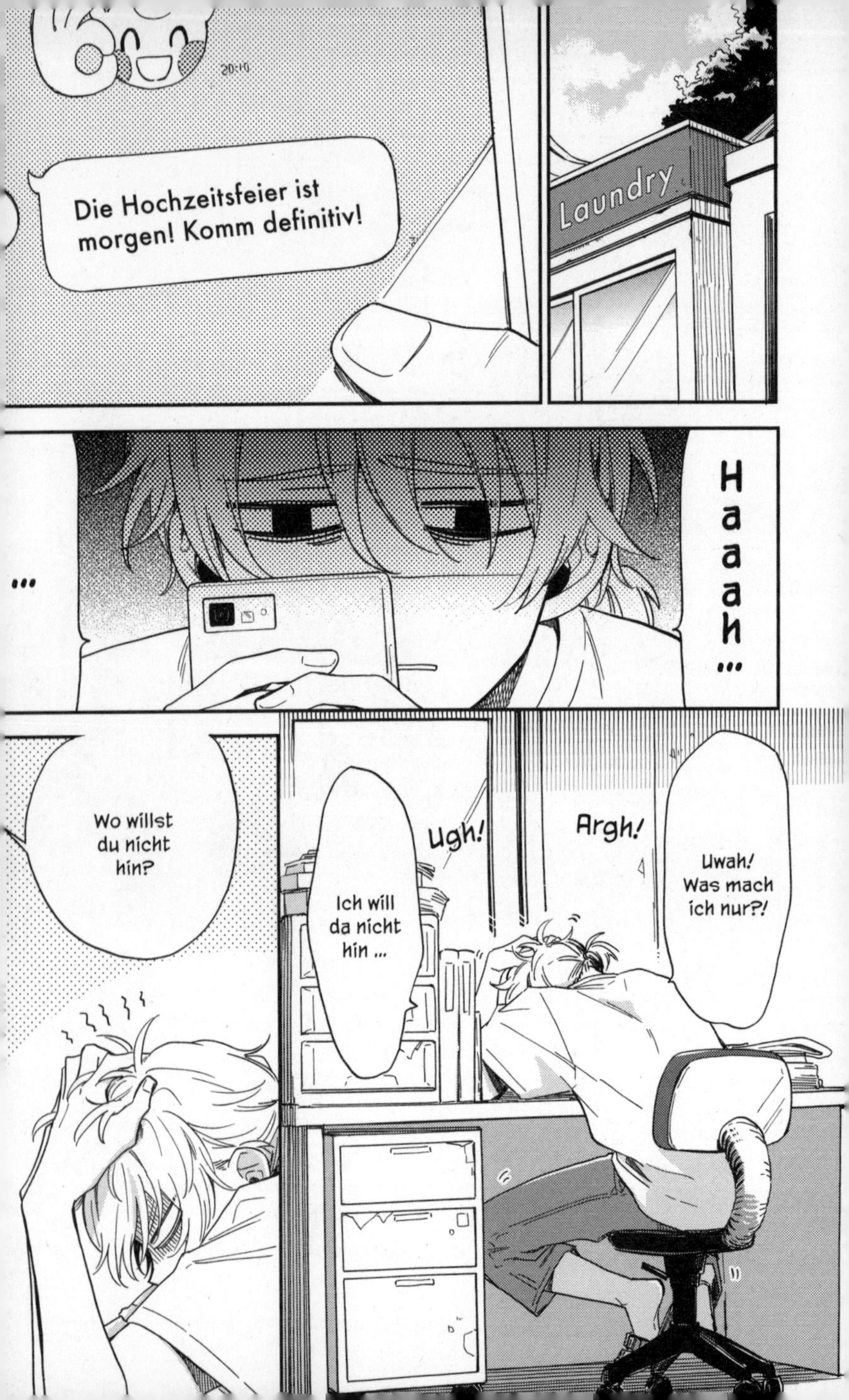

Laundry
Die Hochzeitsfeier ist morgen! Komm definitiv!
Haaaah …
…
Uwah! Was mach ich nur?!
Argh!
Ugh!
Ich will da nicht hin …
Wo willst du nicht hin?

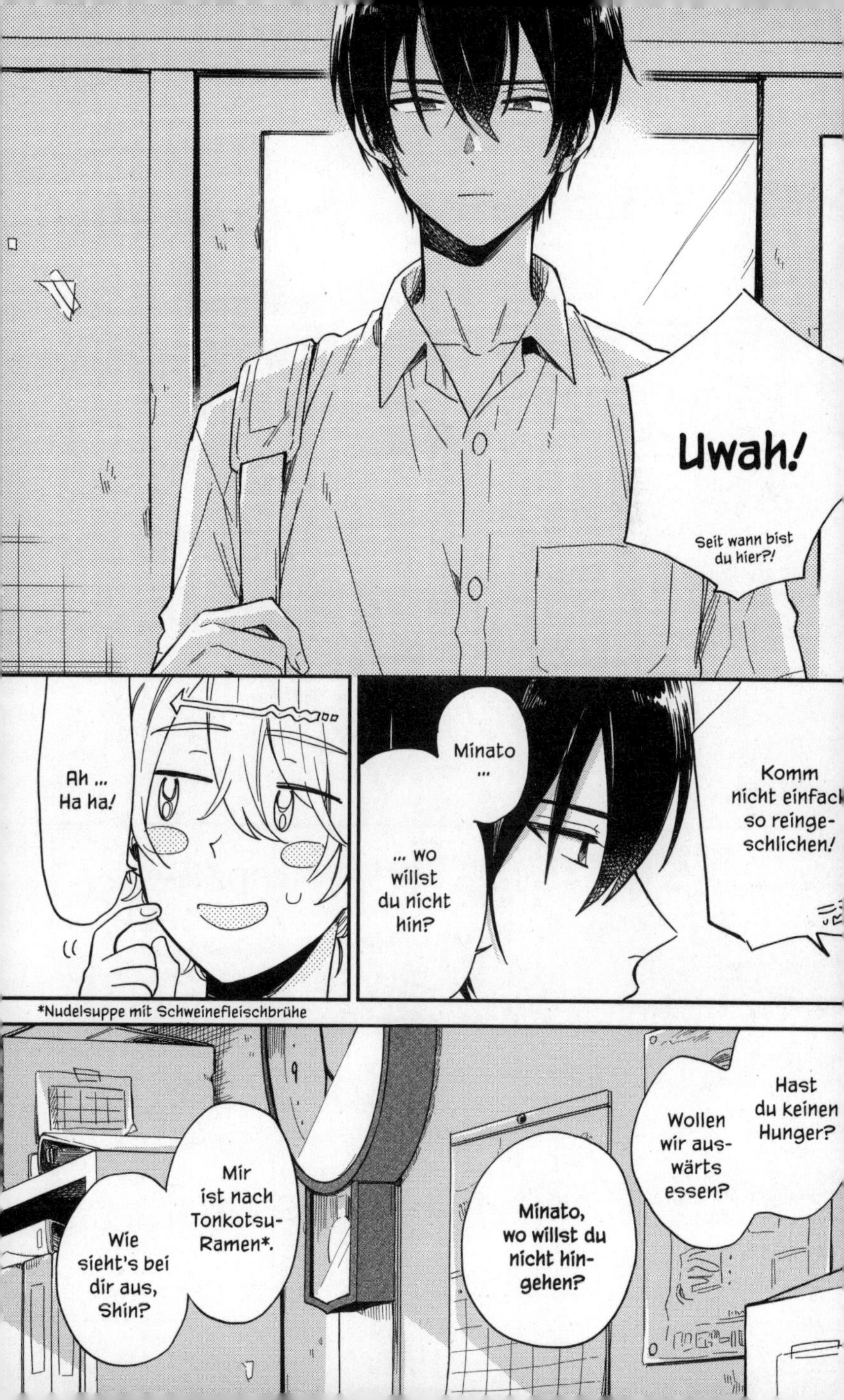

*Nudelsuppe mit Schweinefleischbrühe

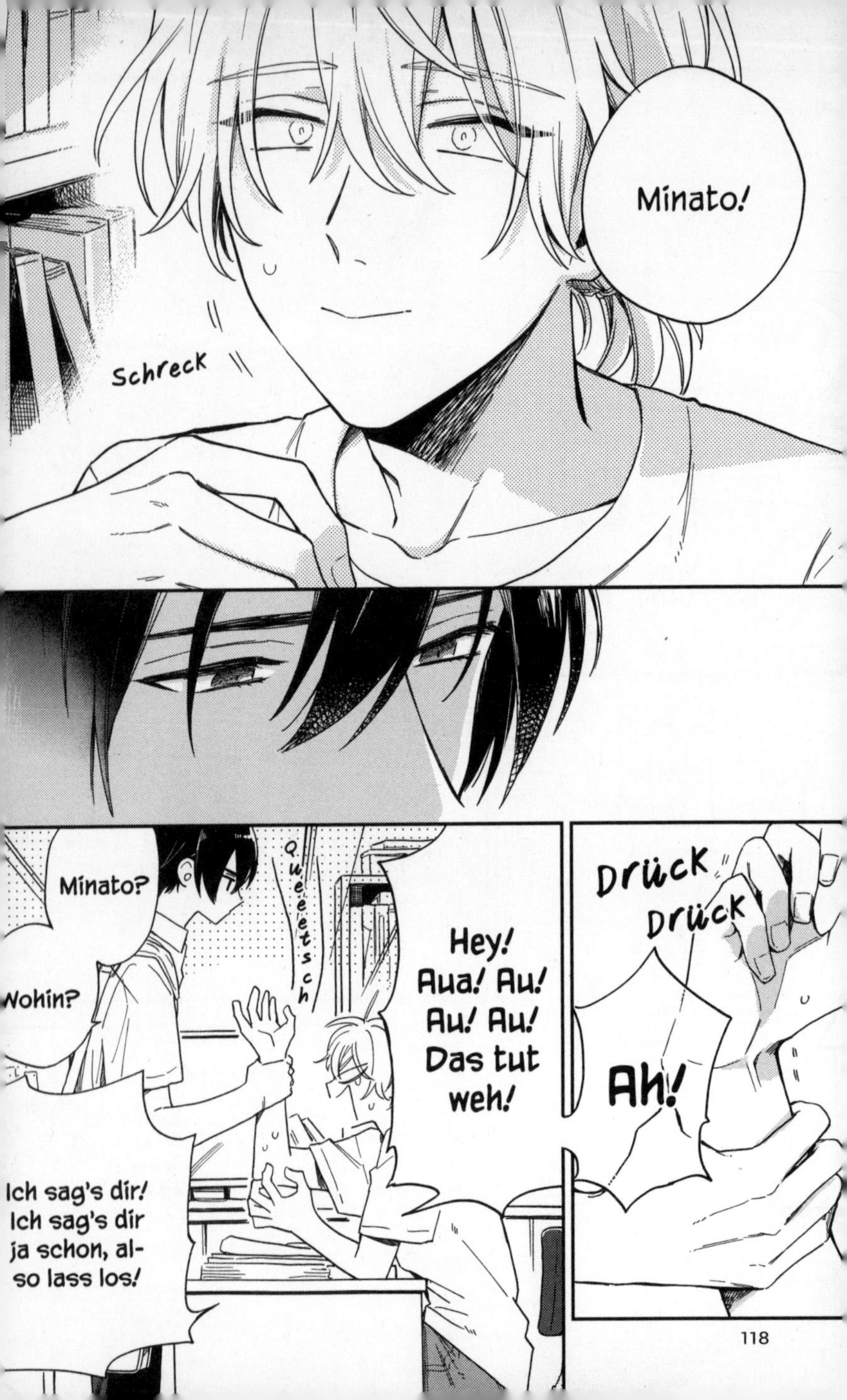
Minato!
Schreck
Drück
Drück
Ah!
Hey! Aua! Au! Au! Au! Das tut weh!
Queeetsch
Minato?
Wohin?
Ich sag's dir! Ich sag's dir ja schon, al-so lass los!

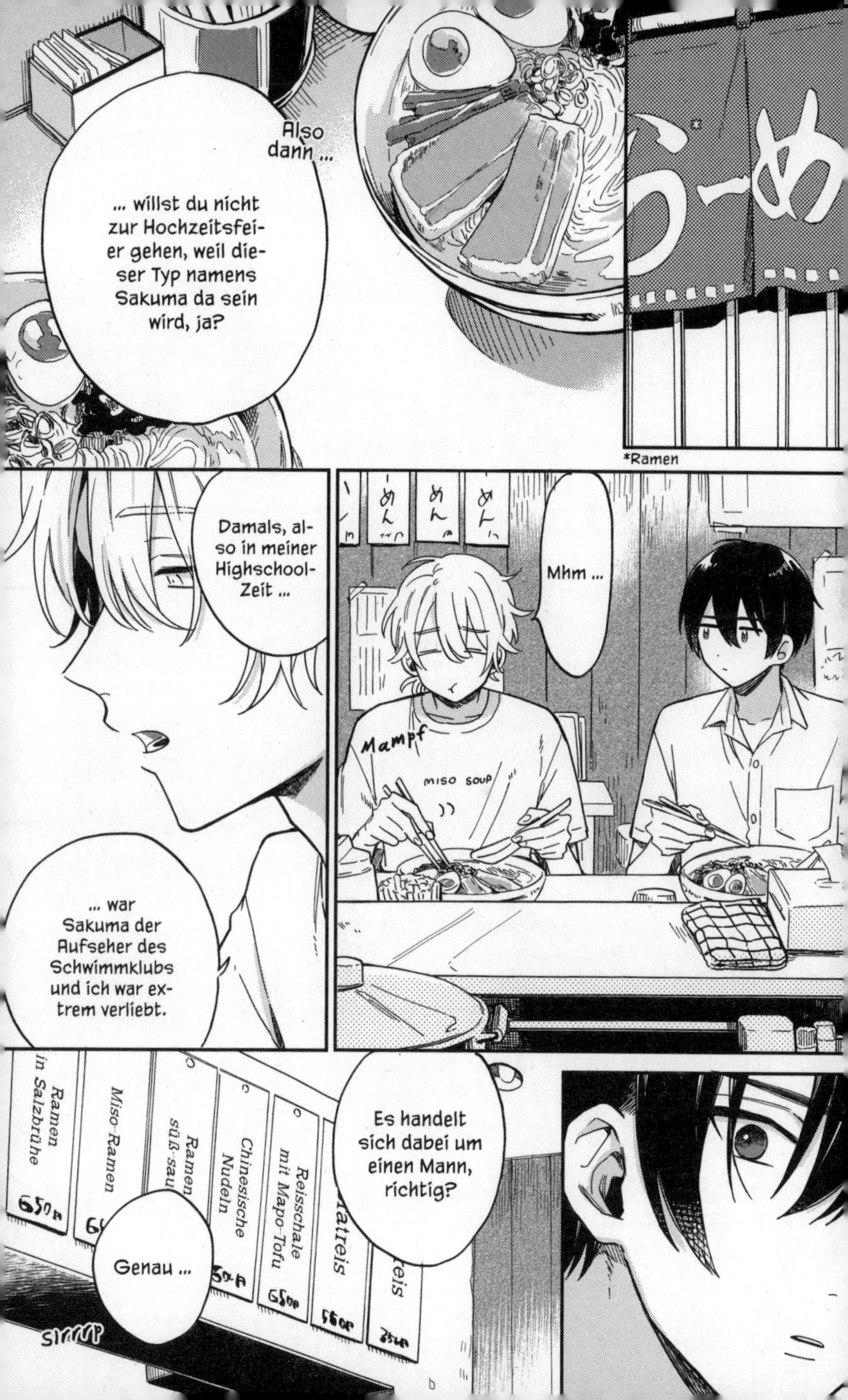

らーめ
*Ramen
Also dann ...
... willst du nicht zur Hochzeitsfeier gehen, weil dieser Typ namens Sakuma da sein wird, ja?
Mhm ...
Mampf
MISO SOUP
Damals, also in meiner Highschool-Zeit ...
... war Sakuma der Aufseher des Schwimmklubs und ich war extrem verliebt.
Es handelt sich dabei um einen Mann, richtig?
Reisschale mit Mapo-Tofu
Chinesische Nudeln
Ramen süß-sau
Miso-Ramen
Ramen in Salzbrühe
Genau ...

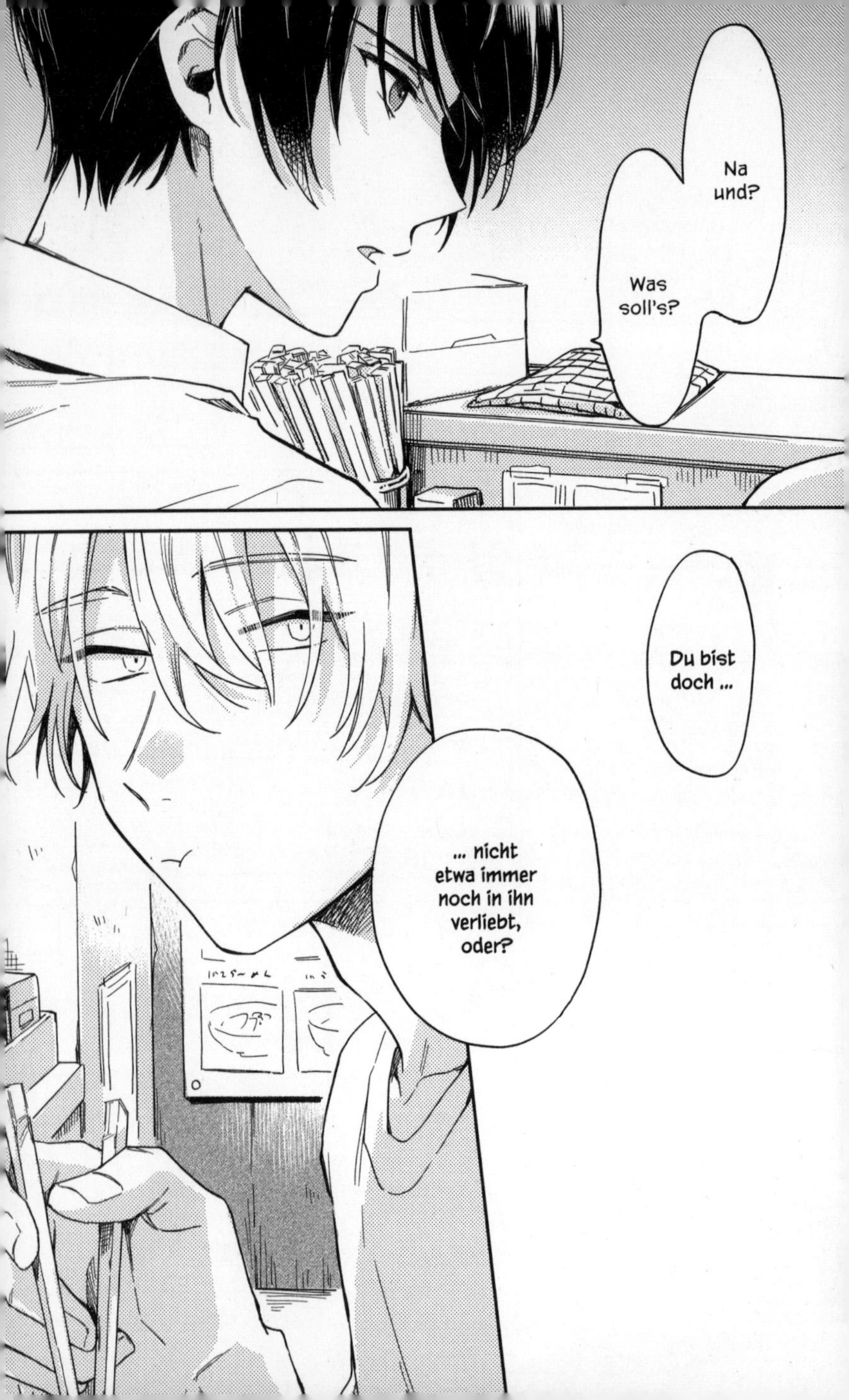
Na und?
Was soll's?
Du bist doch ...
... nicht etwa immer noch in ihn verliebt, oder?

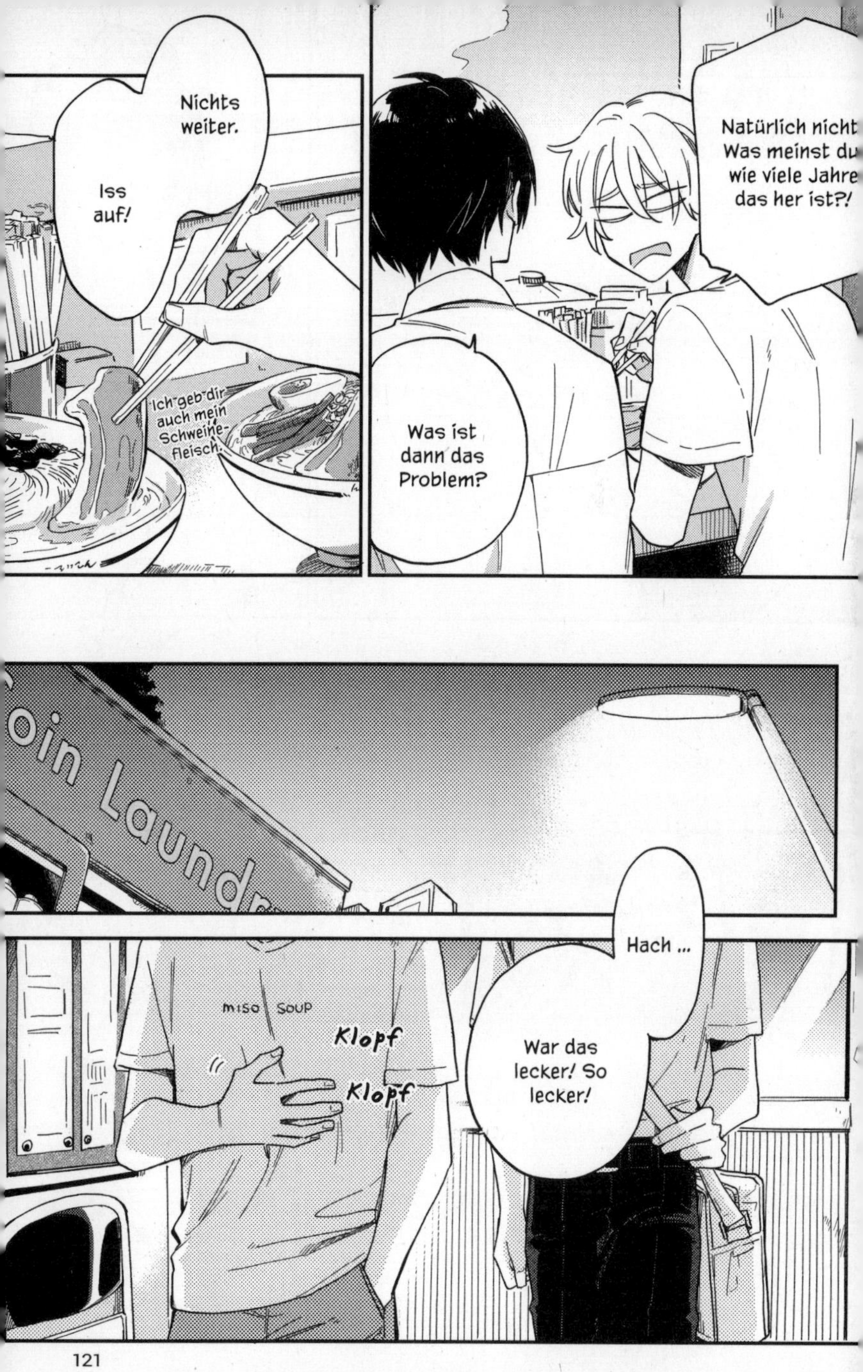
Natürlich nicht
Was meinst du
wie viele Jahre
das her ist?!
Was ist dann das Problem?
Nichts weiter.
Iss auf!
Ich geb dir auch mein Schweinefleisch.
Coin Laundr
Hach ...
War das lecker! So lecker!
miso soup
Klopf
Klopf

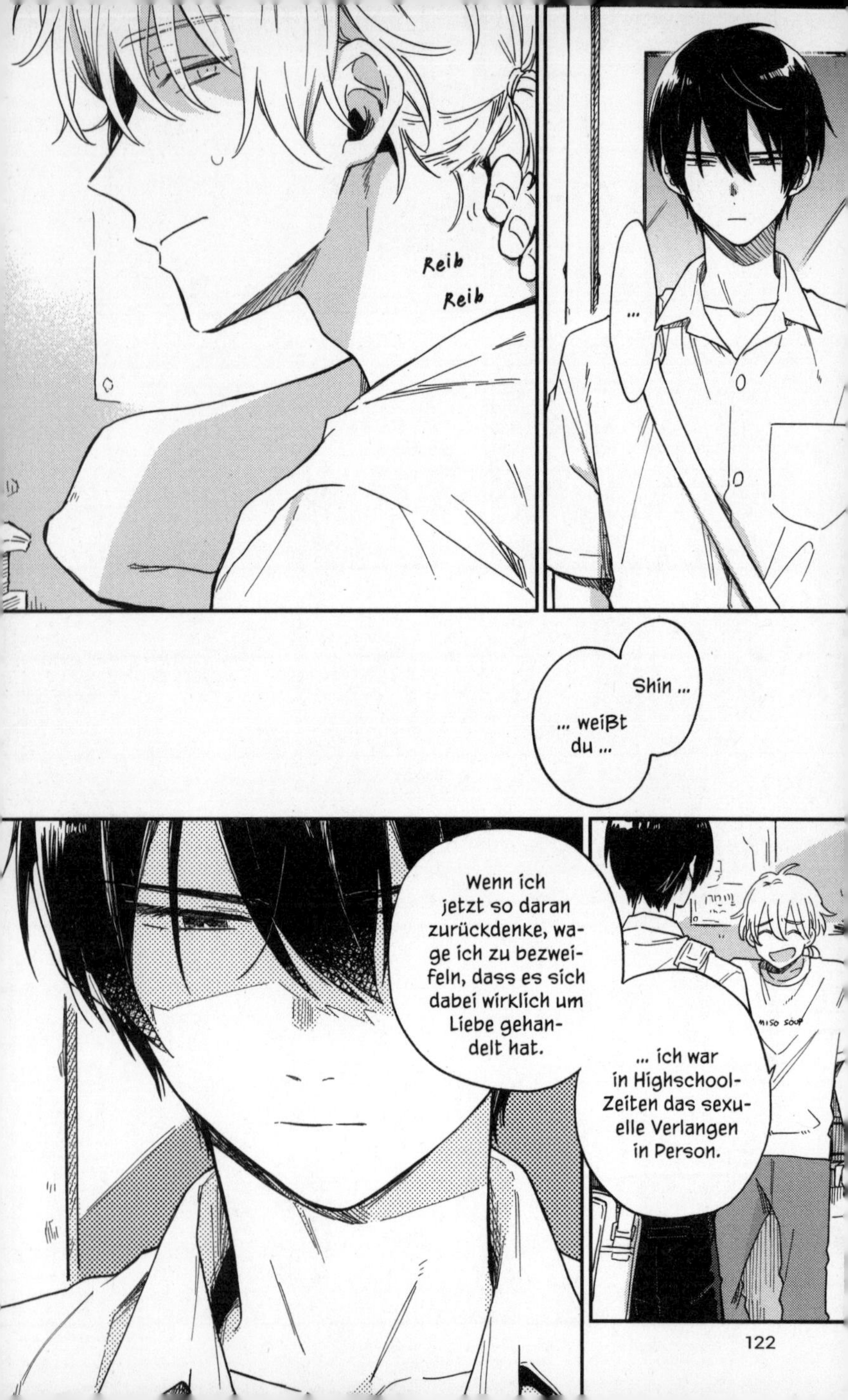
...
Reib
Reib
Shin ...
... weißt du ...
... ich war in Highschool-Zeiten das sexuelle Verlangen in Person.
Wenn ich jetzt so daran zurückdenke, wage ich zu bezweifeln, dass es sich dabei wirklich um Liebe gehandelt hat.
MISO SOUP

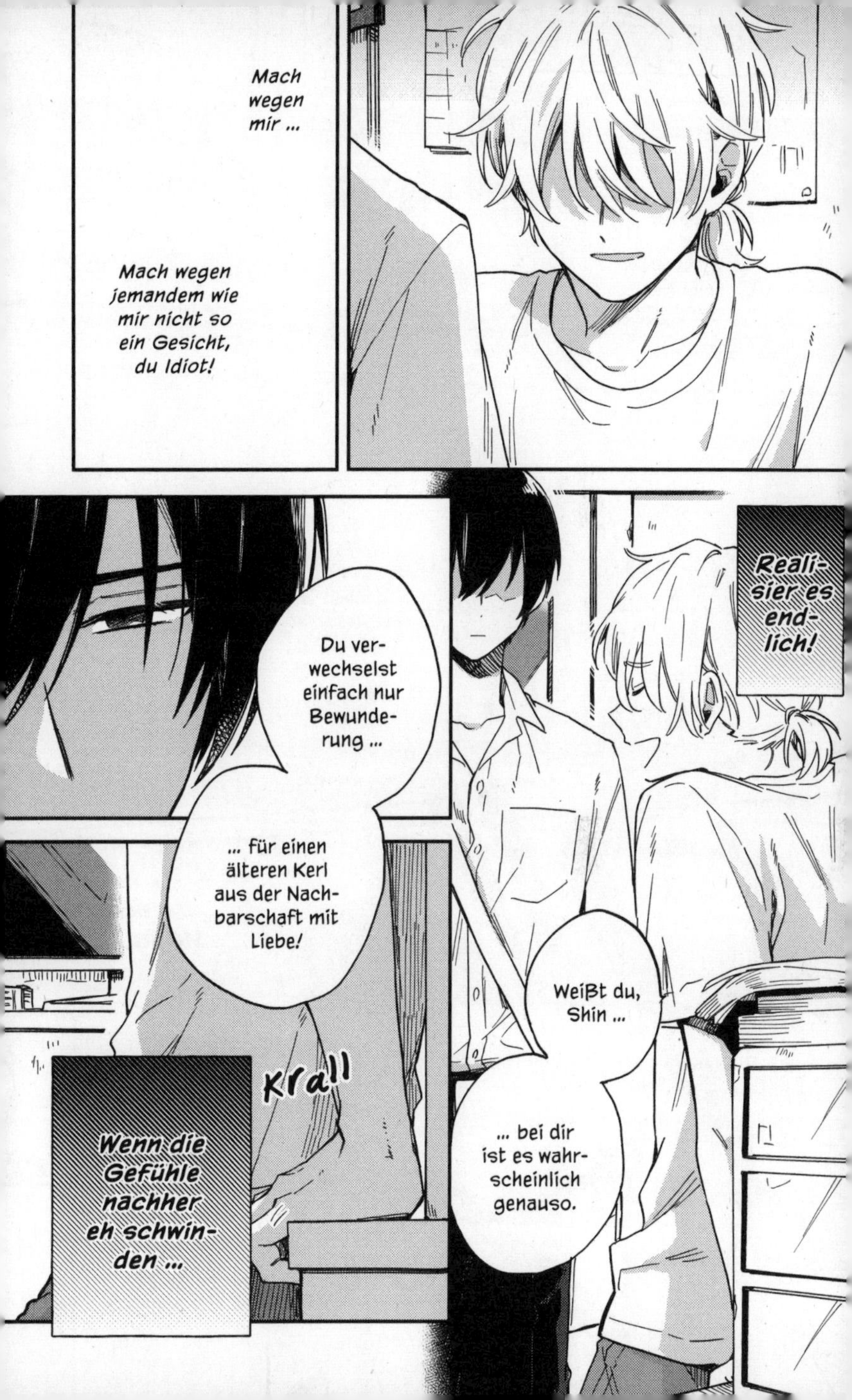

Mach wegen mir ...
Mach wegen jemandem wie mir nicht so ein Gesicht, du Idiot!
Realisier es endlich!
Du verwechselst einfach nur Bewunderung ...
... für einen älteren Kerl aus der Nachbarschaft mit Liebe!
Weißt du, Shin ...
... bei dir ist es wahrscheinlich genauso.
Krall
Wenn die Gefühle nachher eh schwinden ...

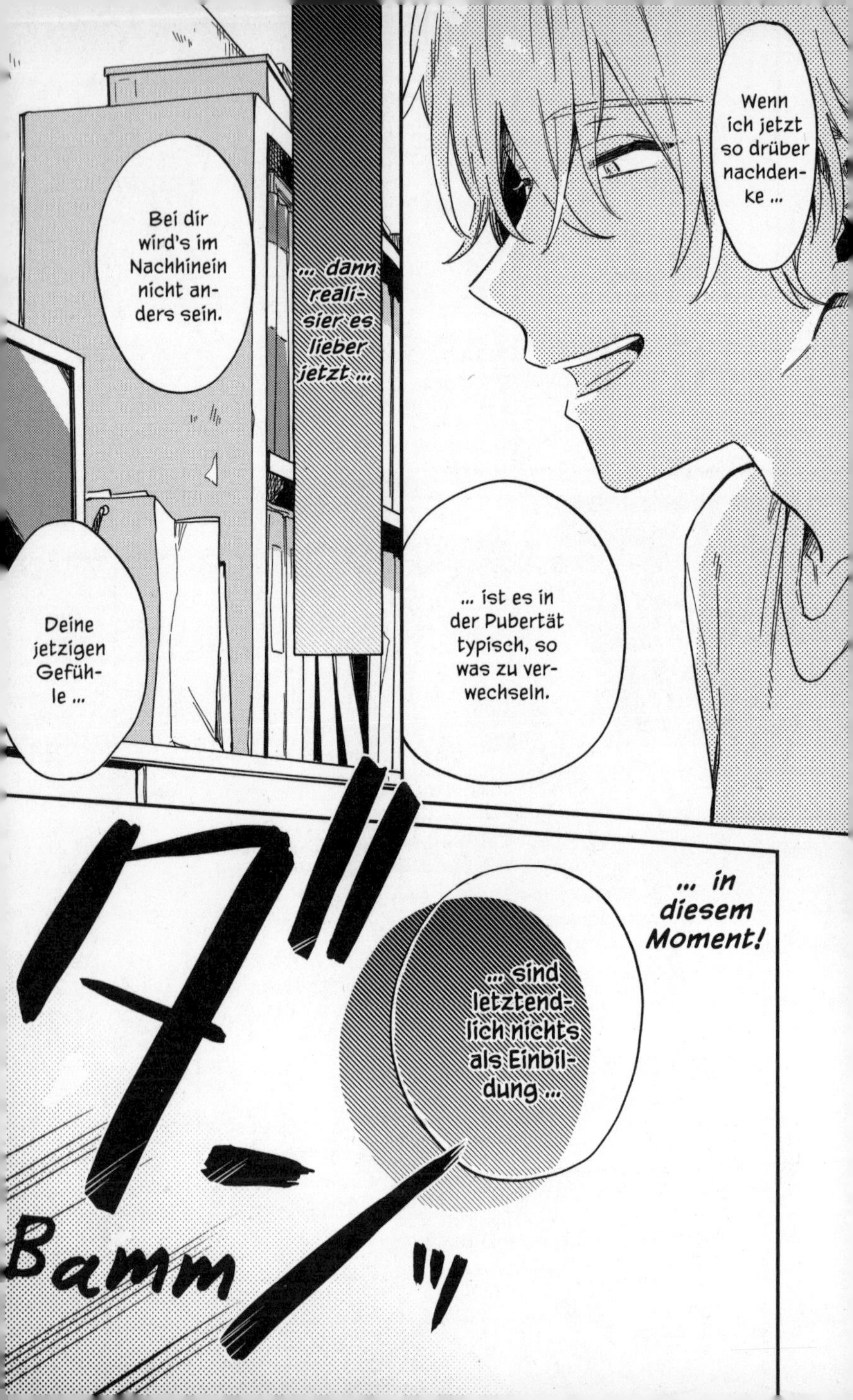
Wenn ich jetzt so drüber nachdenke ...
... ist es in der Pubertät typisch, so was zu verwechseln.
... dann realisier es lieber jetzt ...
Bei dir wird's im Nachhinein nicht anders sein.
Deine jetzigen Gefühle ...
... in diesem Moment!
... sind letztendlich nichts als Einbildung ...
Bamm

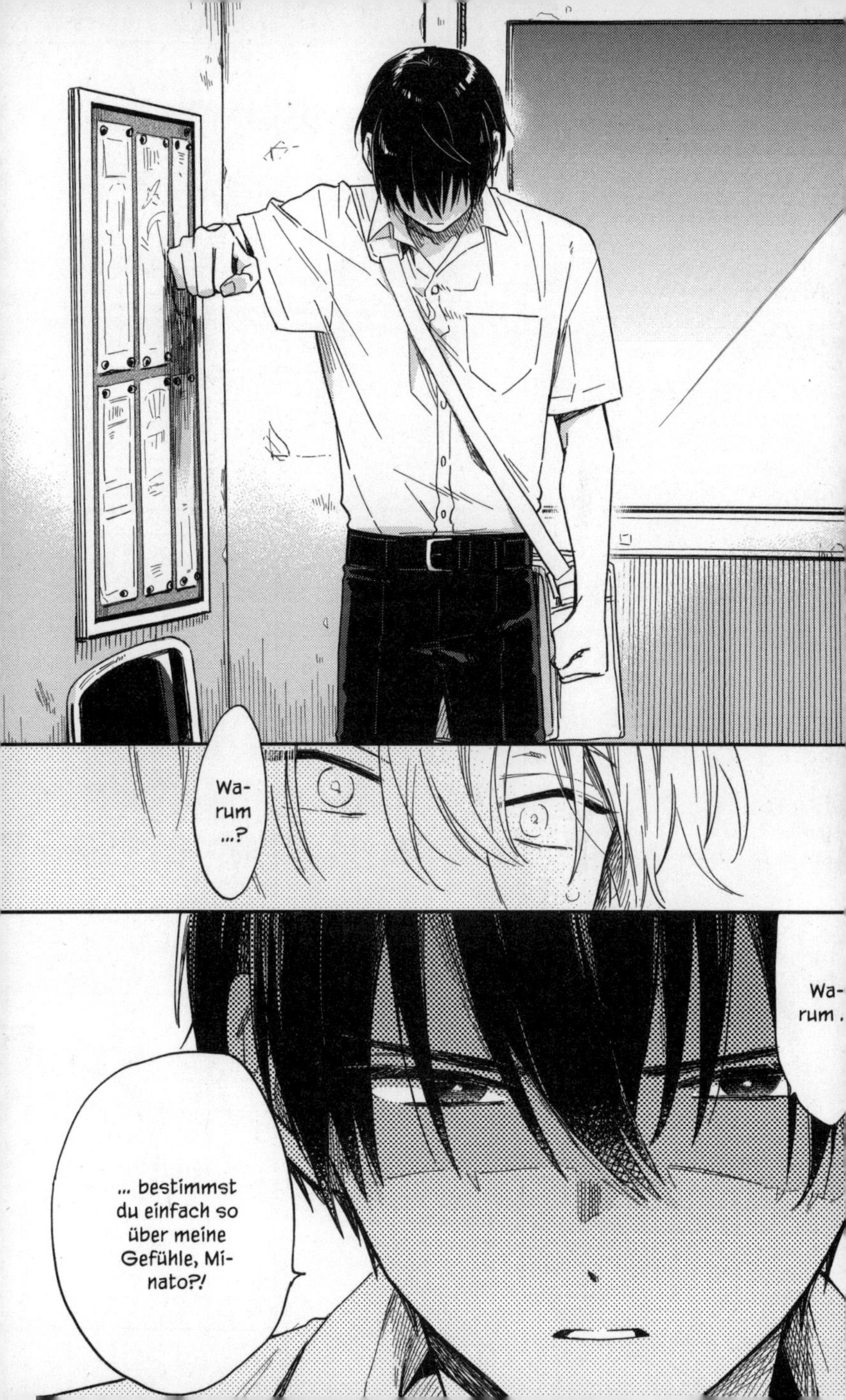
Wa-
rum
...?
Wa-
rum ...
... bestimmst du einfach so über meine Gefühle, Mi-nato?!

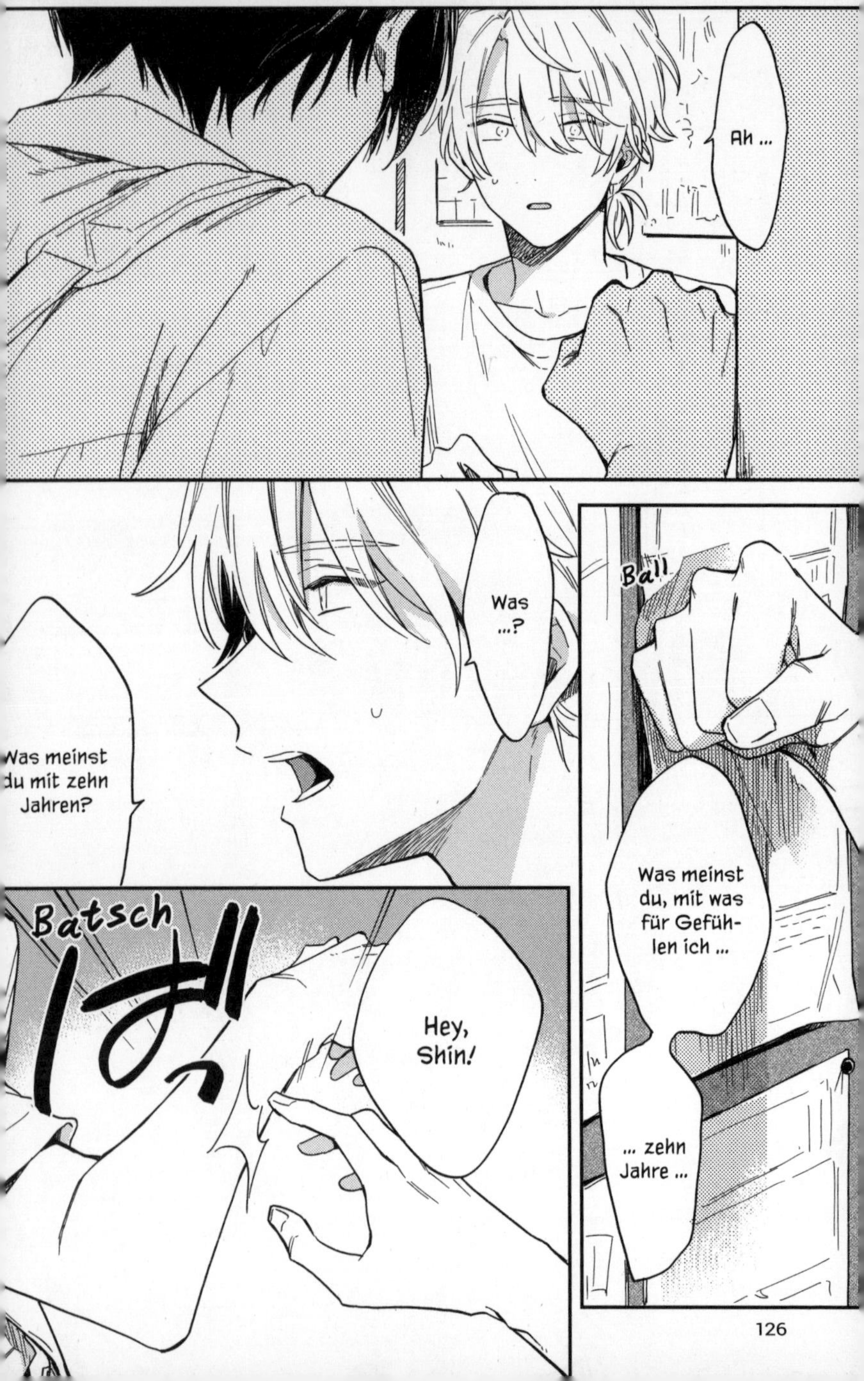
Ah ...
Was ...?
Was meinst du mit zehn Jahren?
Ball
Was meinst du, mit was für Gefühlen ich ...
... zehn Jahre ...
Batsch
Hey, Shin!

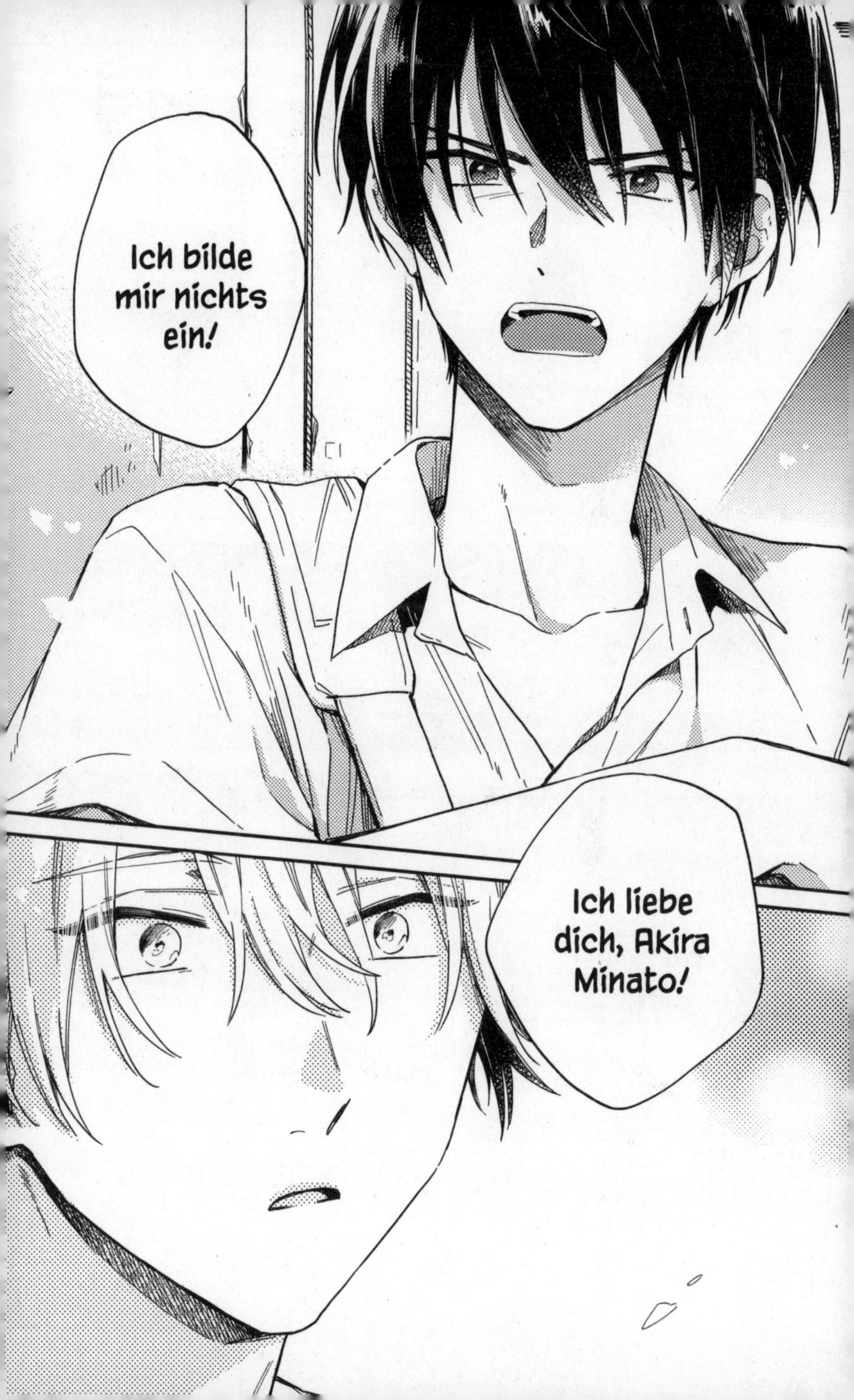
Ich bilde mir nichts ein!
Ich liebe dich, Akira Minato!

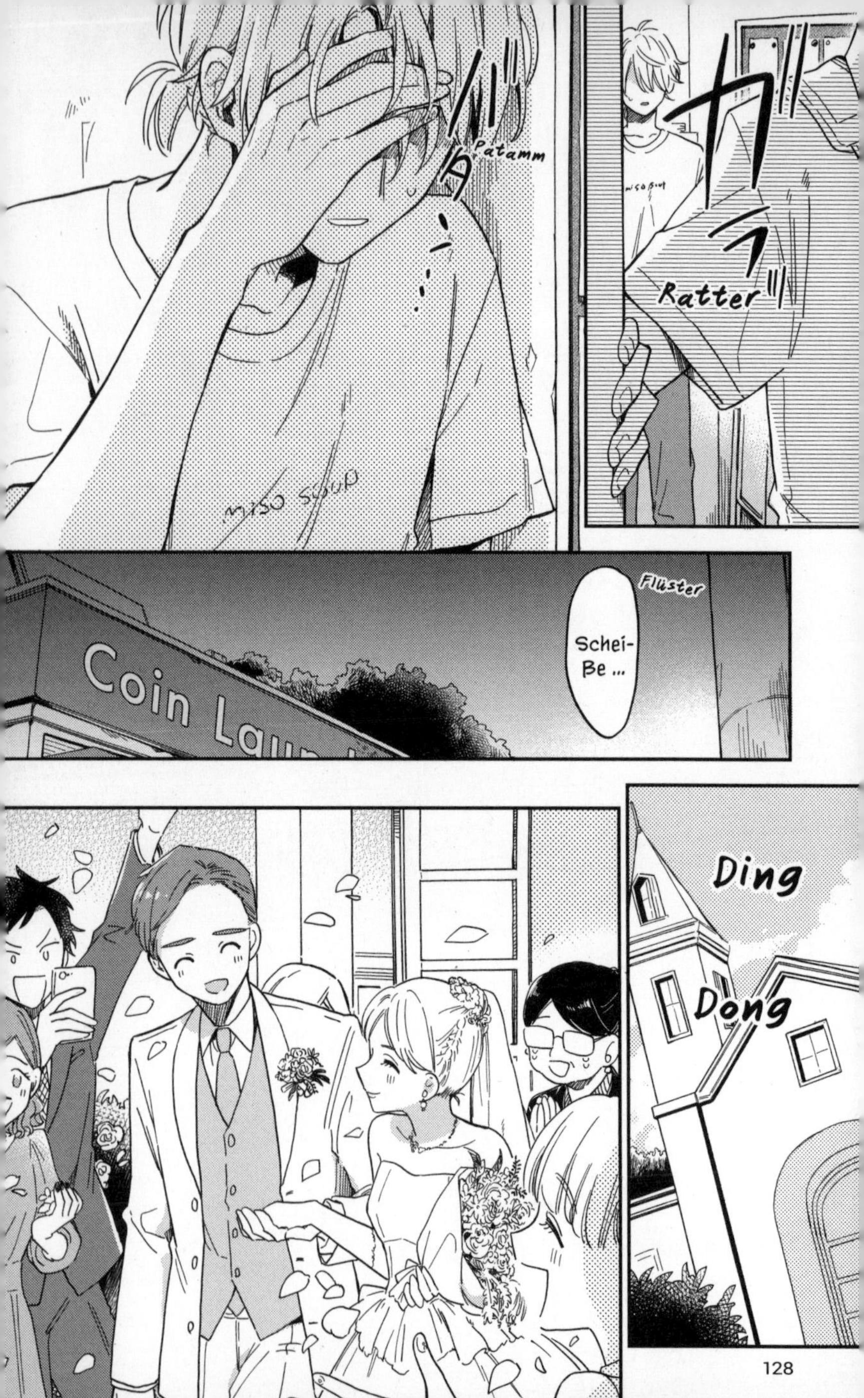

Patamm
Ratter
MISO SOUP
Flüster
Schei-ße ...
Coin Laun
Ding
Dong

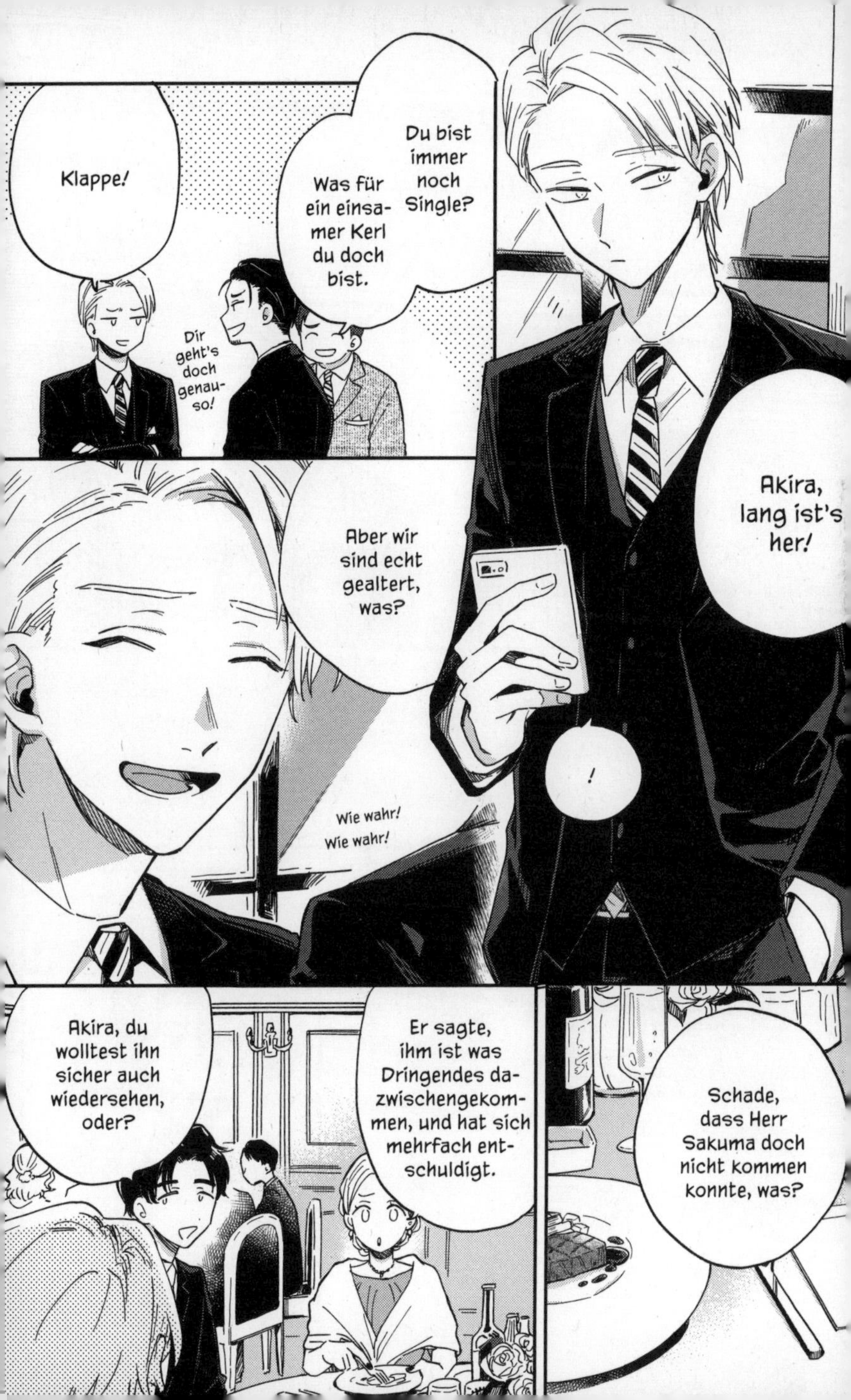
Du bist immer noch Single?
Was für ein einsamer Kerl du doch bist.
Dir geht's doch genauso!
Klappe!
Aber wir sind echt gealtert, was?
Wie wahr! Wie wahr!
Akira, lang ist's her!
!
Schade, dass Herr Sakuma doch nicht kommen konnte, was?
Er sagte, ihm ist was Dringendes dazwischengekommen, und hat sich mehrfach entschuldigt.
Akira, du wolltest ihn sicher auch wiedersehen, oder?

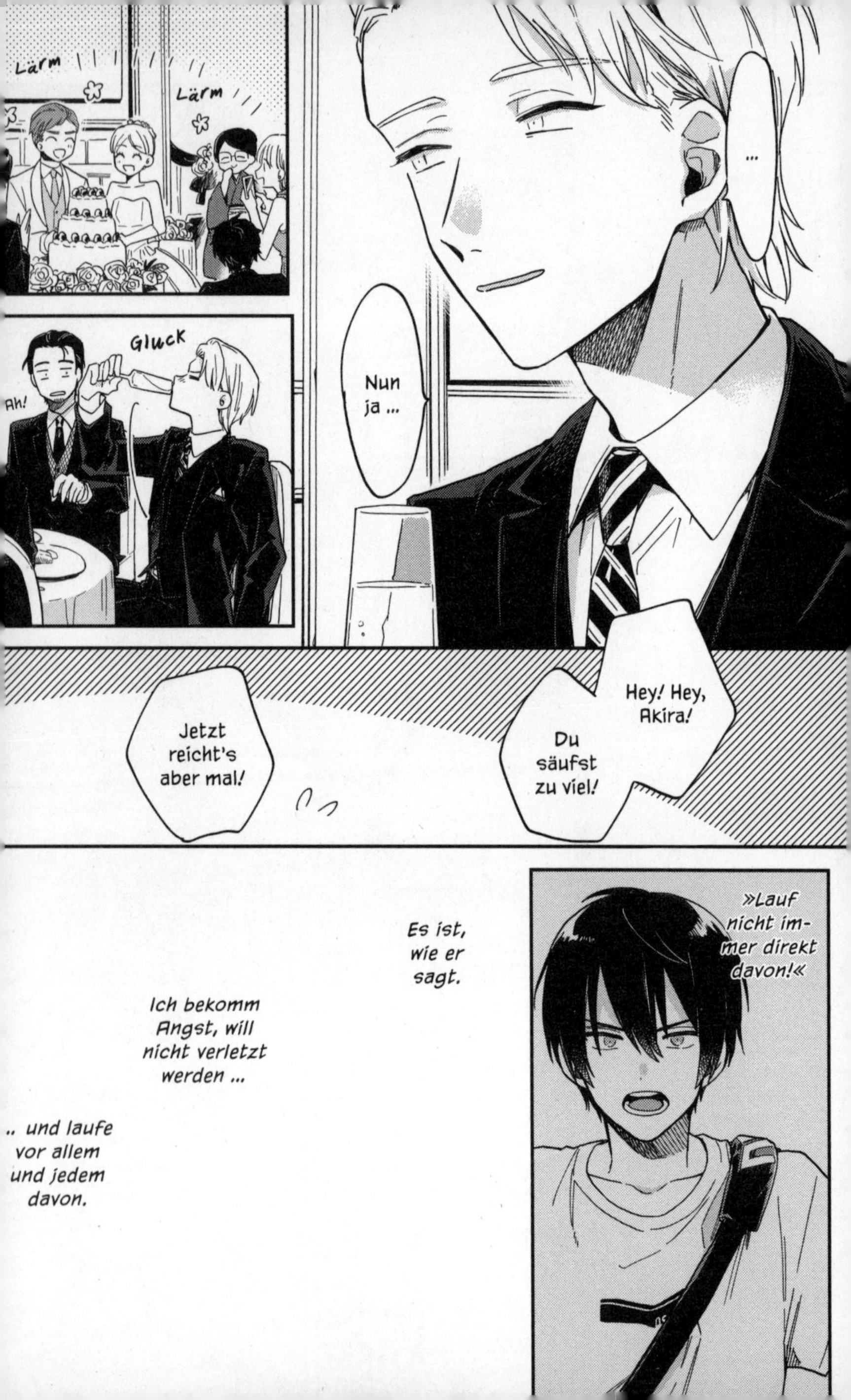
...
Nun ja ...
Lärm
Lärm
Gluck
Ah!
Hey! Hey, Akira!
Du säufst zu viel!
Jetzt reicht's aber mal!
»Lauf nicht im-mer direkt davon!«
Es ist, wie er sagt.
Ich bekomm Angst, will nicht verletzt werden ...
.. und laufe vor allem und jedem davon.

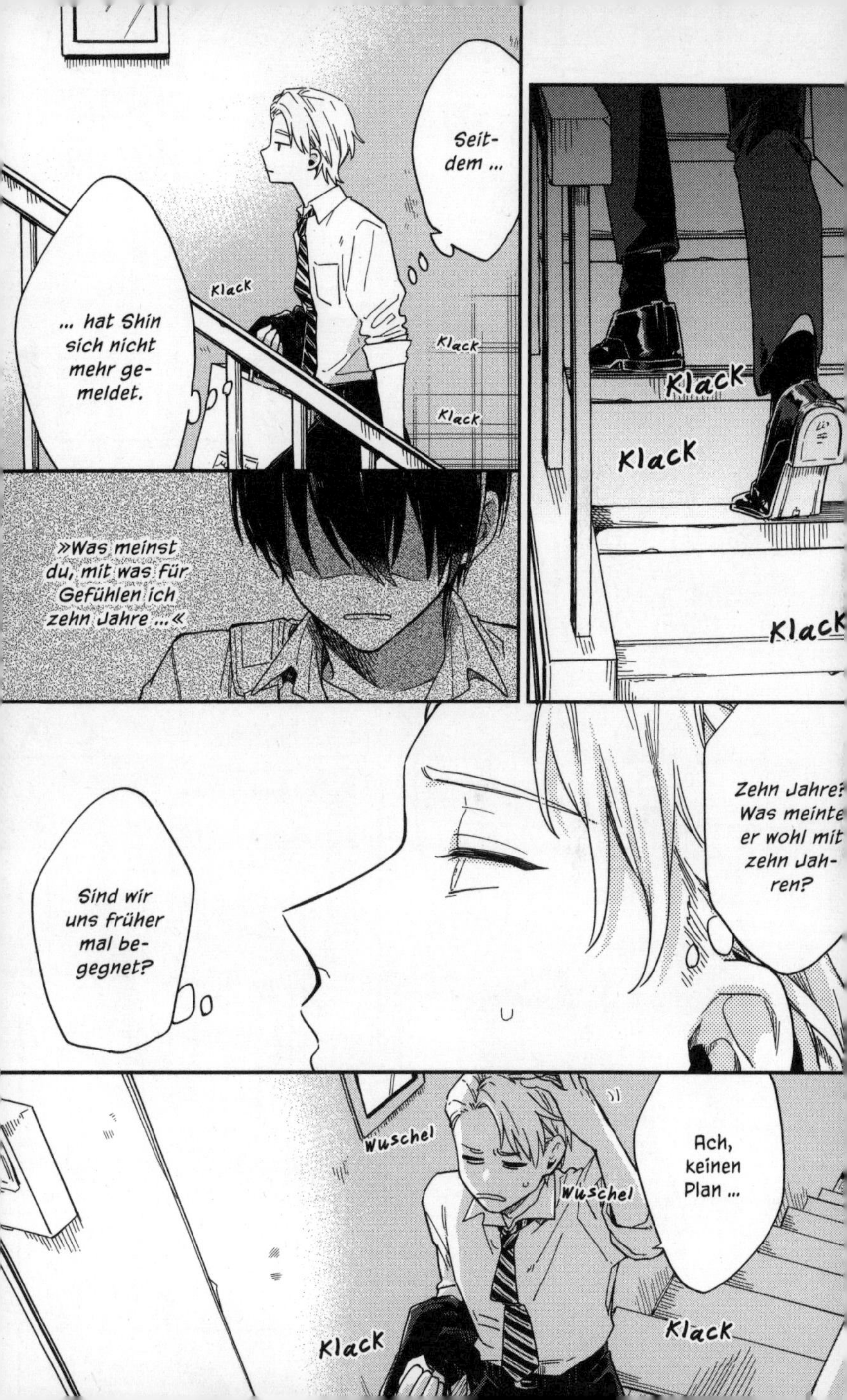
Seit-
dem ...
... hat Shin sich nicht mehr gemeldet.
Klack
Klack
Klack
Klack
Klack
Klack
»Was meinst du, mit was für Gefühlen ich zehn Jahre ...«
Zehn Jahre? Was meinte er wohl mit zehn Jahren?
Sind wir uns früher mal begegnet?
Ach, keinen Plan ...
Wuschel
Wuschel
Klack
Klack

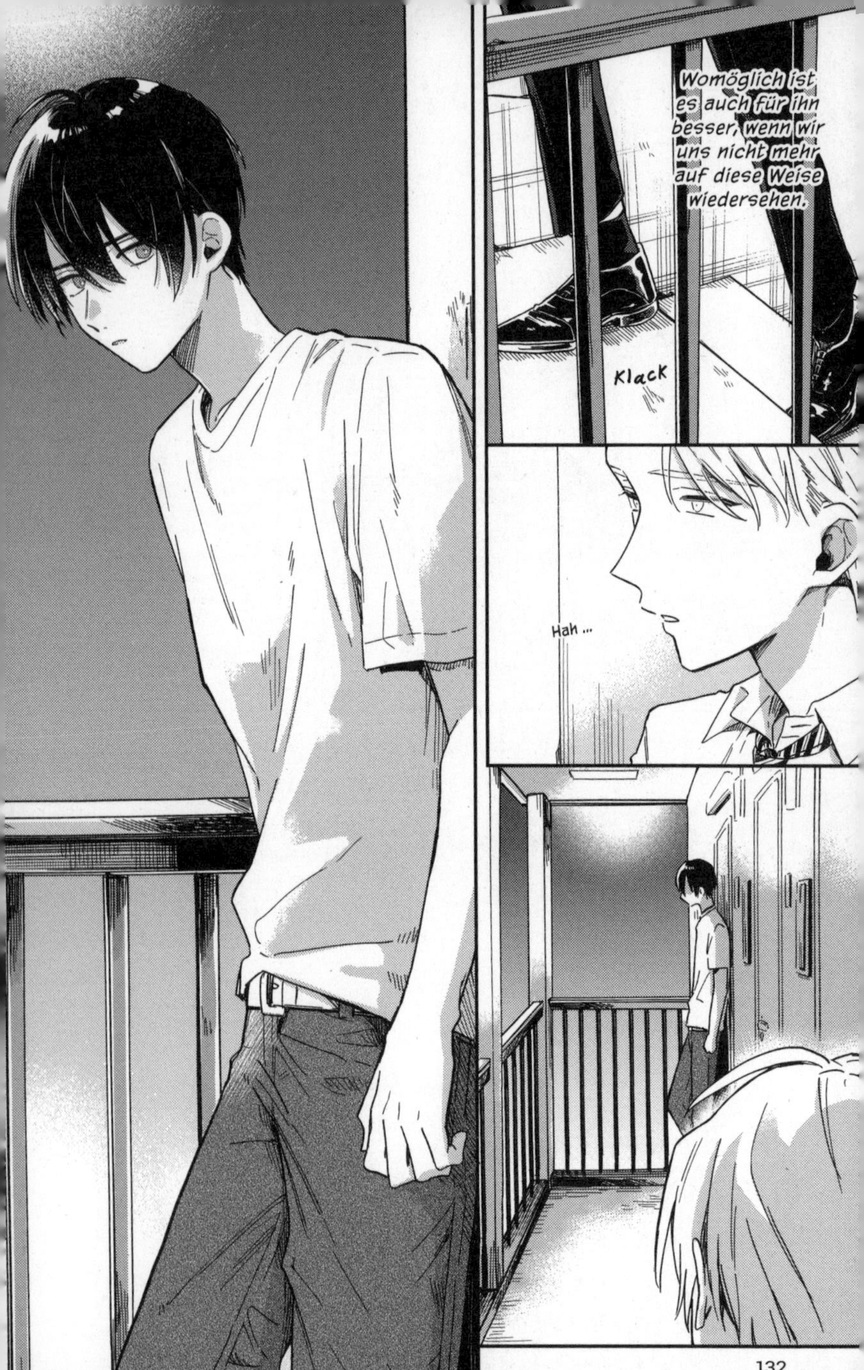
Womöglich ist es auch für ihn besser, wenn wir uns nicht mehr auf diese Weise wiedersehen.
Klack
Hah ...

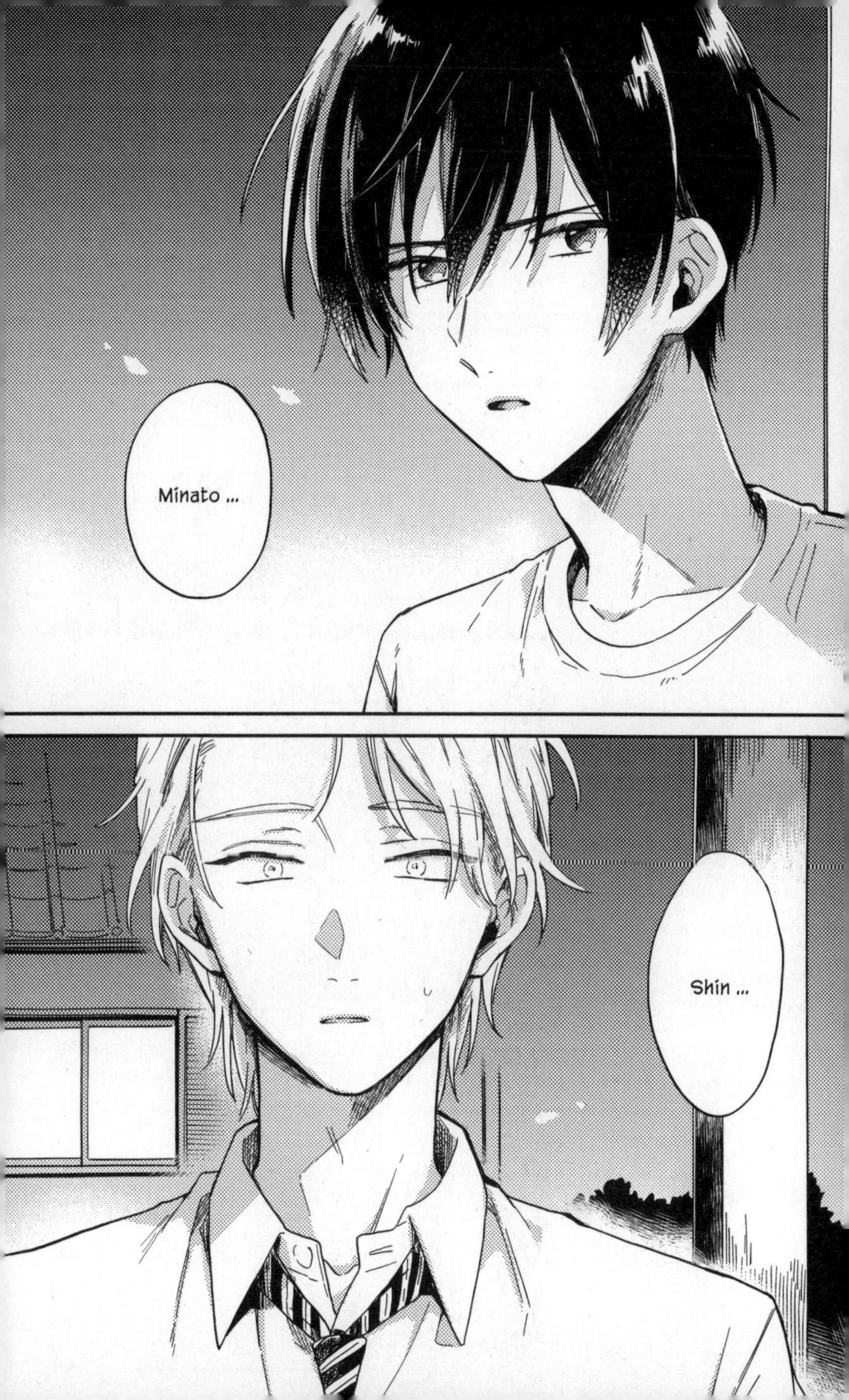
Minato ...
Shin ...

Wash
my heart!

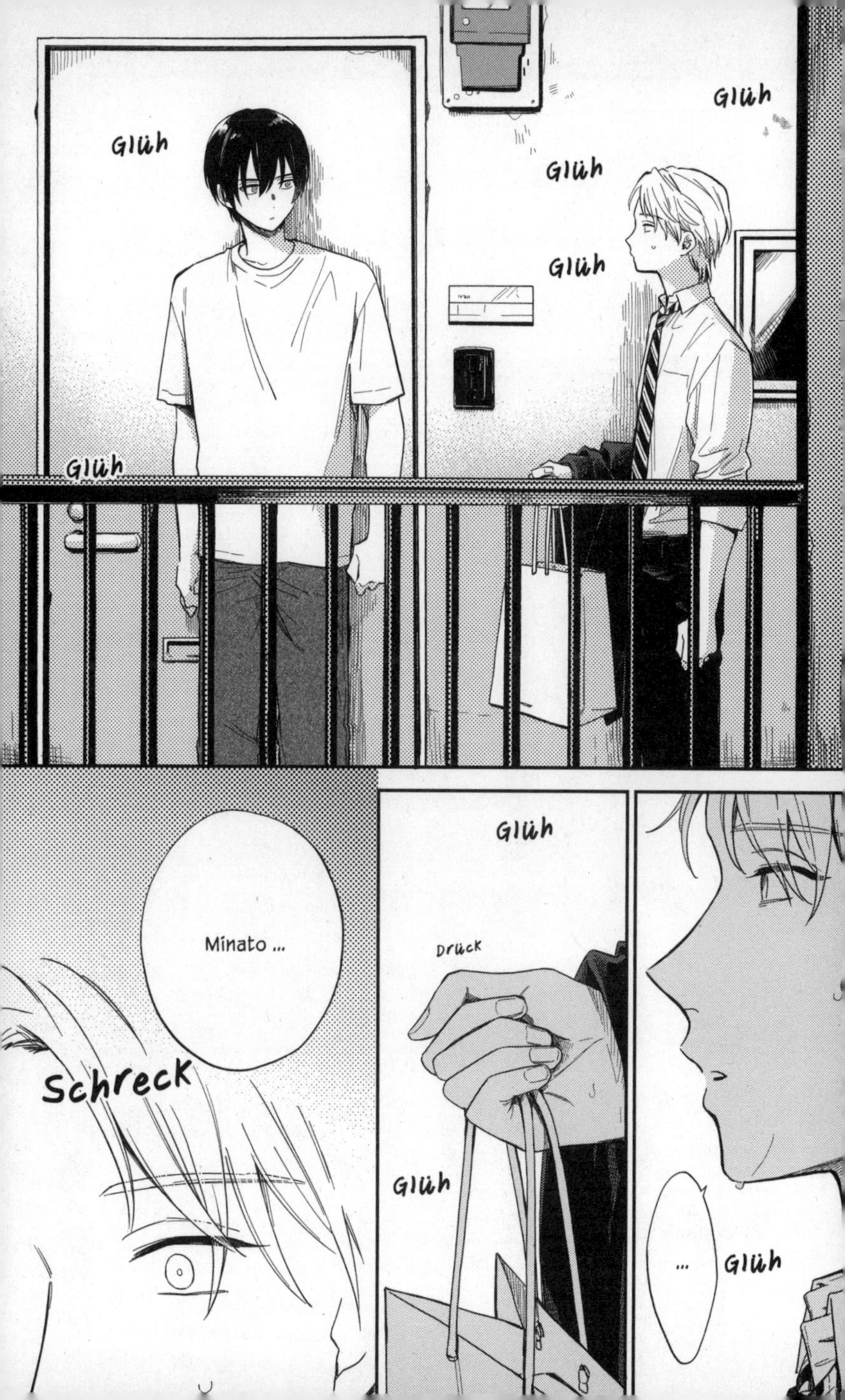
Glüh
Glüh
Glüh
Glüh
Glüh
...
Glüh
Glüh
Drück
Glüh
Minato ...
Schreck

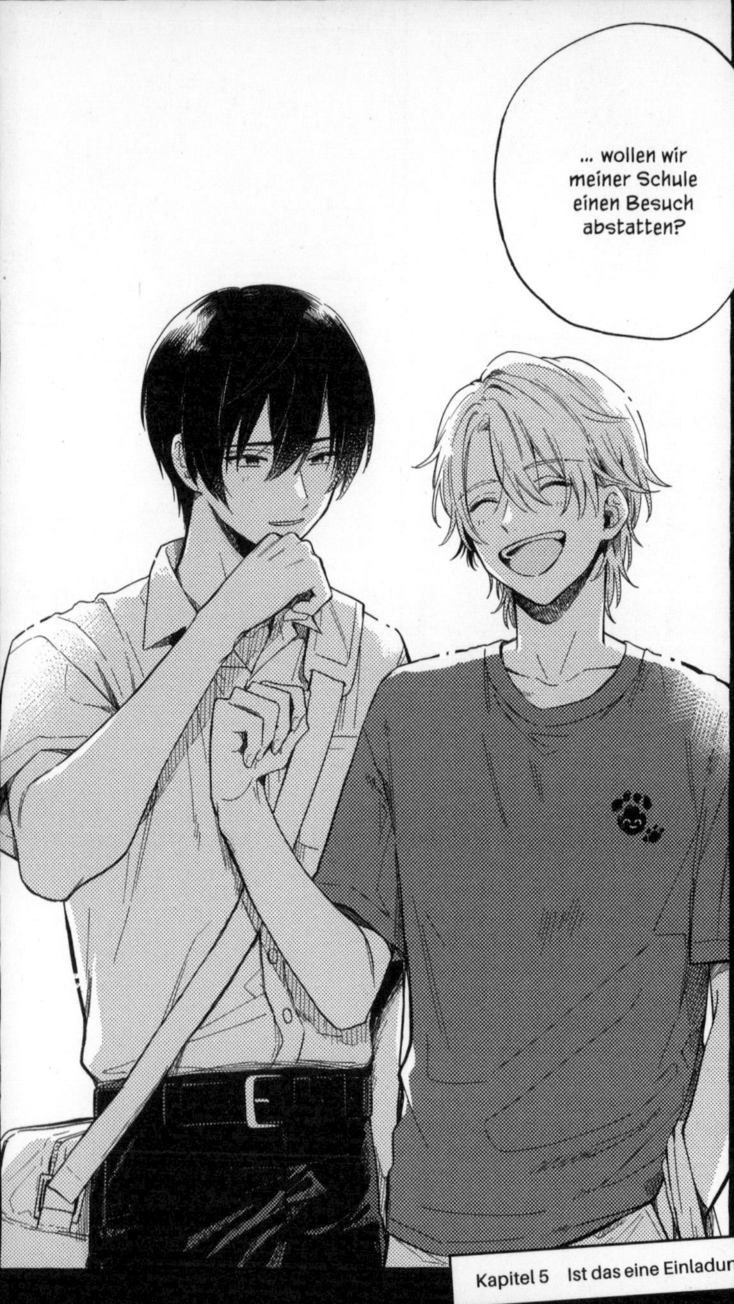

Kapitel 5 Ist das eine Einladung?

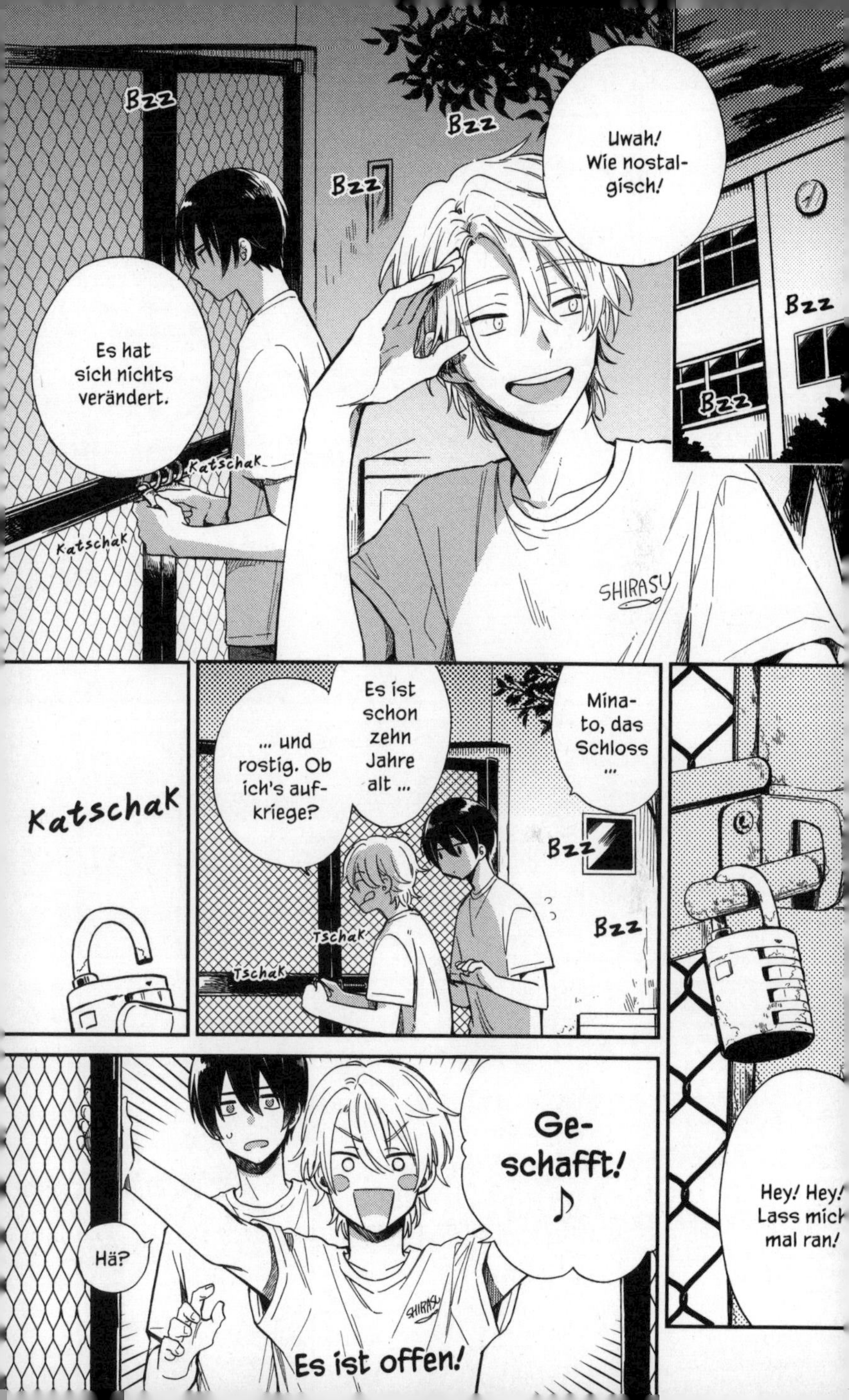
Uwah! Wie nostal-gisch!
Bzz
Bzz
Bzz
Bzz
Bzz
Es hat sich nichts verändert.
Katschak
Katschak
Mina-to, das Schloss ...
Bzz
Bzz
Es ist schon zehn Jahre alt ...
... und rostig. Ob ich's auf-kriege?
Tschak
Tschak
Katschak
Hey! Hey! Lass mich mal ran!
Ge-schafft! ♪
Es ist offen!
Hä?

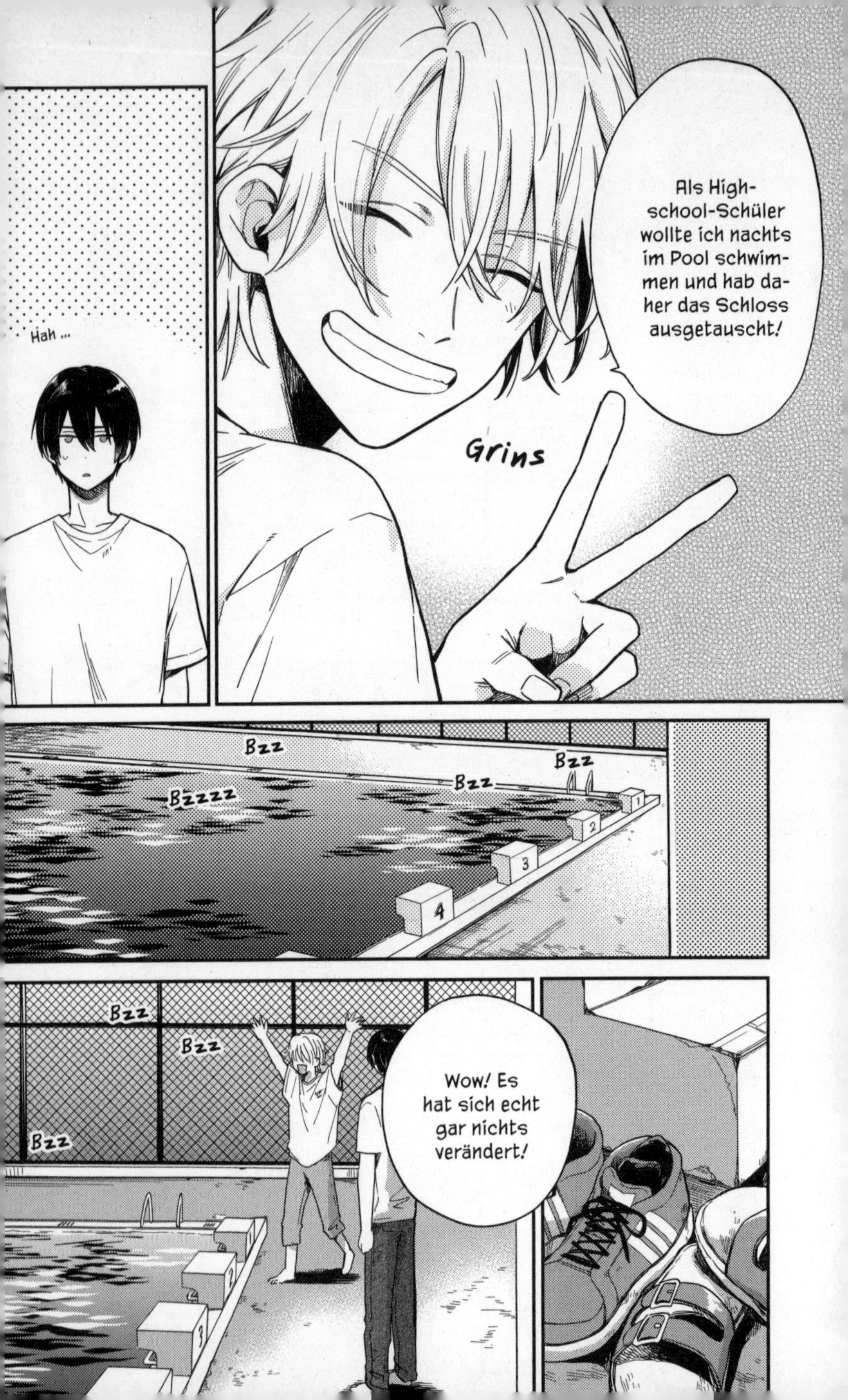
Als High-school-Schüler wollte ich nachts im Pool schwimmen und hab daher das Schloss ausgetauscht!
Grins
Hah ...
Bzz
Bzz
Bzz
Bzzzz
Wow! Es hat sich echt gar nichts verändert!
Bzz
Bzz
Bzz

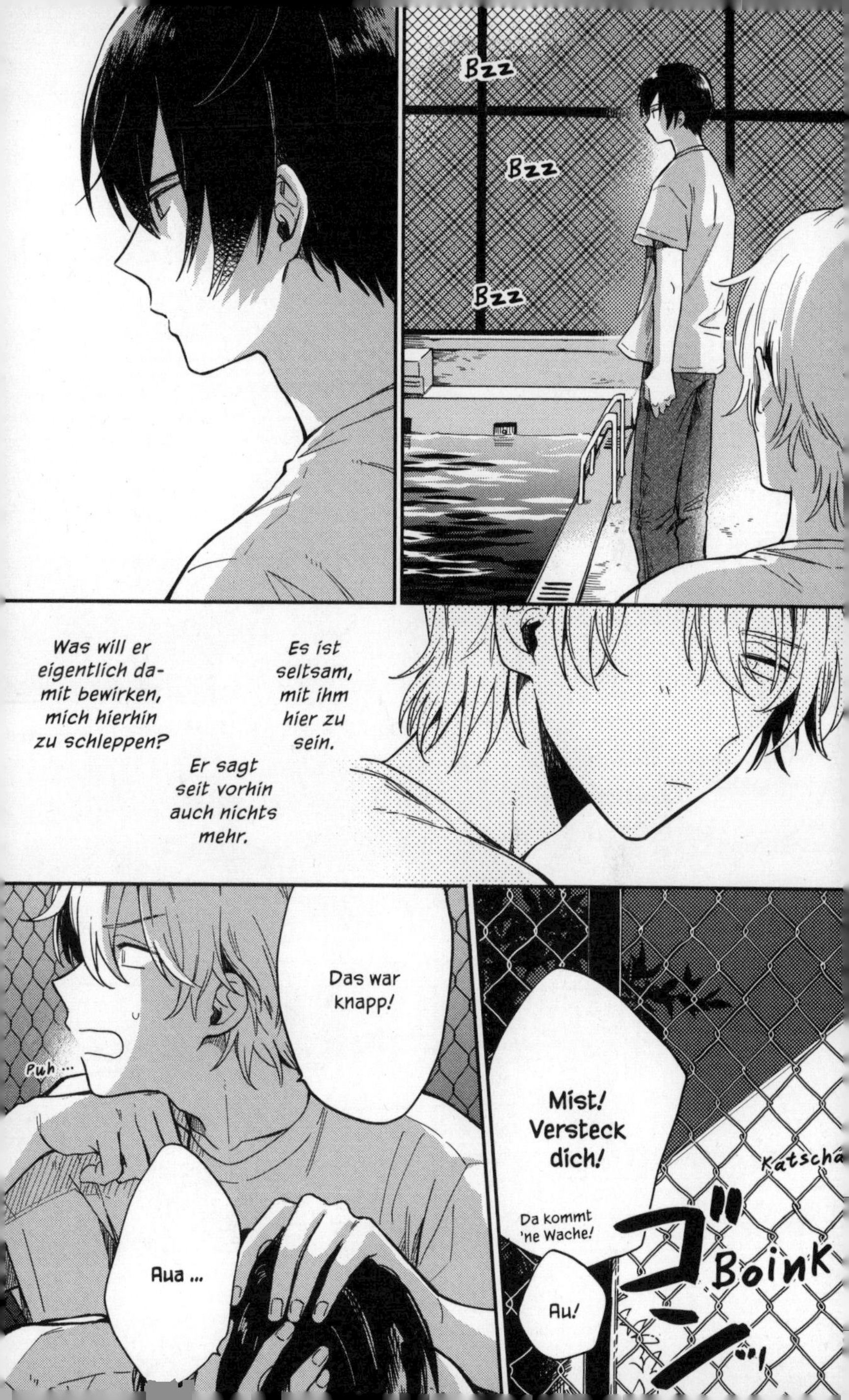
Bzz
Bzz
Bzz
Es ist seltsam, mit ihm hier zu sein.
Was will er eigentlich damit bewirken, mich hierhin zu schleppen?
Er sagt seit vorhin auch nichts mehr.
Mist! Versteck dich!
Katscha
Da kommt 'ne Wache!
Boink
Au!
Das war knapp!
Puh ...
Aua ...

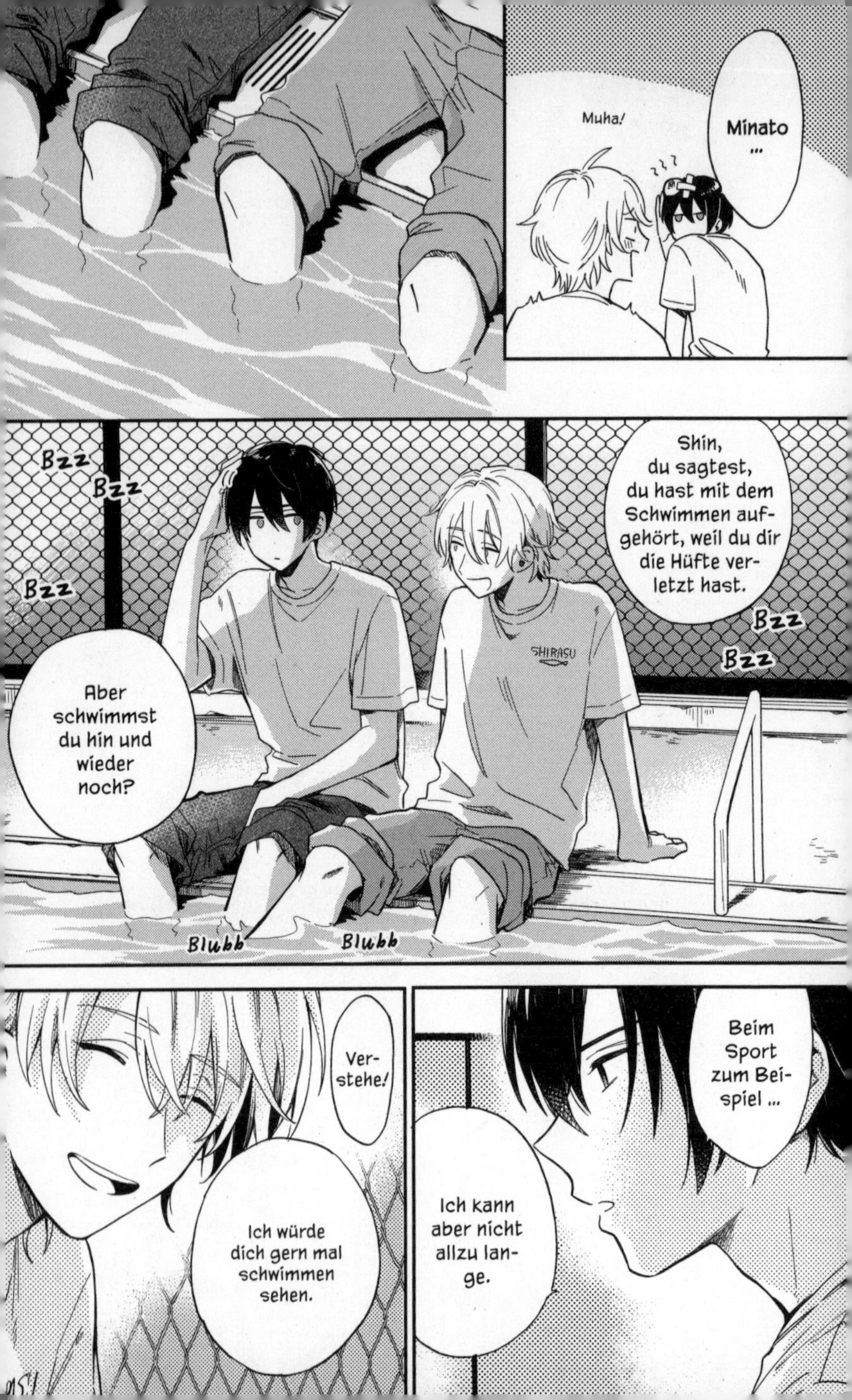
Minato ...
Muha!
Shin, du sagtest, du hast mit dem Schwimmen aufgehört, weil du dir die Hüfte verletzt hast.
Bzz
Bzz
Bzz
Bzz
Bzz
Aber schwimmst du hin und wieder noch?
Blubb
Blubb
Beim Sport zum Beispiel ...
Ich kann aber nicht allzu lange.
Verstehe!
Ich würde dich gern mal schwimmen sehen.

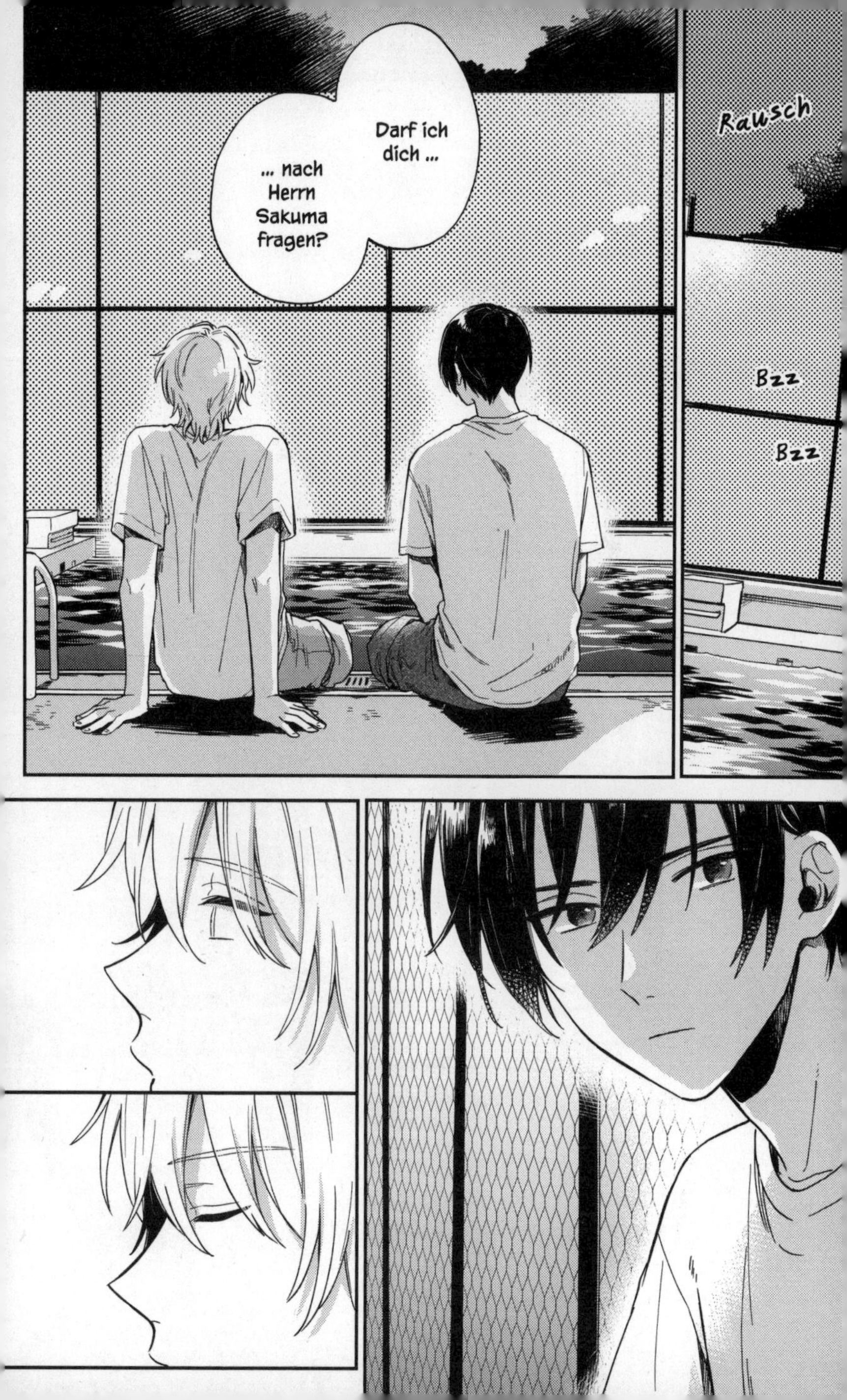
Rausch
Bzz
Bzz
Darf ich dich ...
... nach Herrn Sakuma fragen?

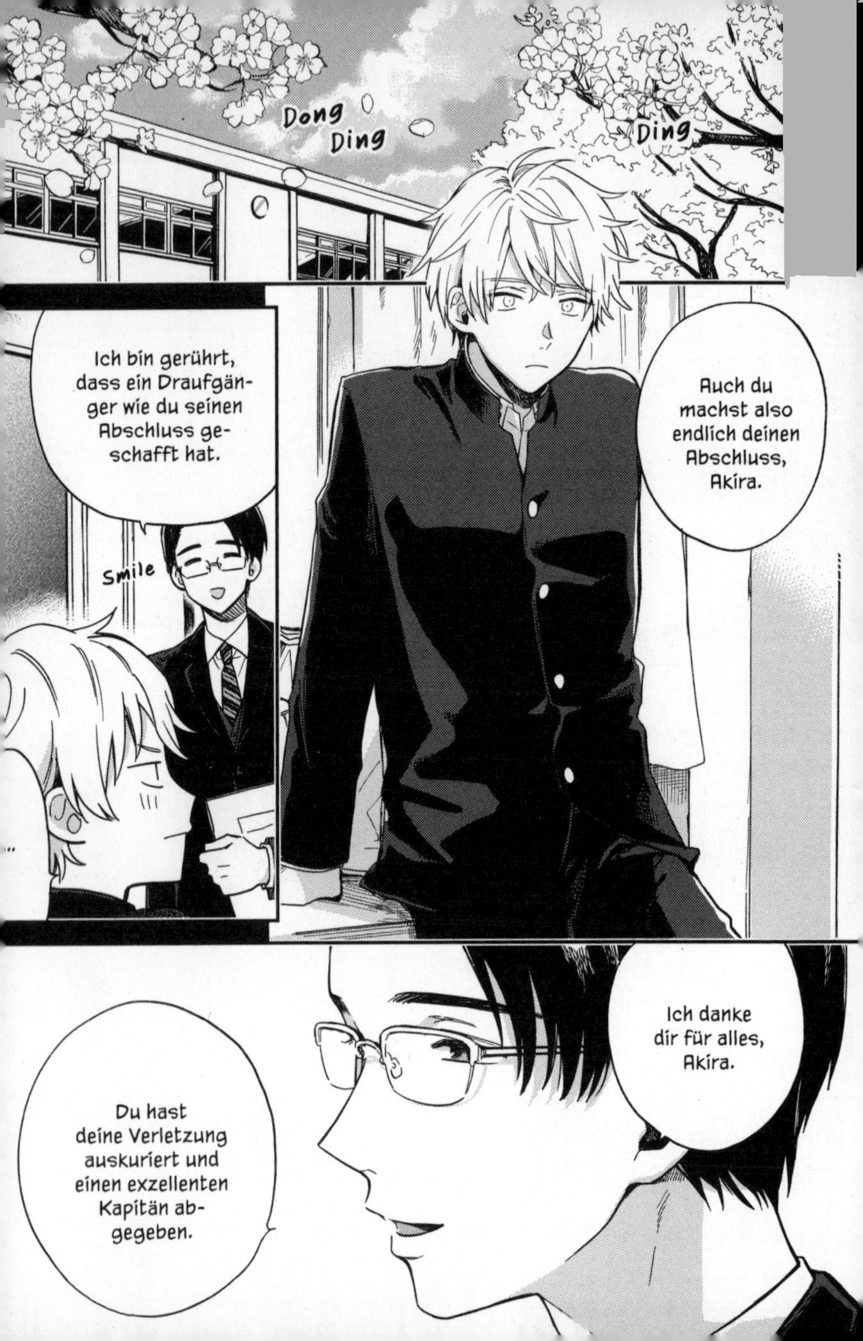
Ding
Dong
Ding
Auch du machst also endlich deinen Abschluss, Akira.
Ich bin gerührt, dass ein Draufgänger wie du seinen Abschluss geschafft hat.
Smile
Ich danke dir für alles, Akira.
Du hast deine Verletzung auskuriert und einen exzellenten Kapitän abgegeben.

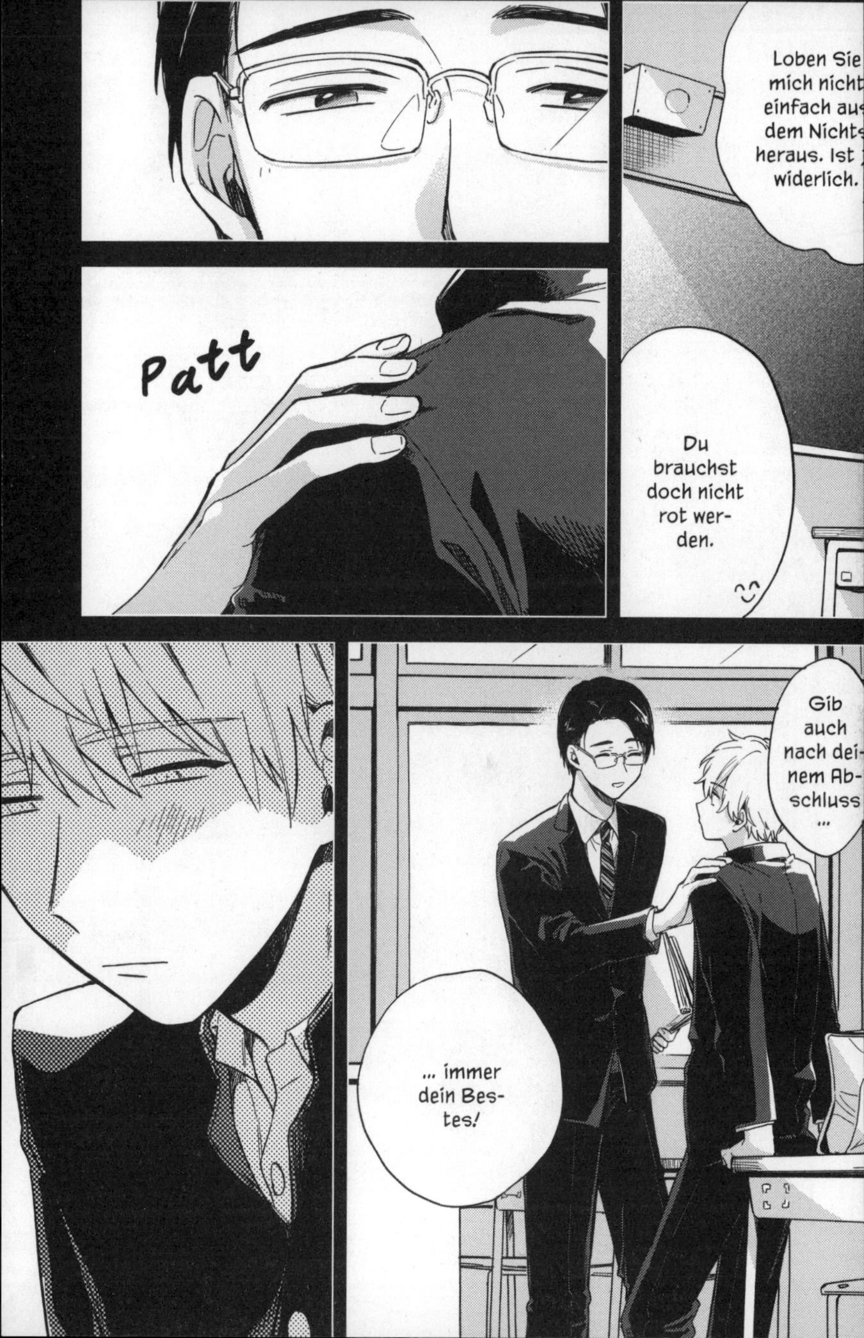
Loben Sie
mich nicht
einfach au
dem Nicht
heraus. Ist
widerlich.
Patt
Du
brauchst
doch nicht
rot wer-
den.
Gib
auch
nach dei-
nem Ab-
schluss
...
... immer
dein Bes-
tes!

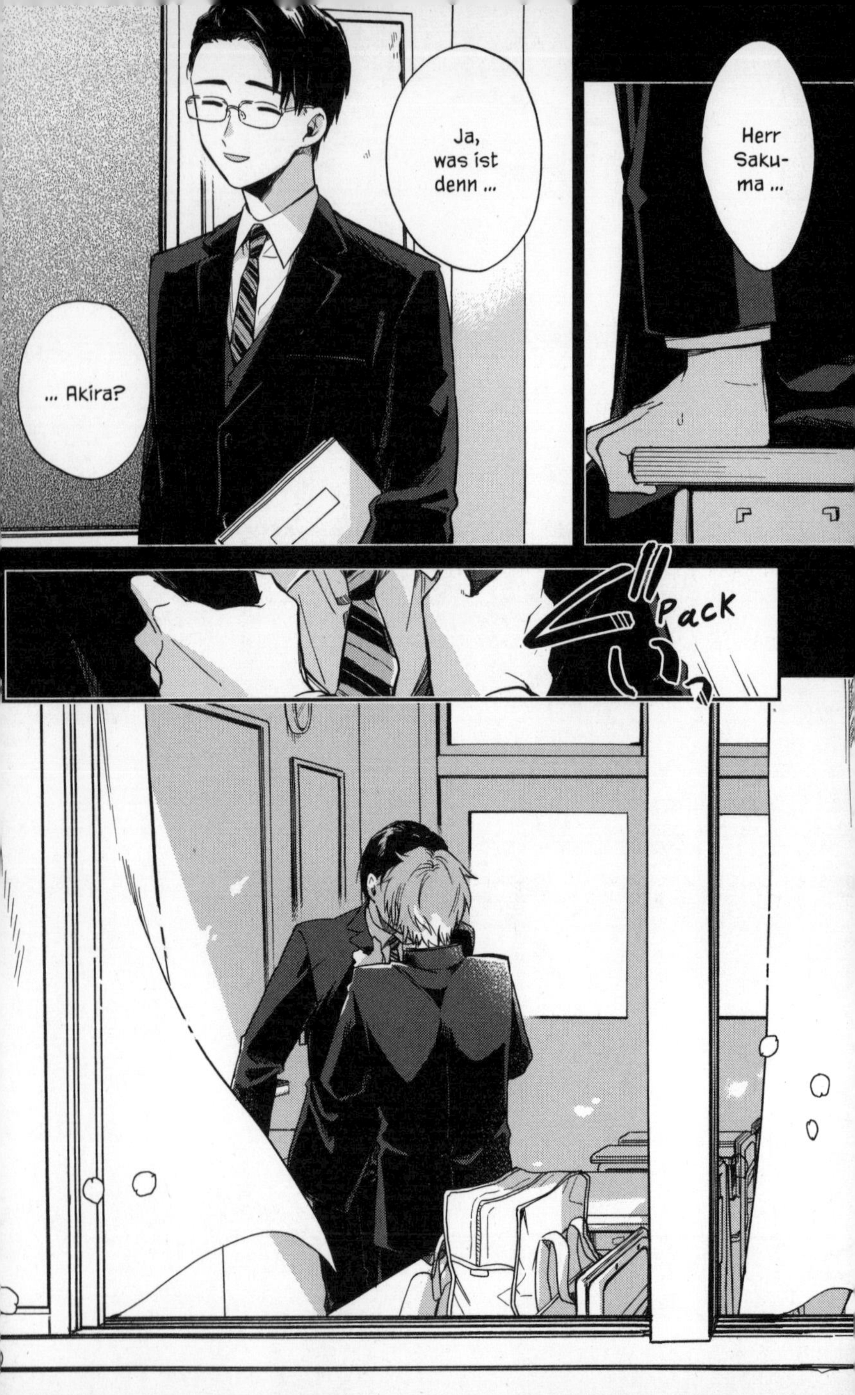
Herr Saku-ma ...
Ja, was ist denn ...
... Akira?
Pack

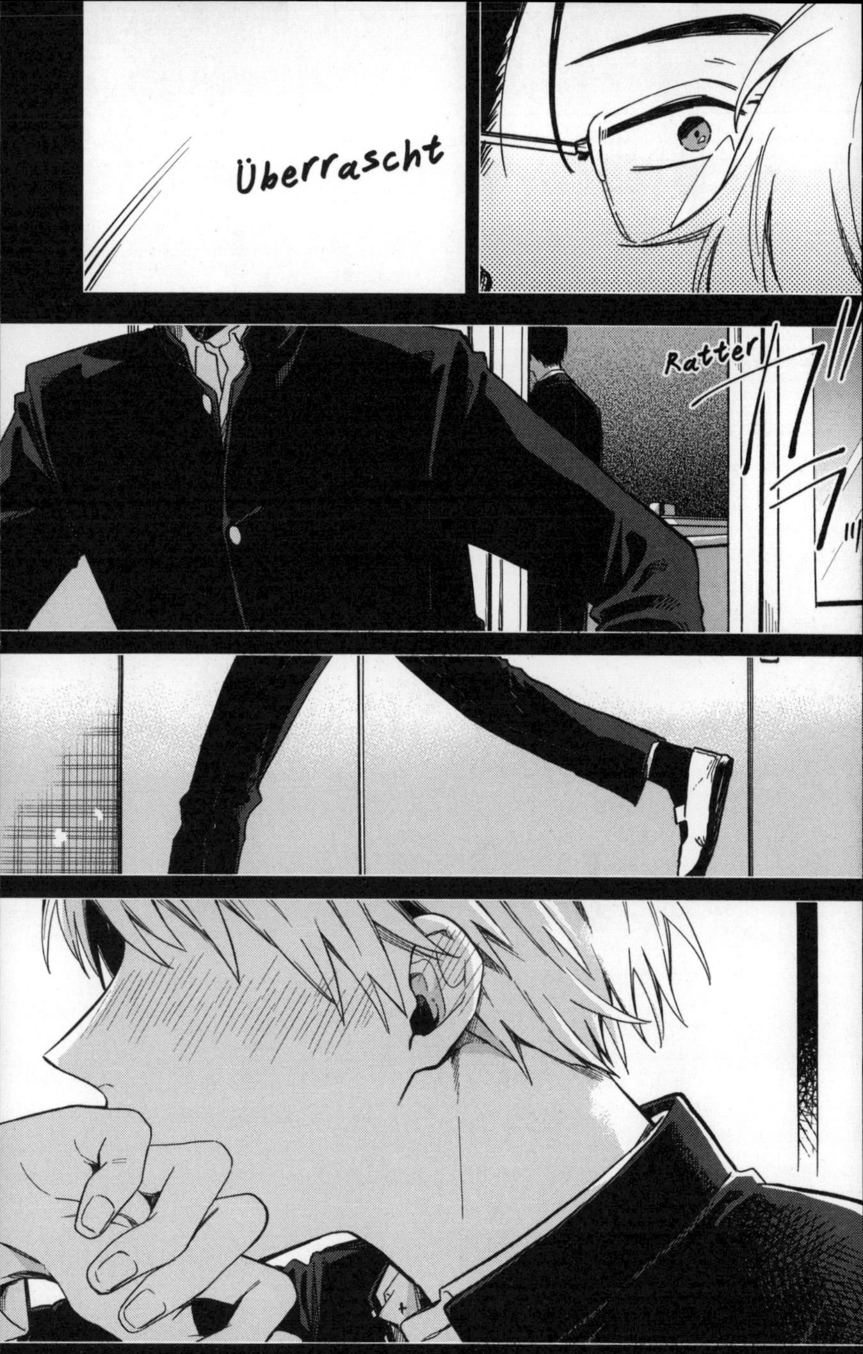
Überrascht
Ratter

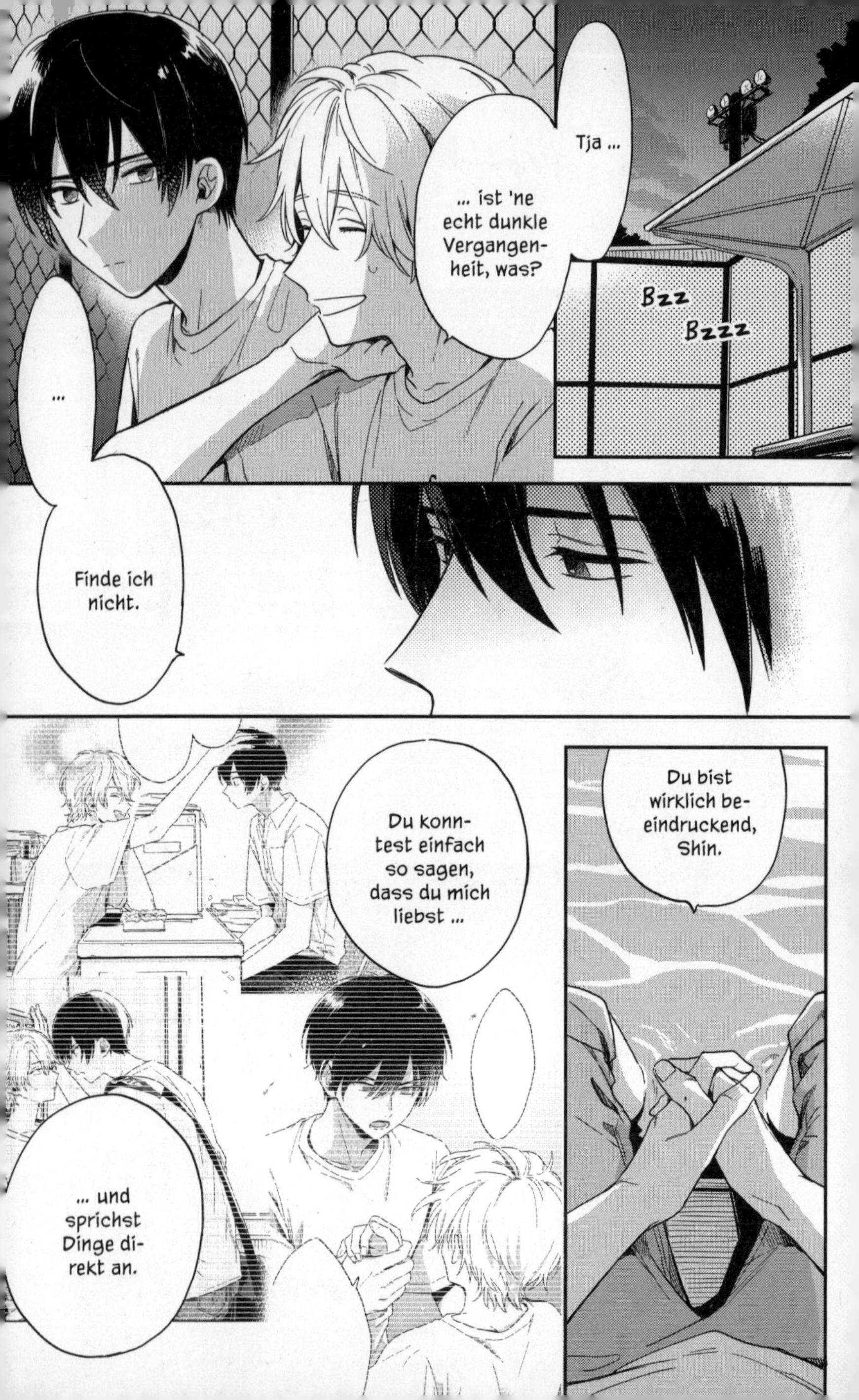
Tja ...
... ist 'ne echt dunkle Vergangenheit, was?
Bzz
Bzzz
...
Finde ich nicht.
Du bist wirklich beeindruckend, Shin.
Du konntest einfach so sagen, dass du mich liebst ...
... und sprichst Dinge direkt an.

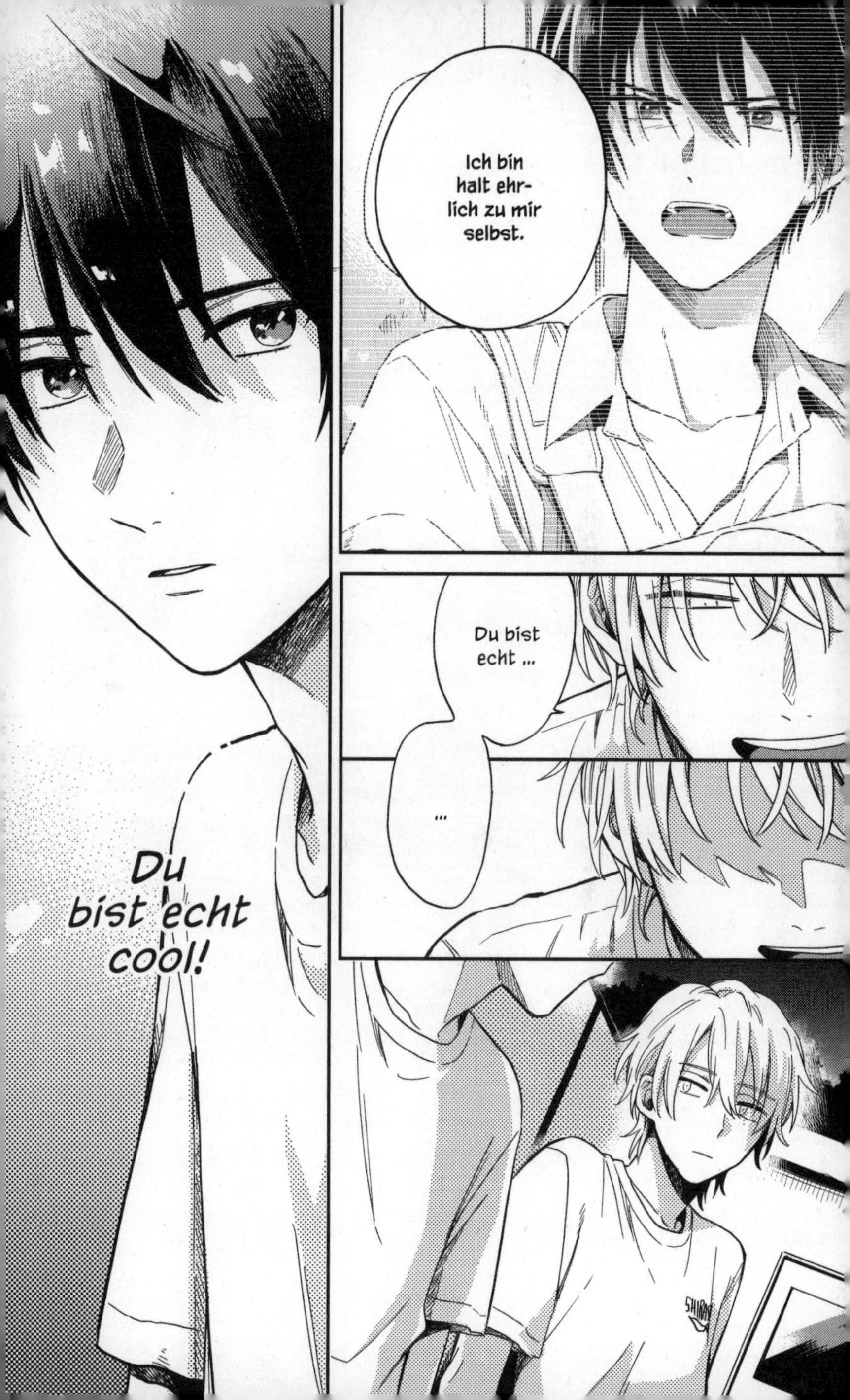

Ich bin halt ehrlich zu mir selbst.
Du bist echt ...
...
Du bist echt cool!

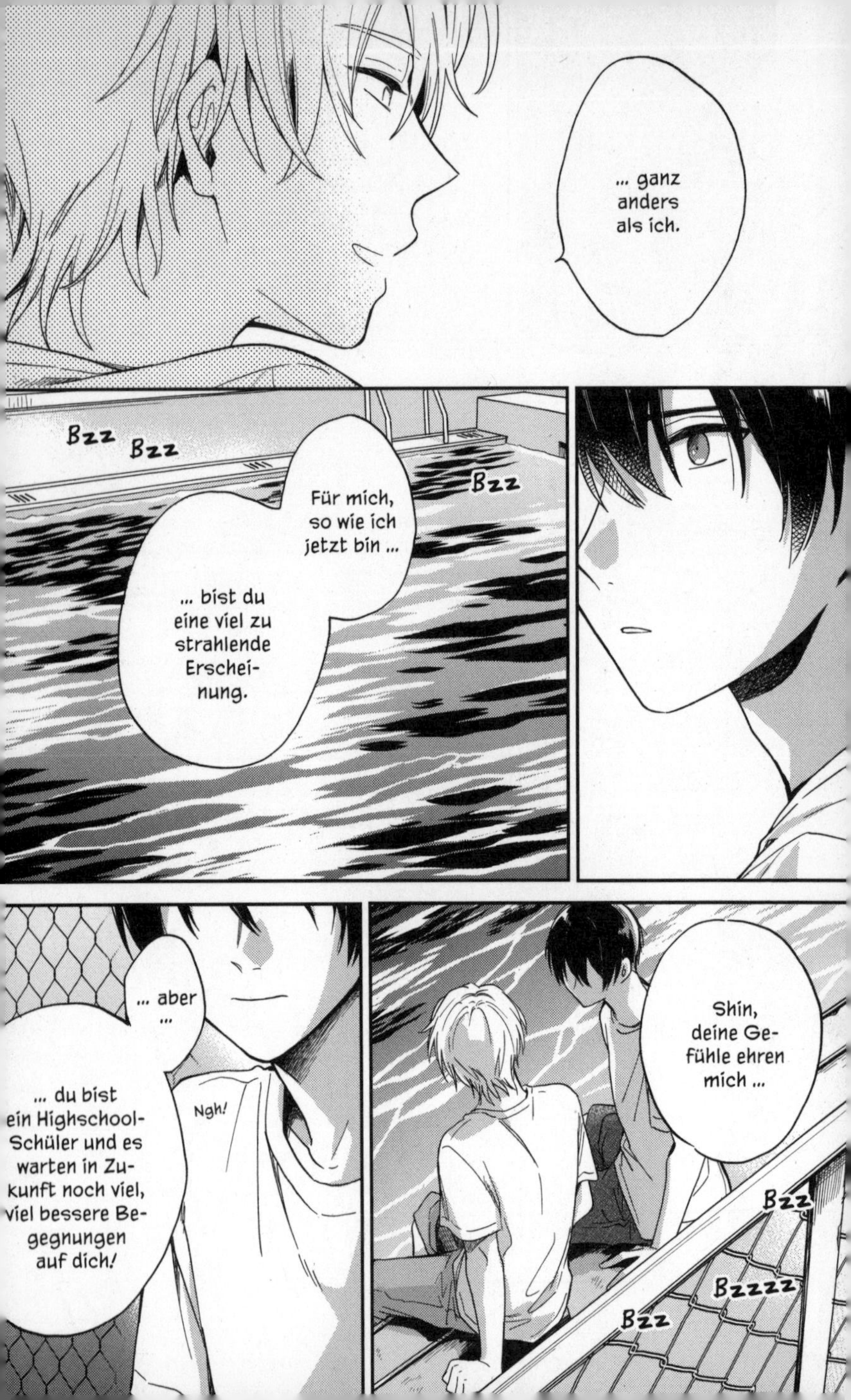
... ganz anders als ich.
Bzz
Bzz
Bzz
Für mich, so wie ich jetzt bin ...
... bist du eine viel zu strahlende Erscheinung.
Shin, deine Gefühle ehren mich ...
Bzz
Bzzzz
Bzz
... aber ...
Ngh!
... du bist ein Highschool-Schüler und es warten in Zukunft noch viel, viel bessere Begegnungen auf dich!

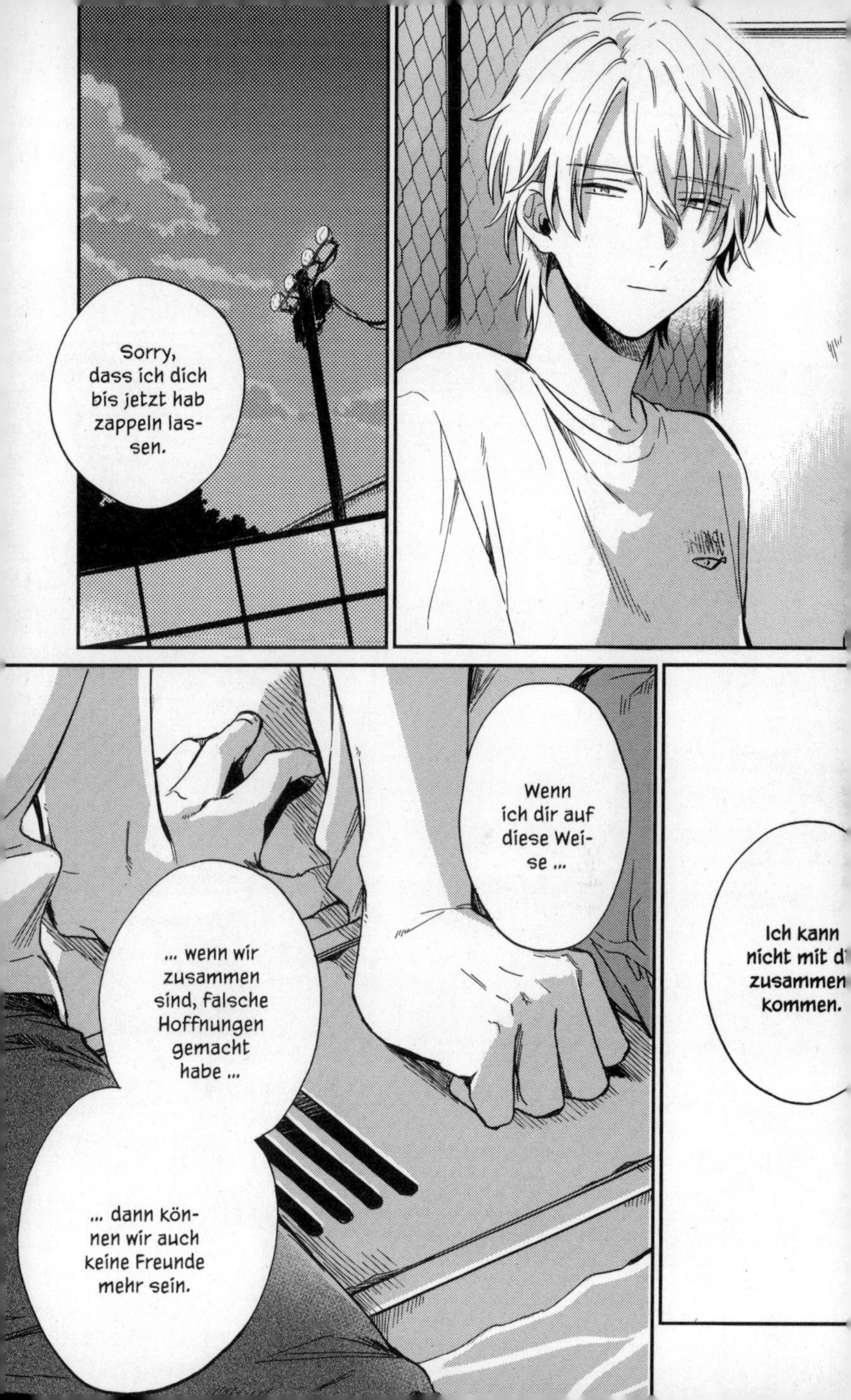
Sorry, dass ich dich bis jetzt hab zappeln lassen.
Ich kann nicht mit d[…] zusammen kommen.
Wenn ich dir auf diese Weise ...
... wenn wir zusammen sind, falsche Hoffnungen gemacht habe ...
... dann können wir auch keine Freunde mehr sein.

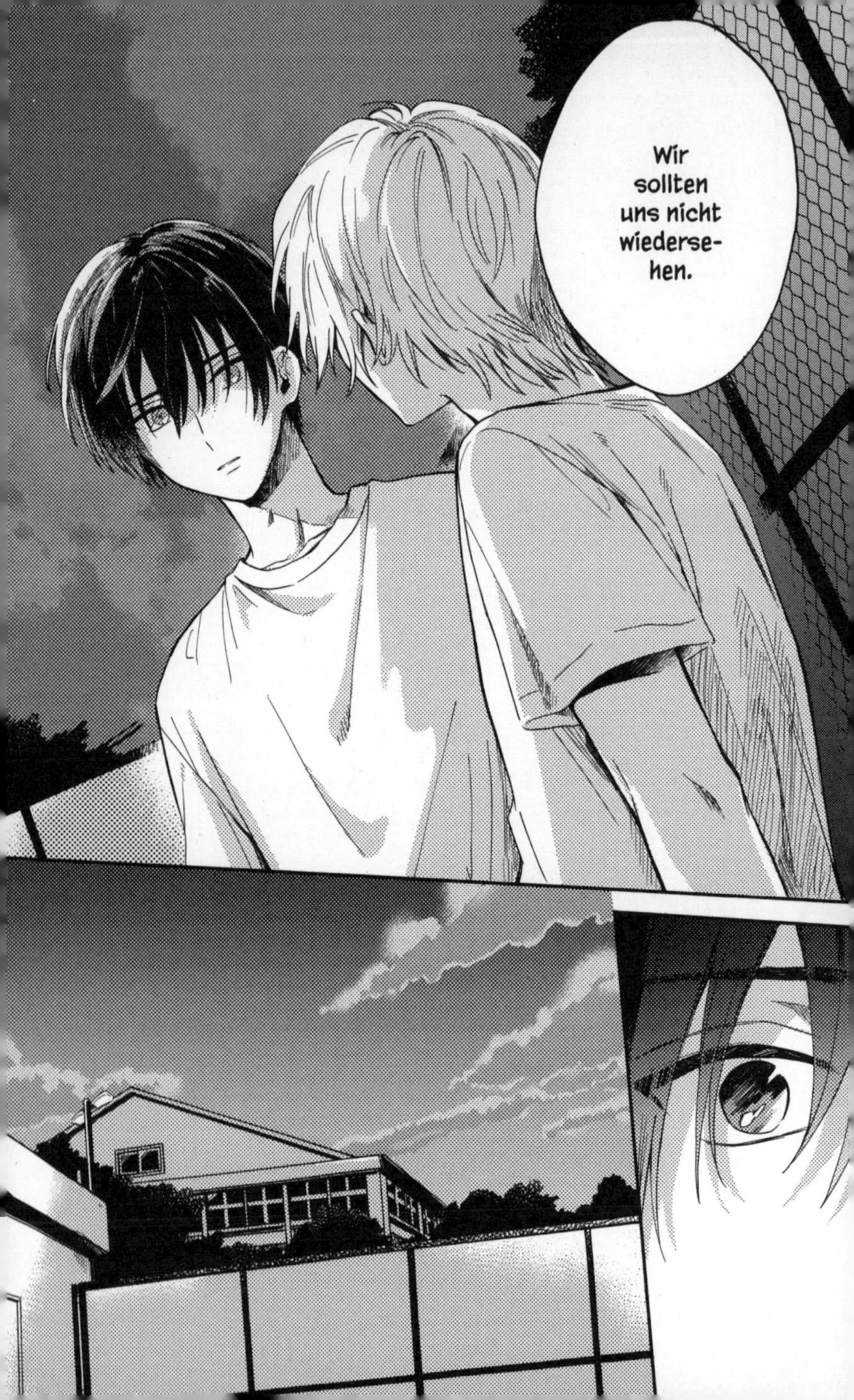
Wir sollten uns nicht wiederse-hen.

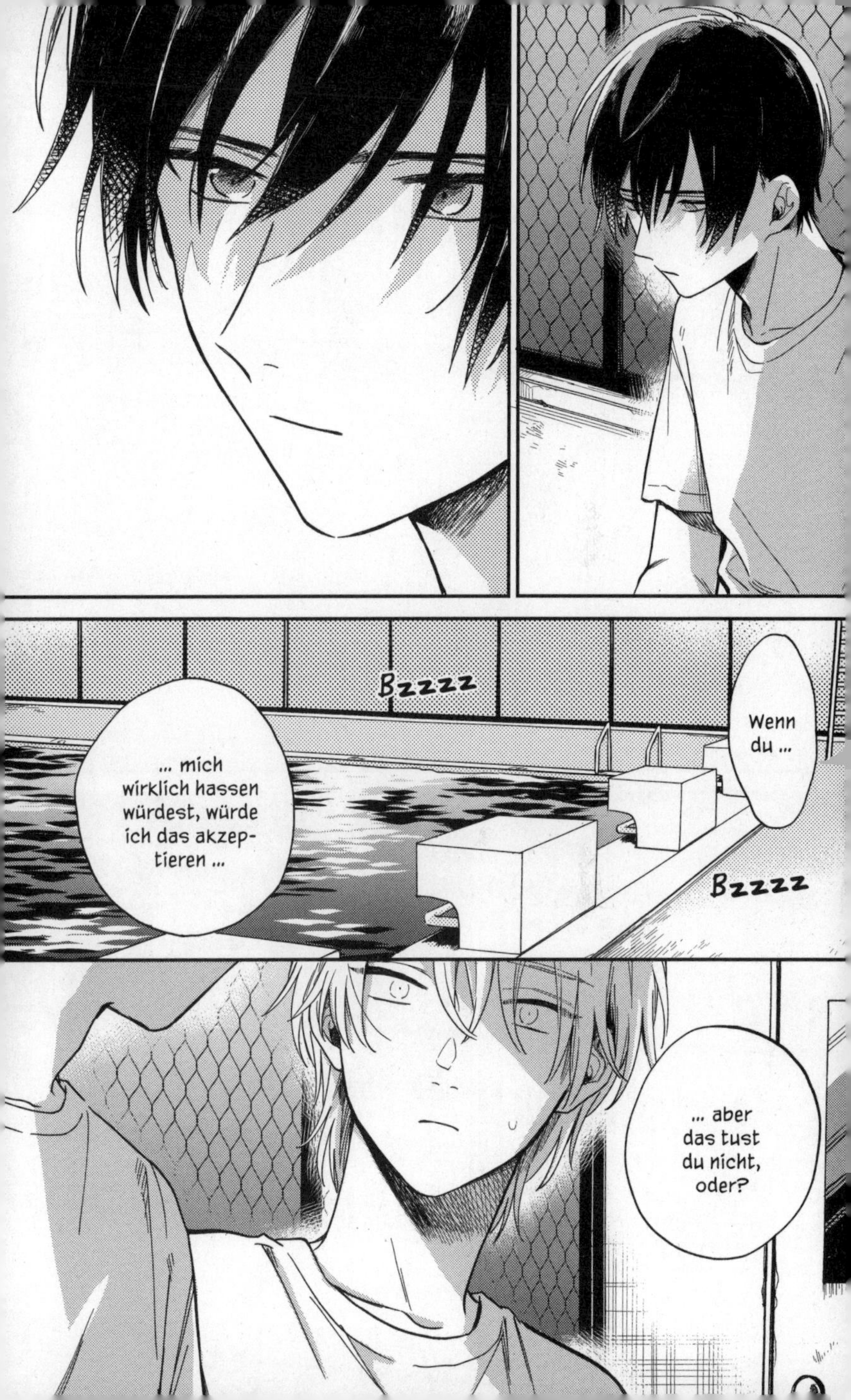
Wenn du ...
Bzzzz
... mich wirklich hassen würdest, würde ich das akzeptieren ...
Bzzzz
... aber das tust du nicht, oder?

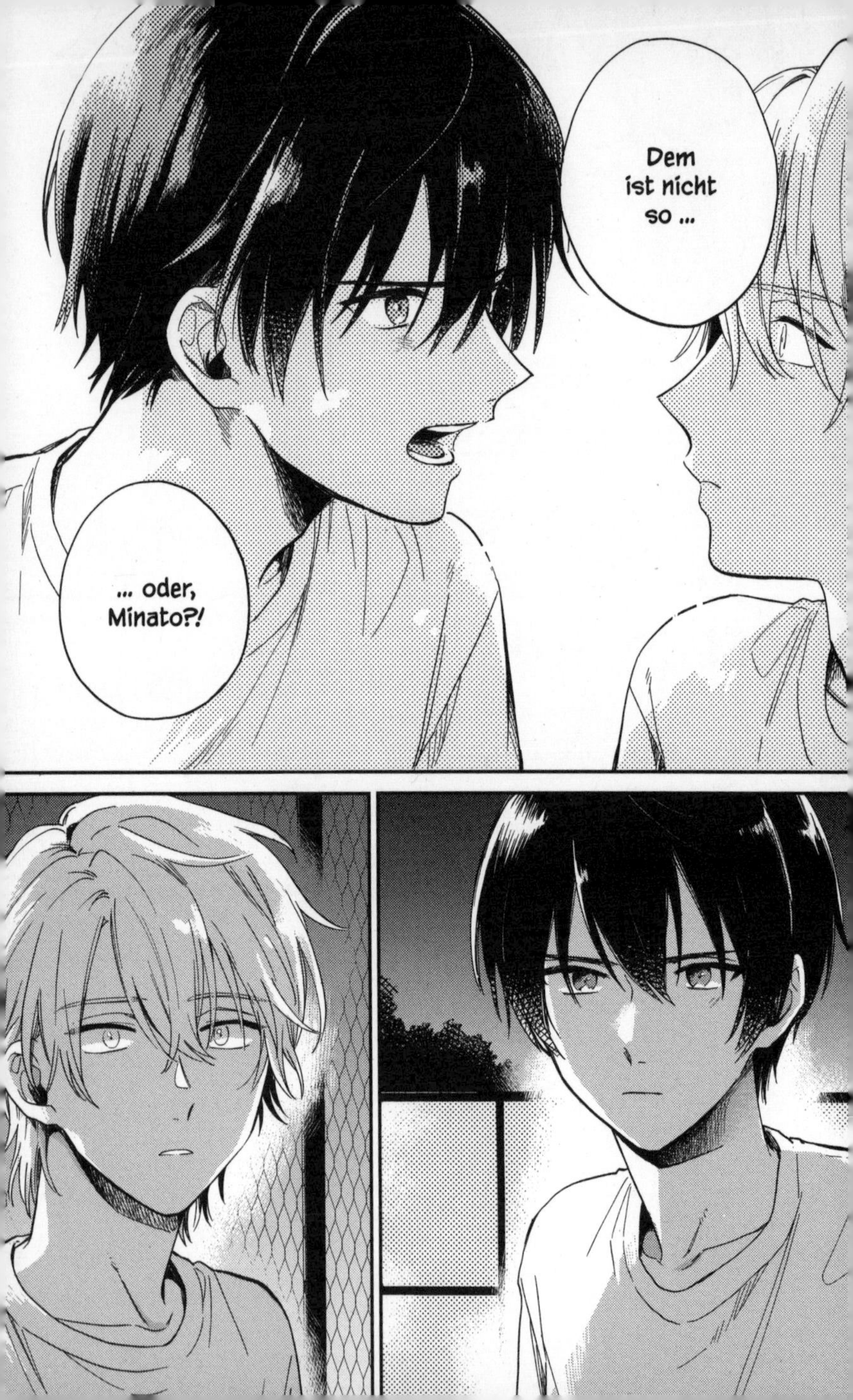
Dem ist nicht so ...
... oder, Minato?!

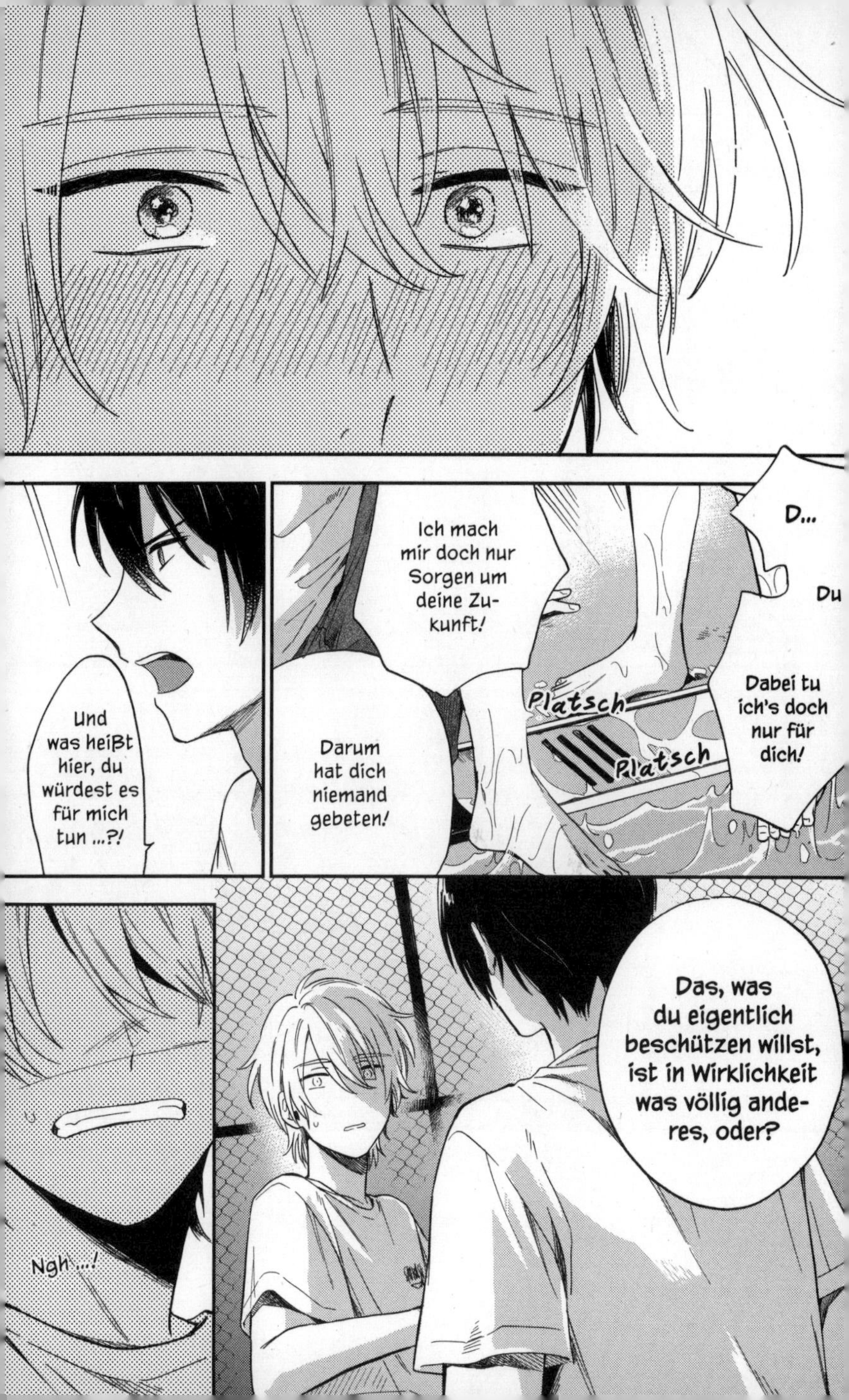
D...
Du
Dabei tu ich's doch nur für dich!
Ich mach mir doch nur Sorgen um deine Zukunft!
Platsch
Platsch
Darum hat dich niemand gebeten!
Und was heißt hier, du würdest es für mich tun ...?!
Das, was du eigentlich beschützen willst, ist in Wirklichkeit was völlig anderes, oder?
Ngh ...!

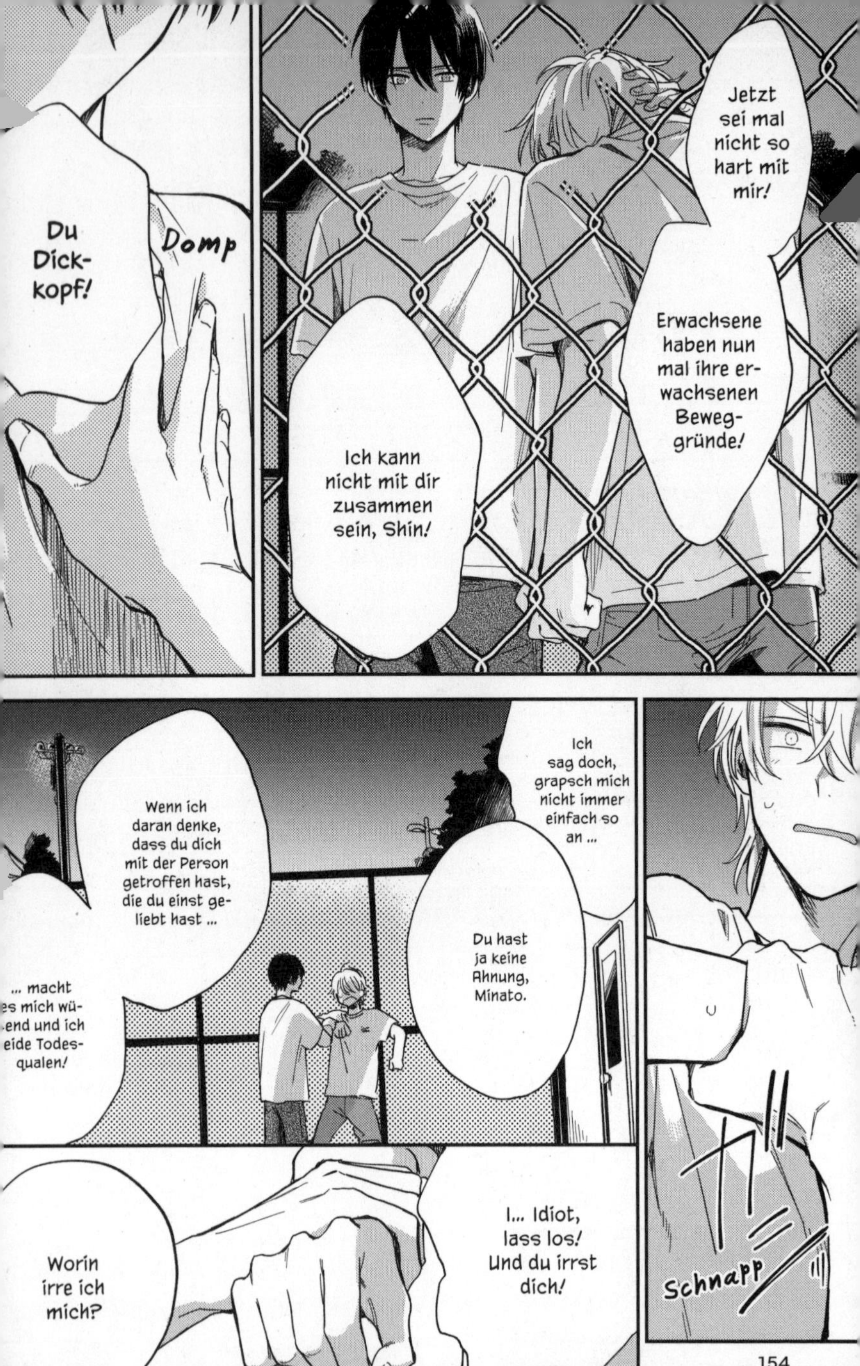
Jetzt sei mal nicht so hart mit mir!
Erwachsene haben nun mal ihre erwachsenen Beweggründe!
Ich kann nicht mit dir zusammen sein, Shin!
Domp
Du Dickkopf!
Schnapp
Ich sag doch, grapsch mich nicht immer einfach so an ...
Du hast ja keine Ahnung, Minato.
Wenn ich daran denke, dass du dich mit der Person getroffen hast, die du einst geliebt hast ...
... macht es mich wü-
end und ich
eide Todes-
qualen!
I... Idiot, lass los! Und du irrst dich!
Worin irre ich mich?

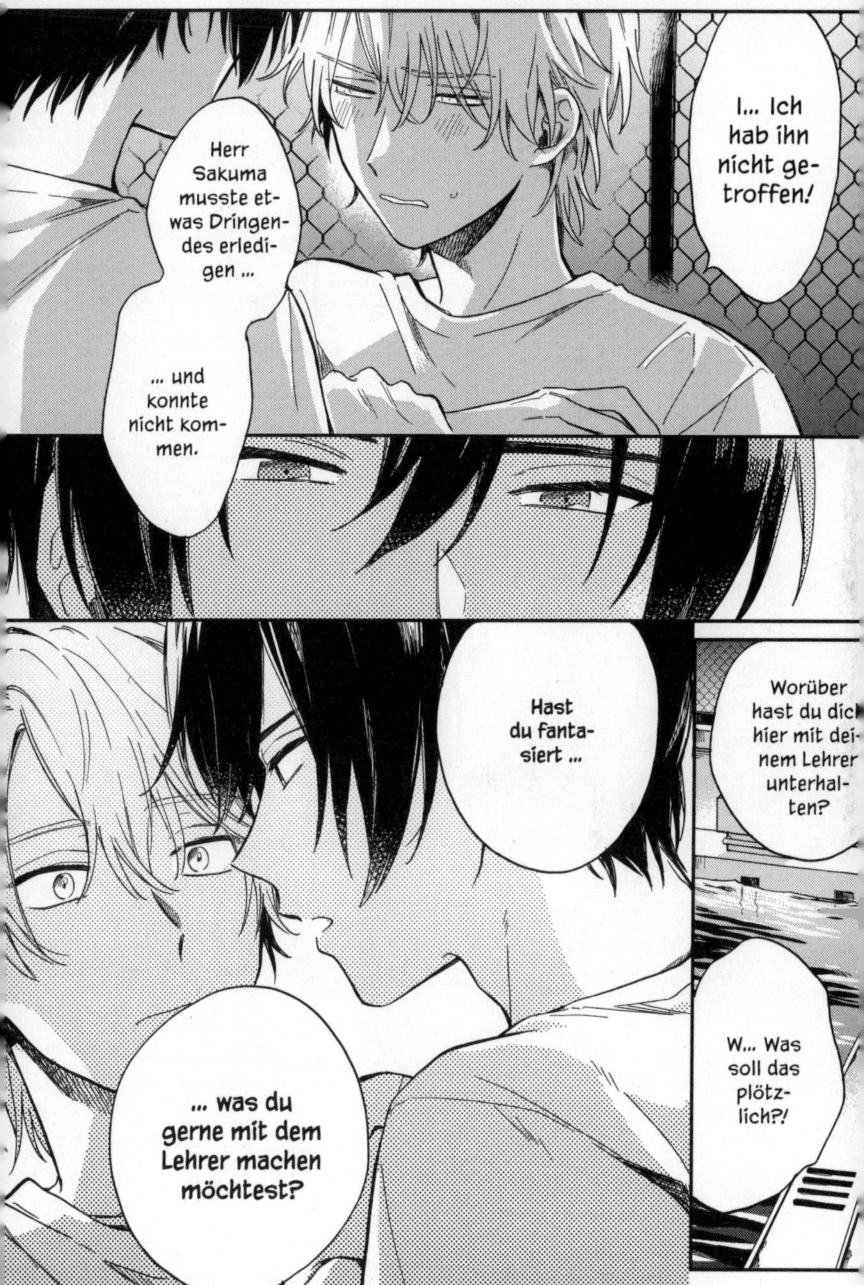
I… Ich hab ihn nicht getroffen!
Herr Sakuma musste etwas Dringendes erledigen …
… und konnte nicht kommen.
Worüber hast du dic hier mit deinem Lehrer unterhalten?
W… Was soll das plötzlich?!
Hast du fantasiert …
… was du gerne mit dem Lehrer machen möchtest?

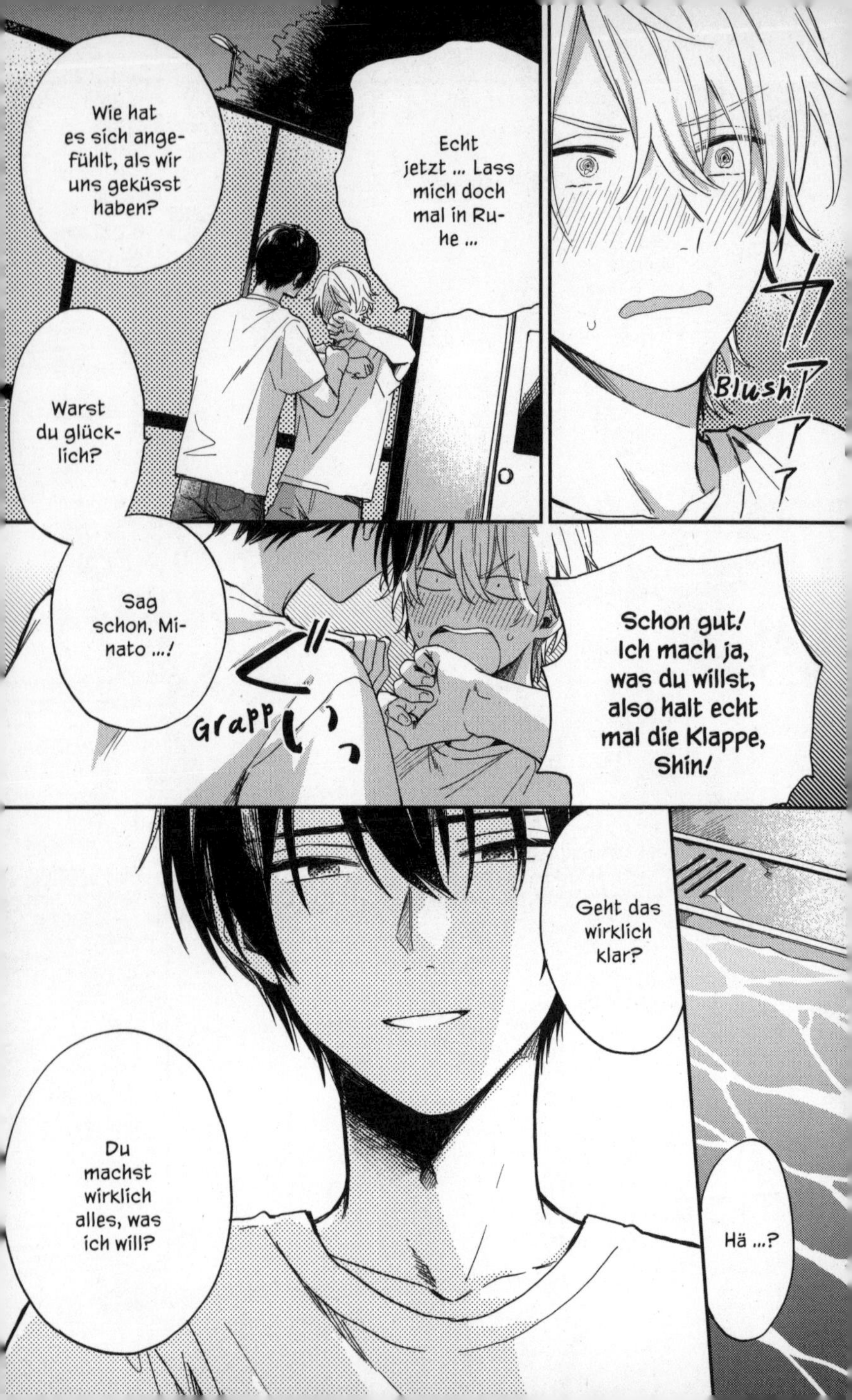

Echt jetzt ... Lass mich doch mal in Ruhe ...
Wie hat es sich angefühlt, als wir uns geküsst haben?
Warst du glücklich?
Blush
Schon gut! Ich mach ja, was du willst, also halt echt mal die Klappe, Shin!
Sag schon, Minato ...!
Grapp
Geht das wirklich klar?
Hä ...?
Du machst wirklich alles, was ich will?

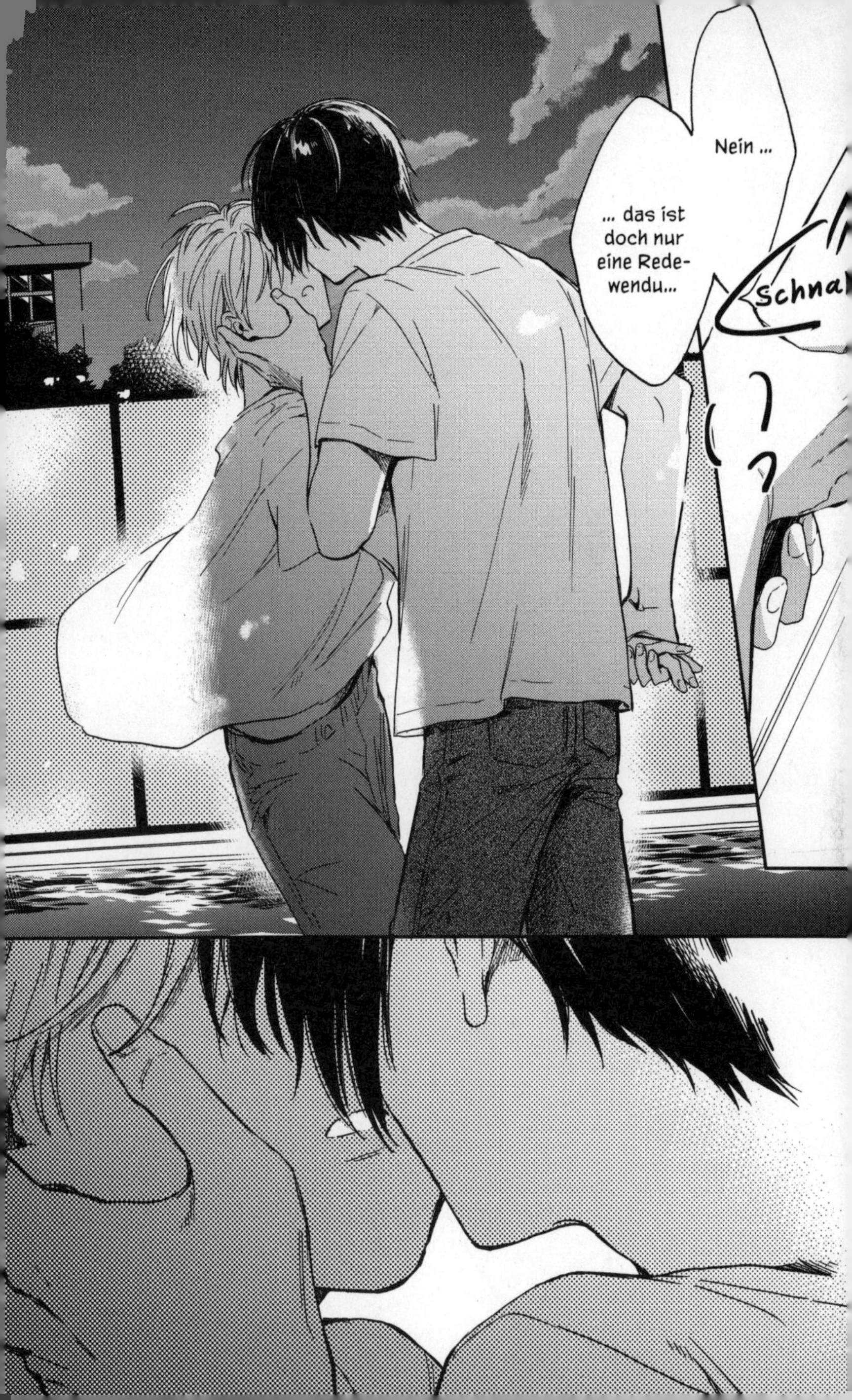
Nein ...
... das ist doch nur eine Rede-wendu...
Schna

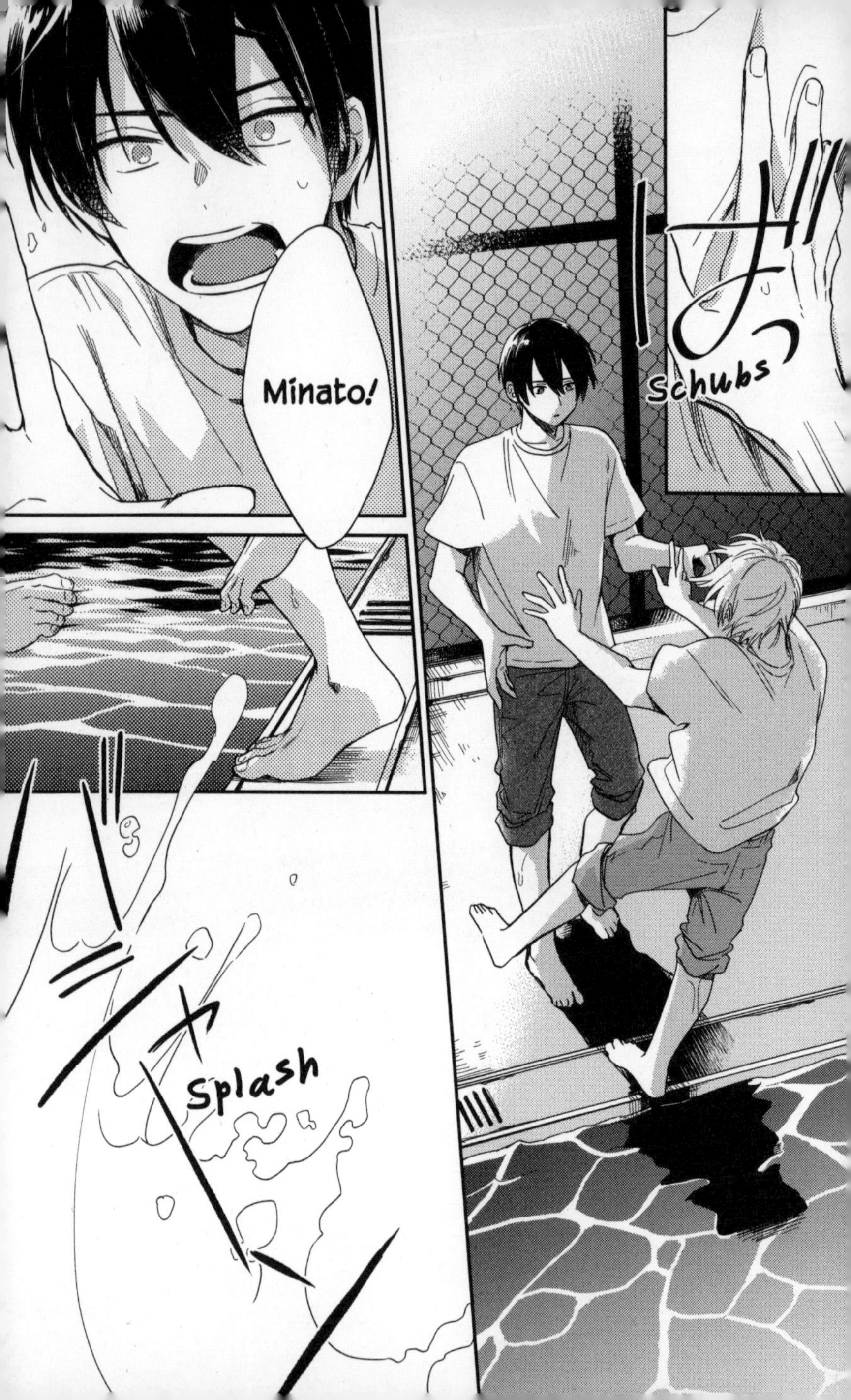
Schubs
Minato!
Splash

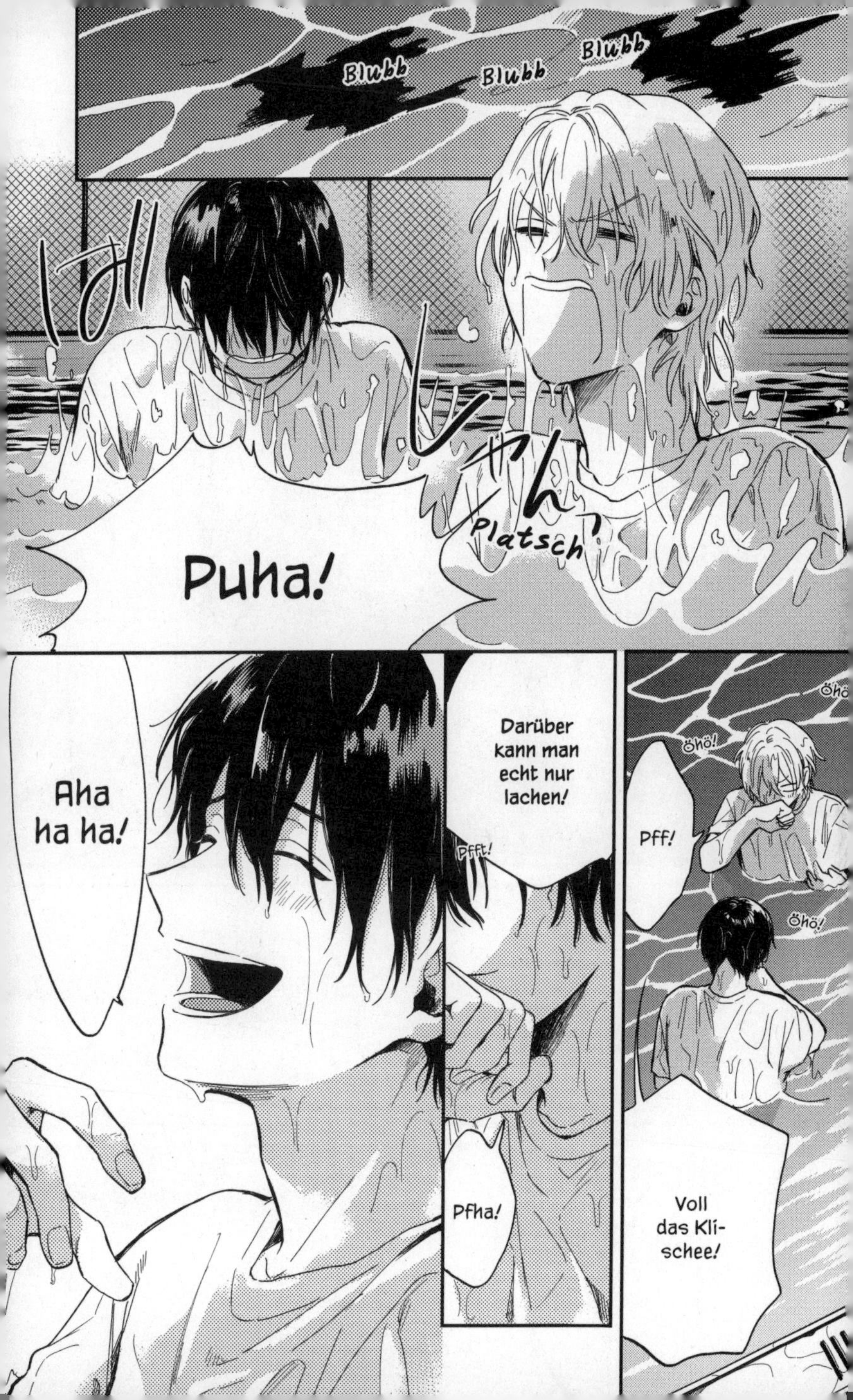
Blubb
Blubb
Blubb
Platsch
Puha!
Öhö!
Öhö!
Pff!
Öhö!
Voll das Kli-schee!
Darüber kann man echt nur lachen!
Pfft!
Pfha!
Aha ha ha!

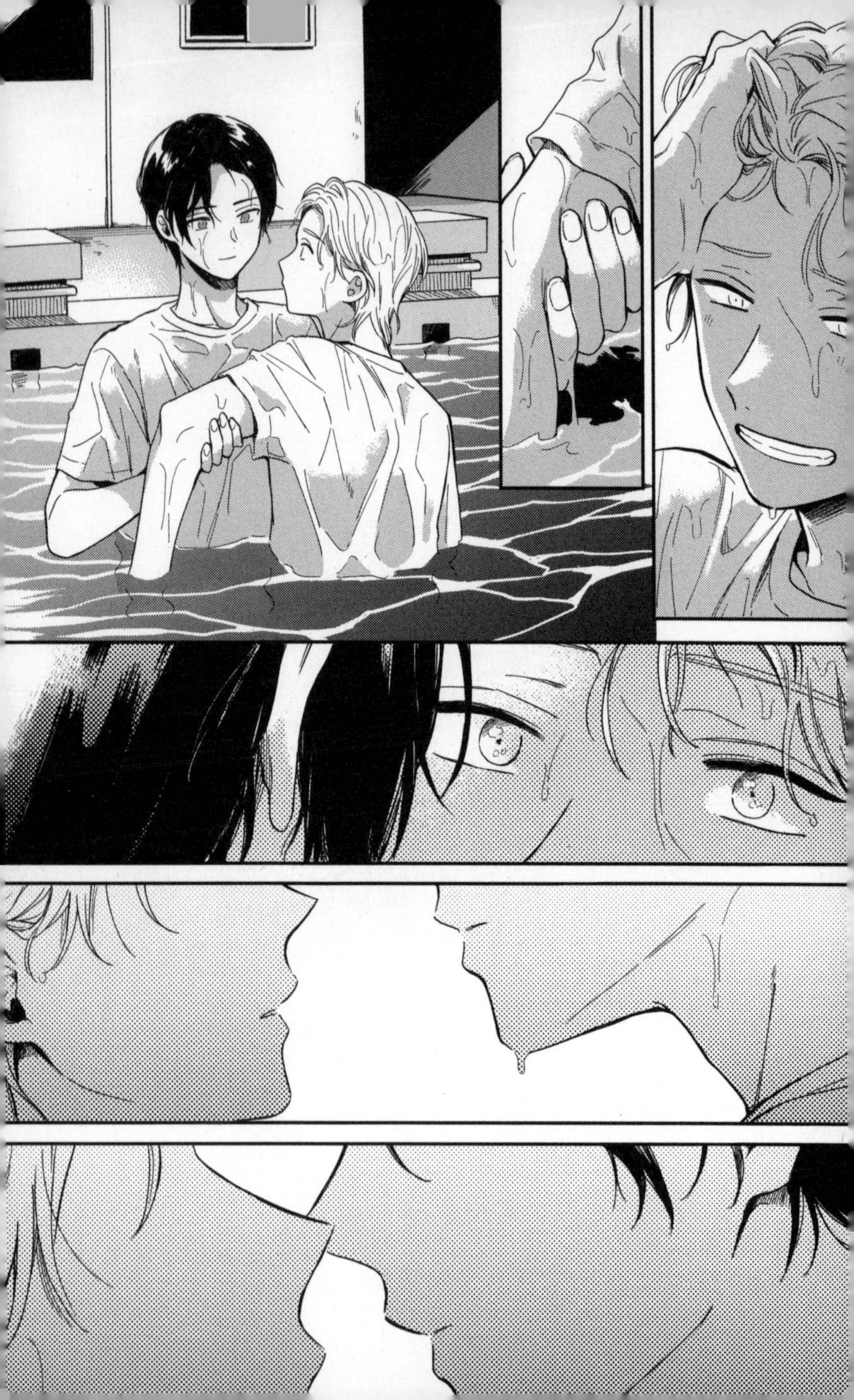

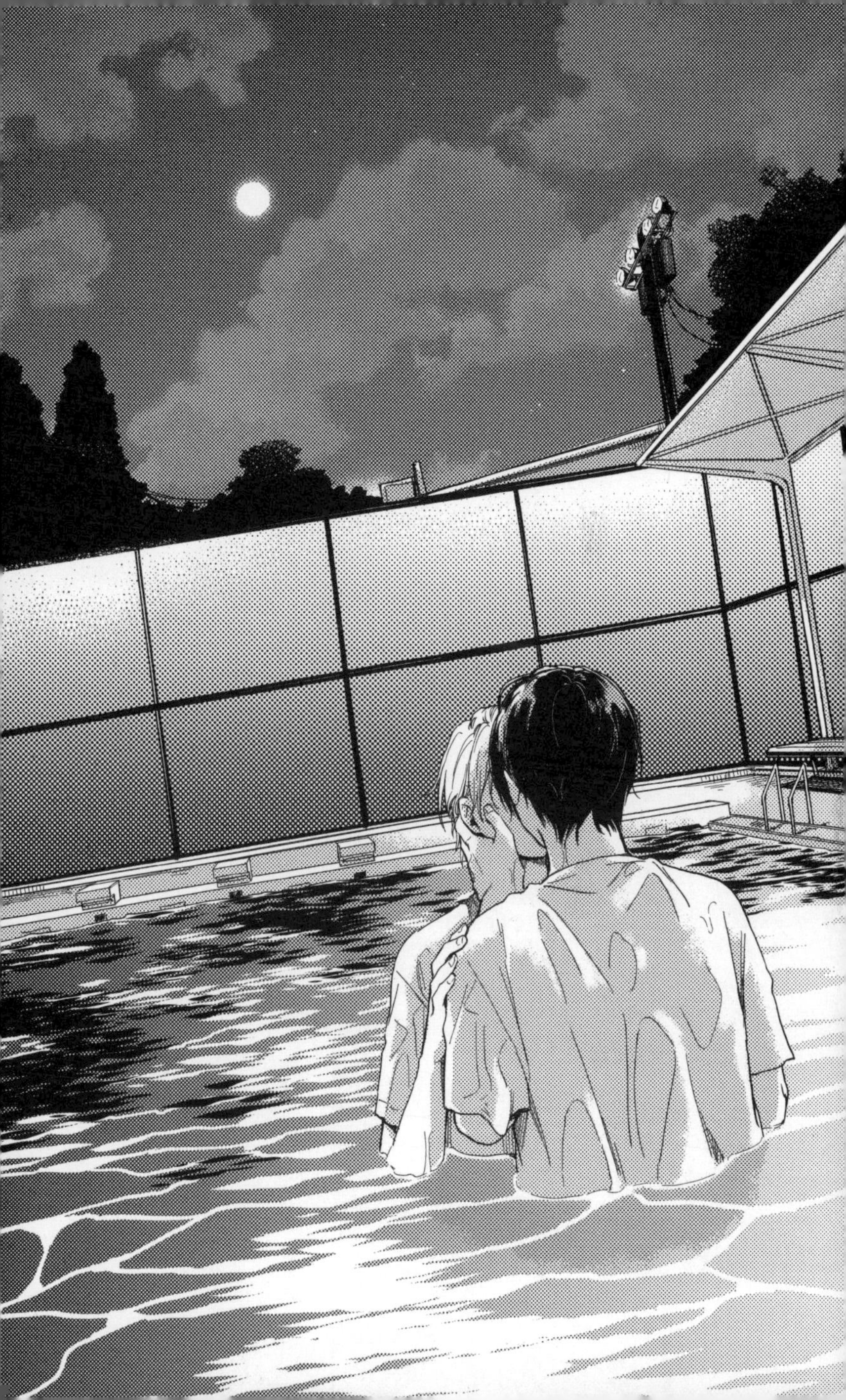

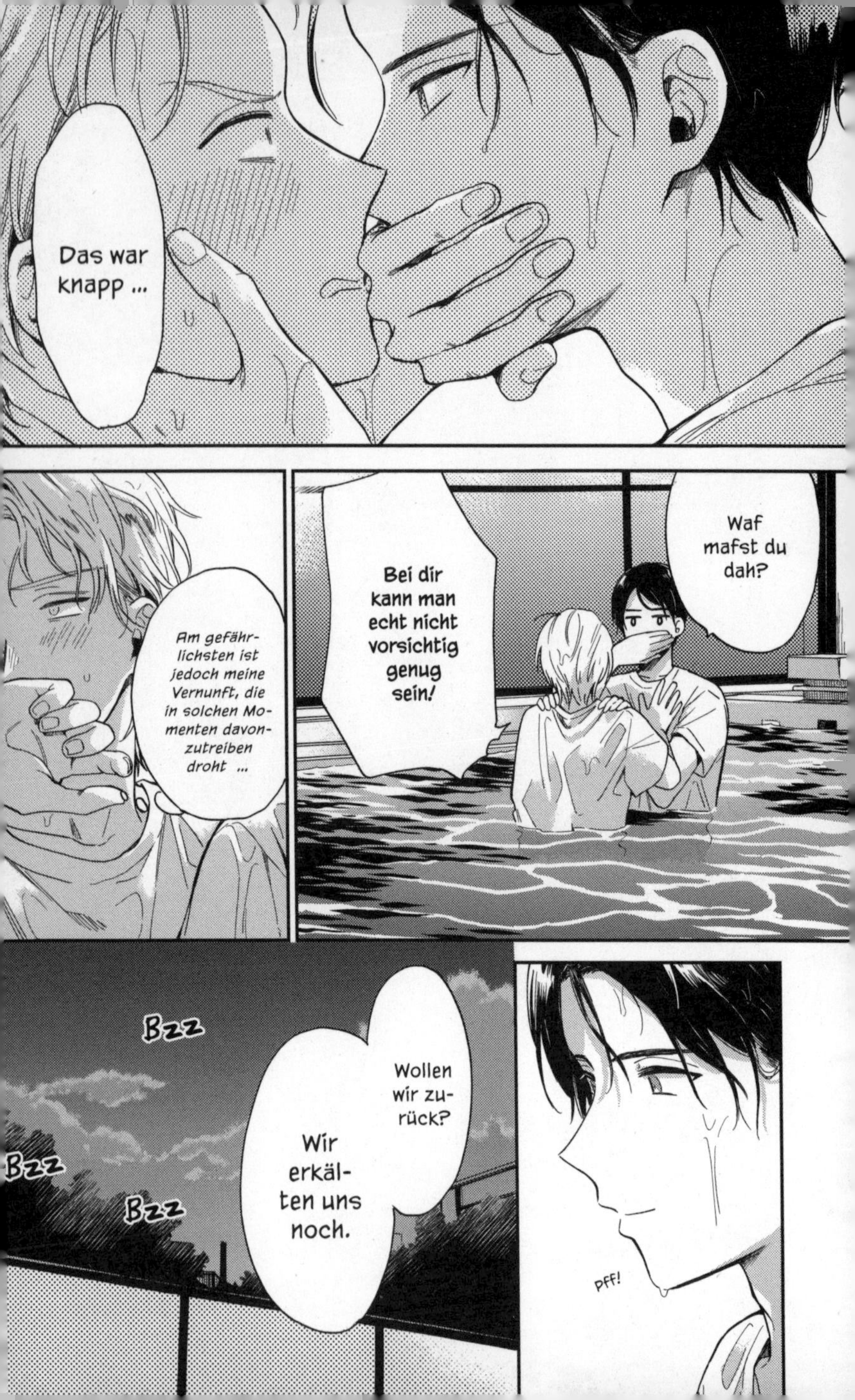
Das war knapp ...
Waf mafst du dah?
Bei dir kann man echt nicht vorsichtig genug sein!
Am gefährlichsten ist jedoch meine Vernunft, die in solchen Momenten davonzutreiben droht ...
Pff!
Wollen wir zurück?
Wir erkälten uns noch.
Bzz
Bzz
Bzz

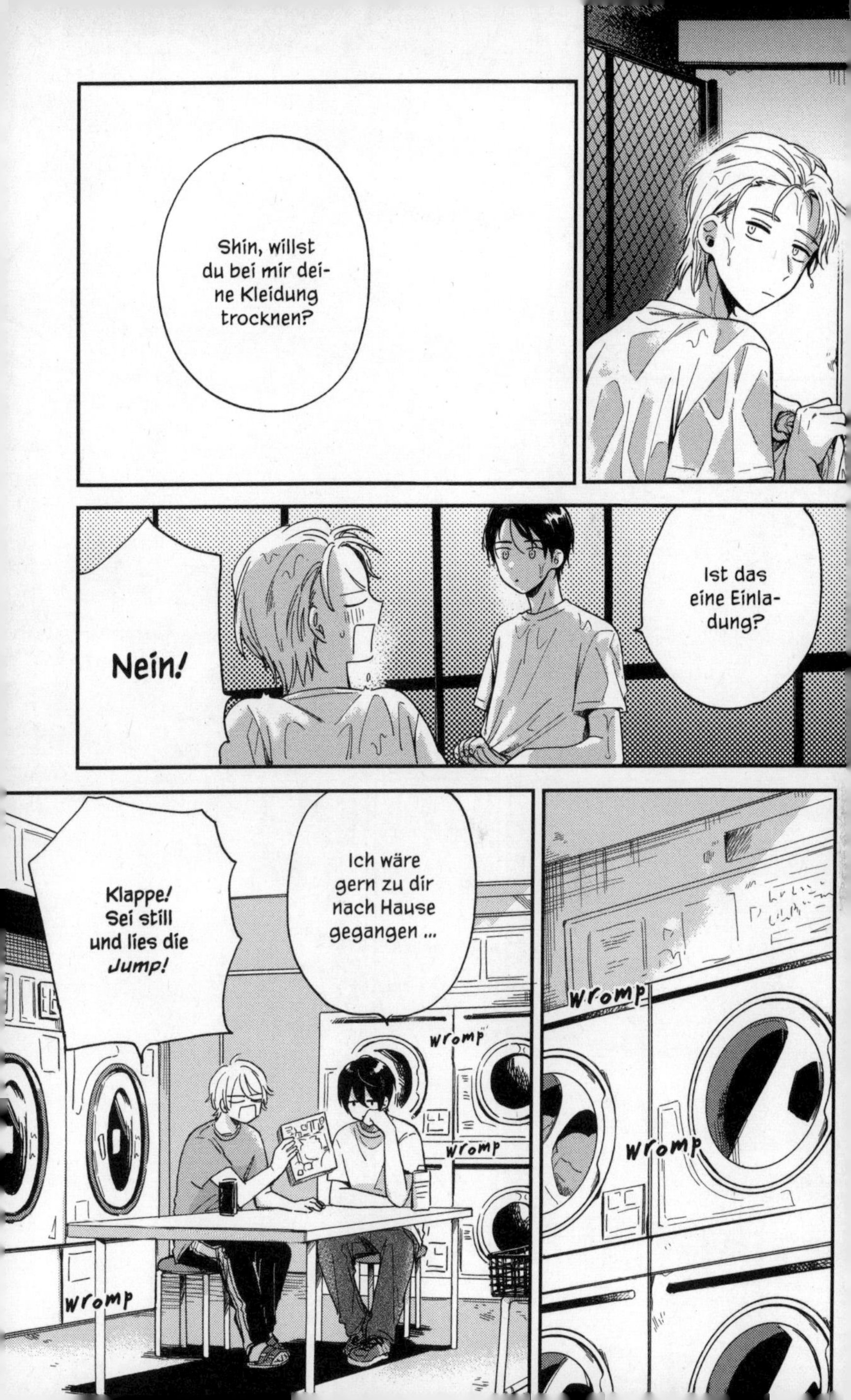
Shin, willst du bei mir deine Kleidung trocknen?
Ist das eine Einladung?
Nein!
Ich wäre gern zu dir nach Hause gegangen ...
Klappe! Sei still und lies die Jump!
Wromp
Wromp
Wromp
Wromp
Wromp

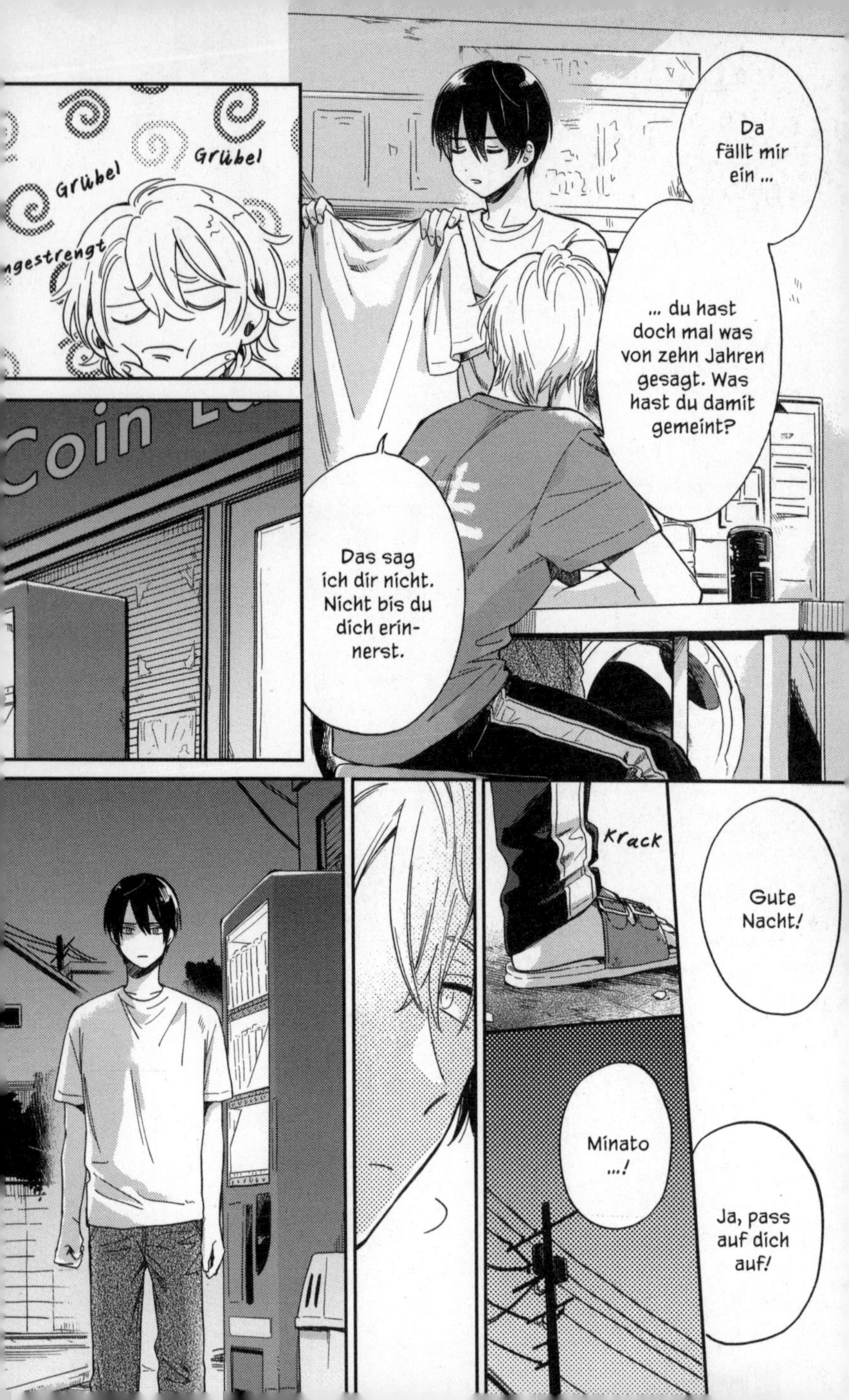
Da fällt mir ein ...
... du hast doch mal was von zehn Jahren gesagt. Was hast du damit gemeint?
Grübel
Grübel
angestrengt
Das sag ich dir nicht. Nicht bis du dich erinnerst.
Coin
Krack
Gute Nacht!
Minato ...!
Ja, pass auf dich auf!

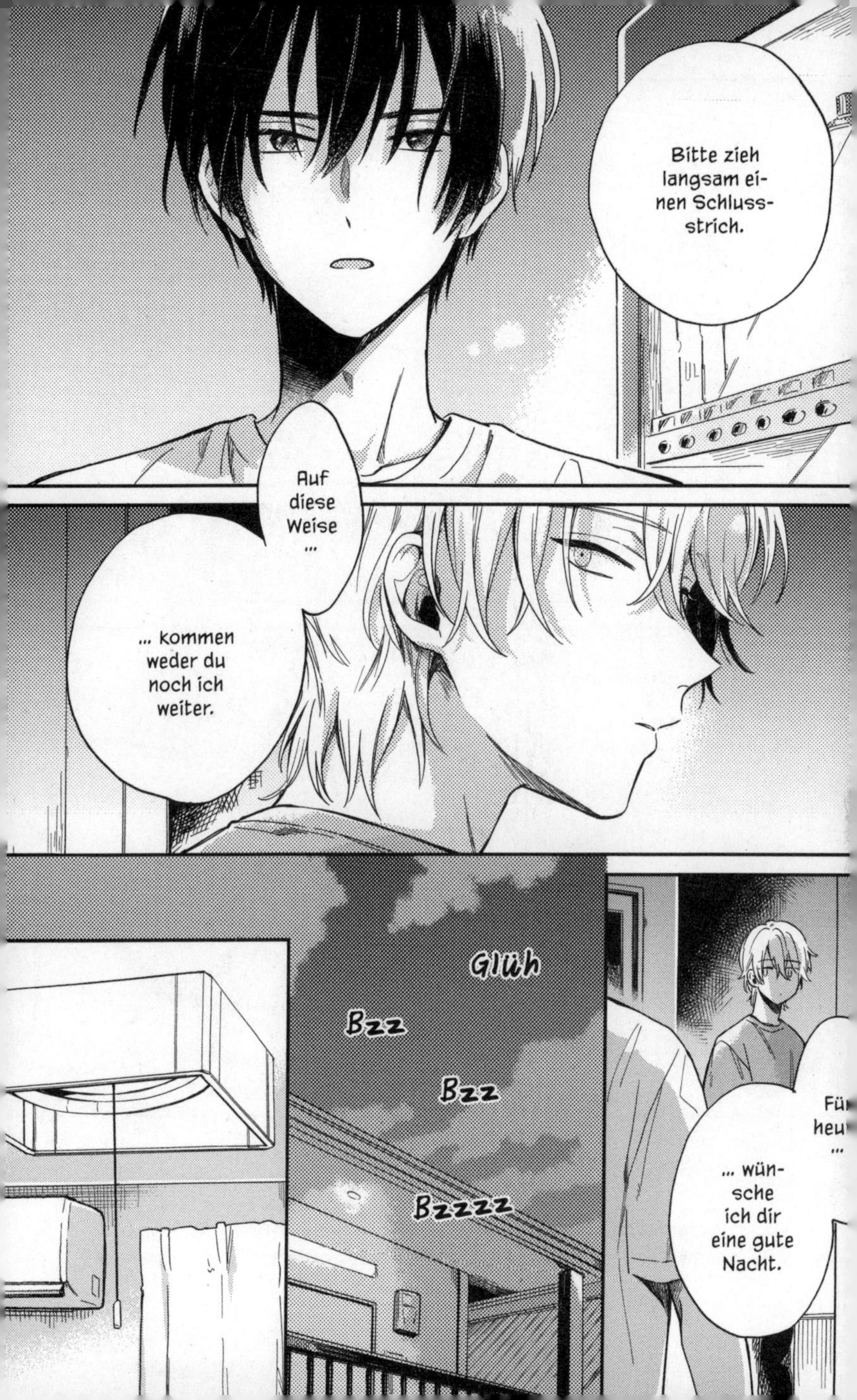
Bitte zieh langsam einen Schlussstrich.
Auf diese Weise ...
... kommen weder du noch ich weiter.
... wünsche ich dir eine gute Nacht.
Glüh
Bzz
Bzz
Bzzzz

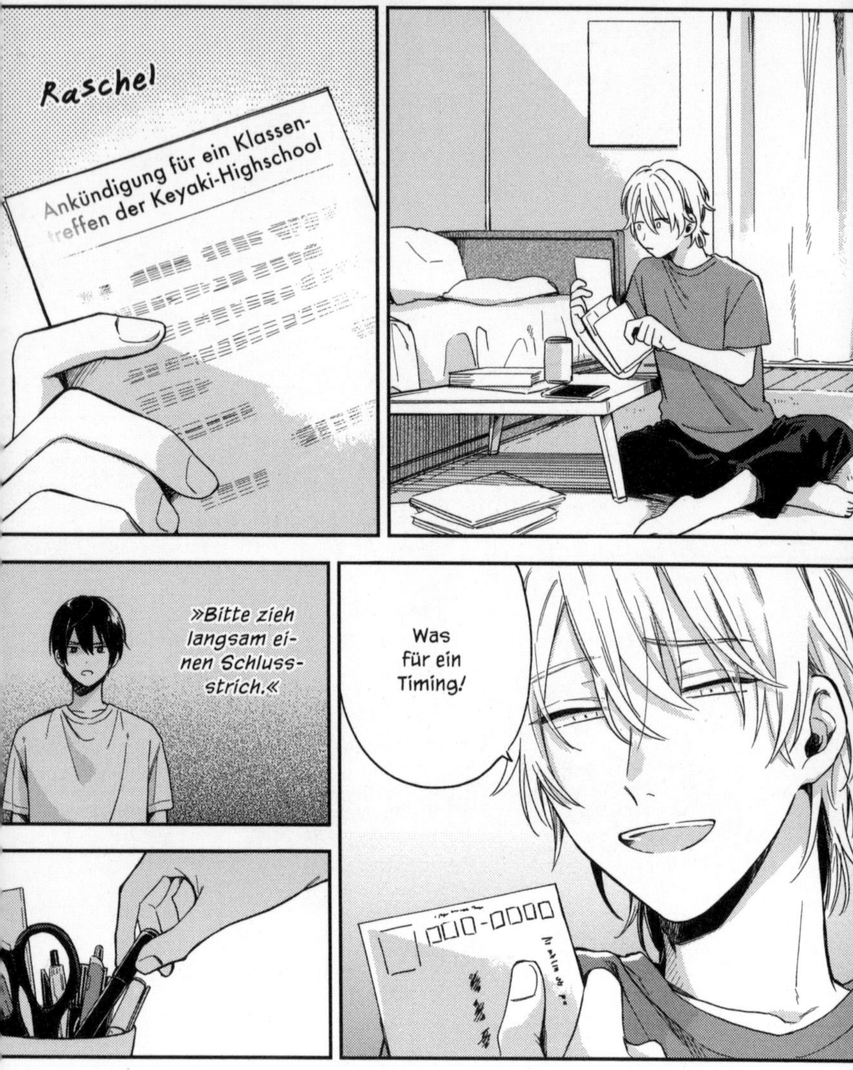

Wir bedanken uns sehr, dass Sie uns immer wieder beehren. Wie planen Sie, den immer noch äußerst heißen September zu verbringen?

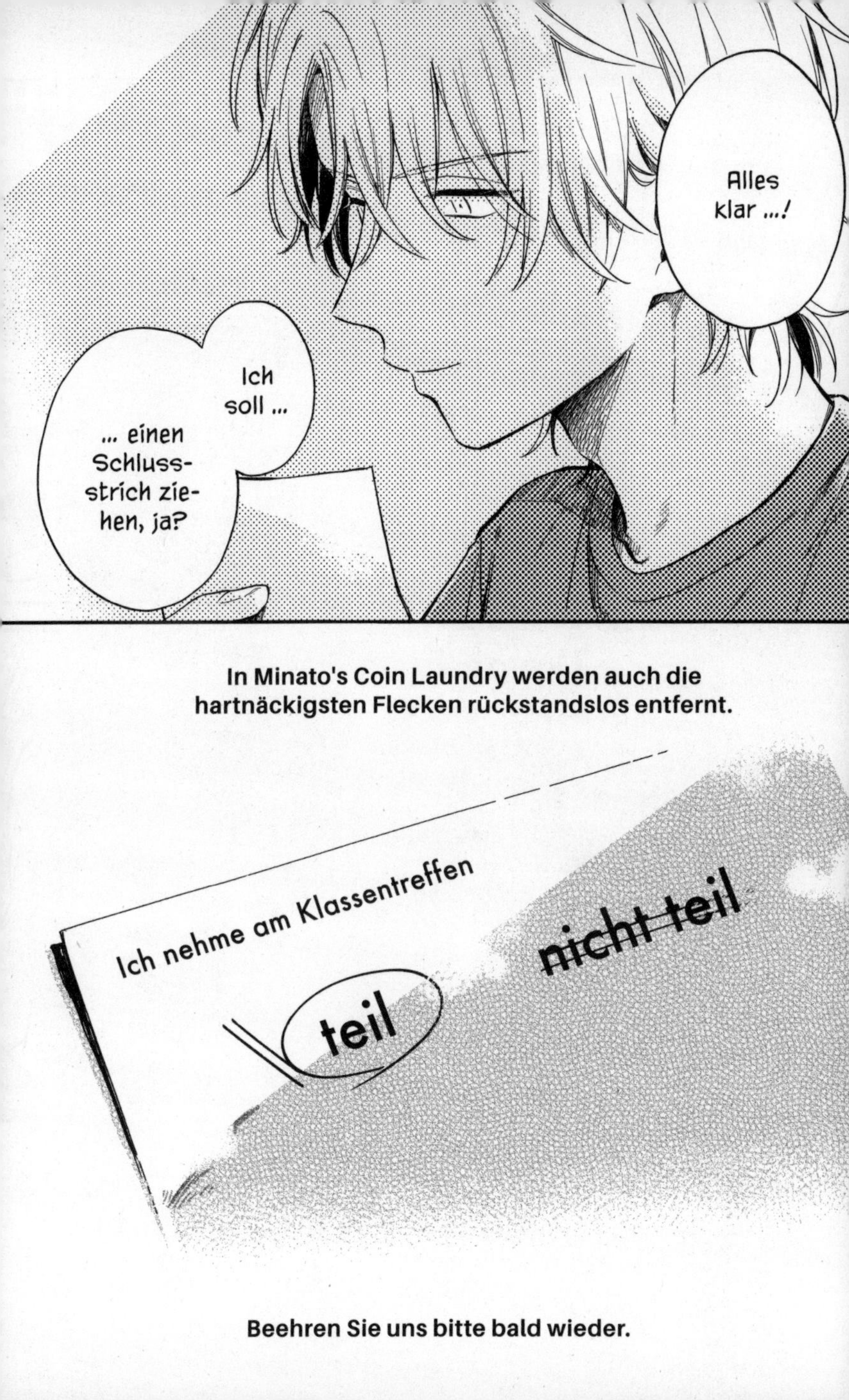
Alles klar ...!
Ich soll ...
... einen Schlussstrich ziehen, ja?
In Minato's Coin Laundry werden auch die hartnäckigsten Flecken rückstandslos entfernt.
Ich nehme am Klassentreffen
teil
nicht teil
Beehren Sie uns bitte bald wieder.

Fortsetzung folgt

Kapitel 1.5 Was ist mit meinem Bruder Shin passiert?!

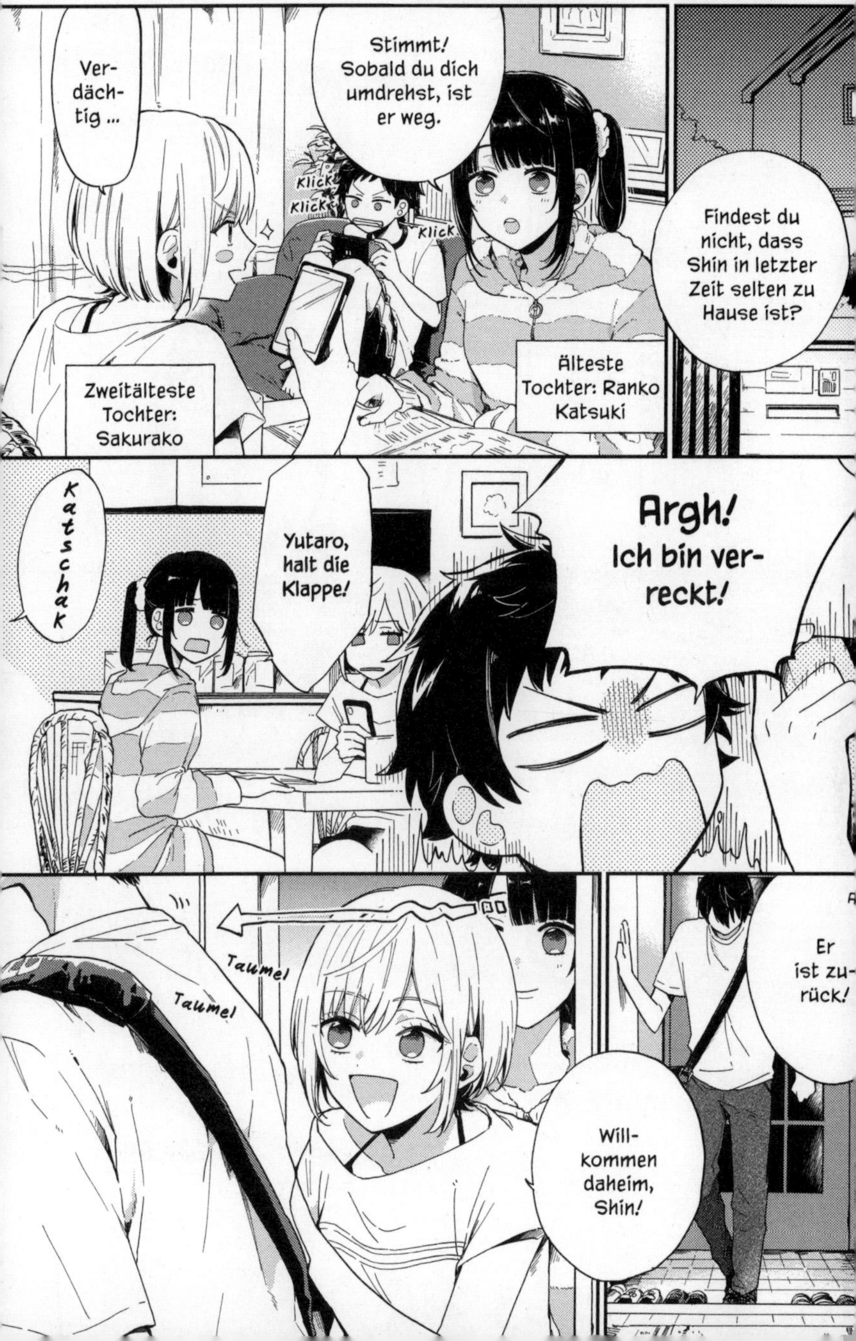

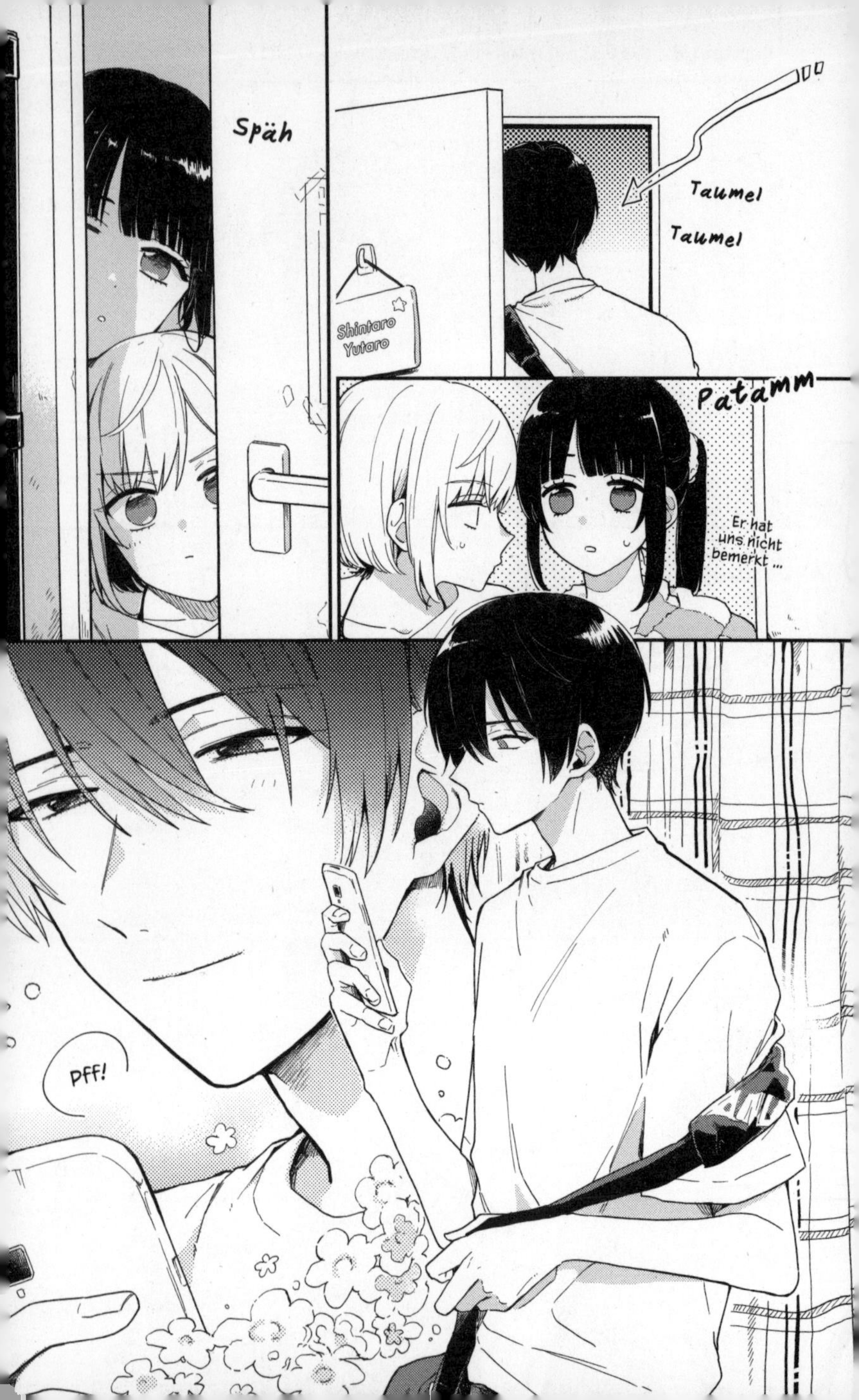
Späh
Shintaro
Yutaro
Taumel
Taumel
Patamm
Er hat uns nicht bemerkt ...
Pff!

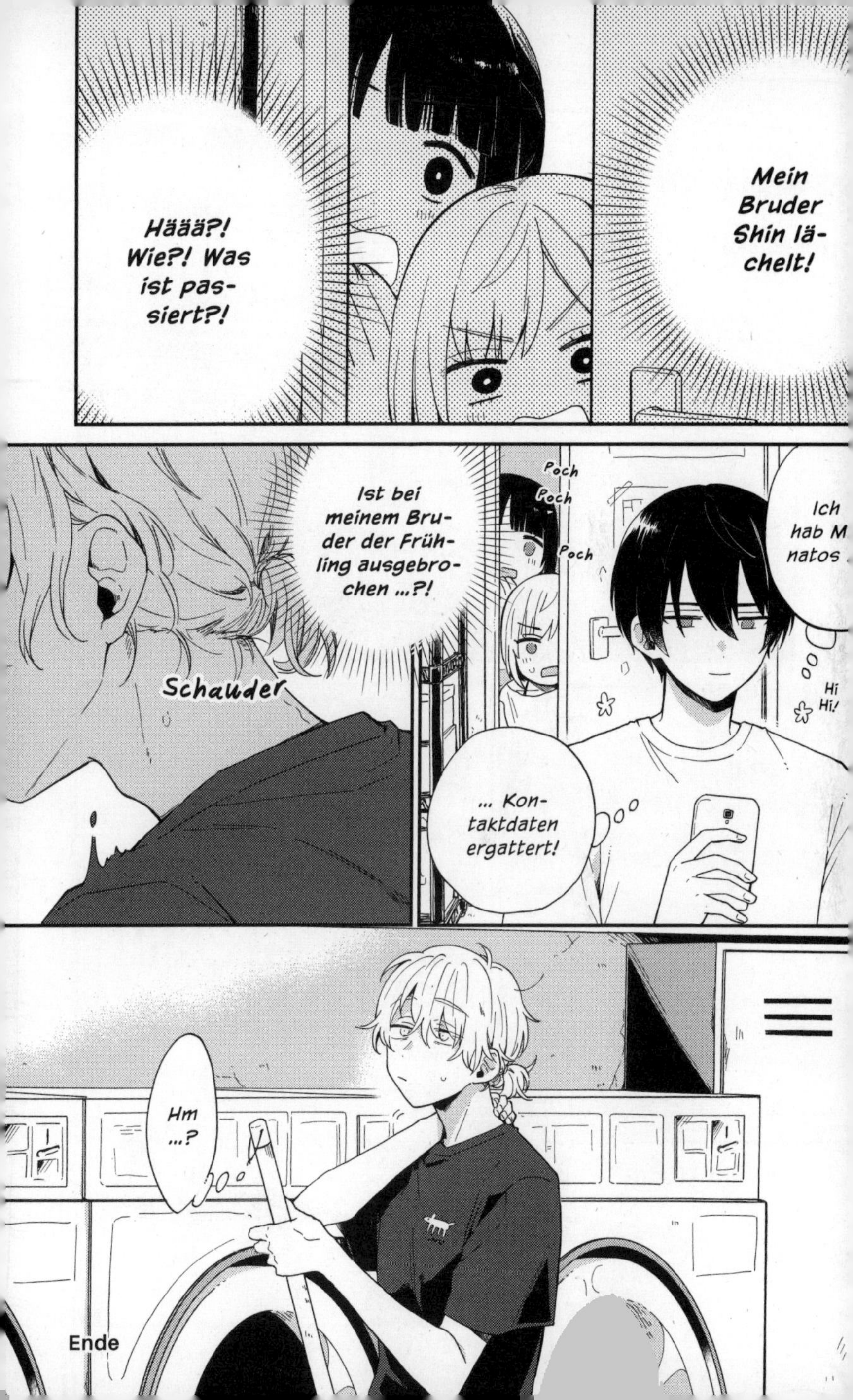
Mein Bruder Shin lä-chelt!
Häää?! Wie?! Was ist pas-siert?!
Ich hab M natos
Hi Hi!
Poch
Poch
Poch
... Kon-taktdaten ergattert!
Ist bei meinem Bru-der der Früh-ling ausgebro-chen ...?!
Schauder
Hm ...?
Ende

Bonus-Manga Nummer 1
Extra zu Neujahr, das nichts mit der eigentlichen Handlung zu tun hat

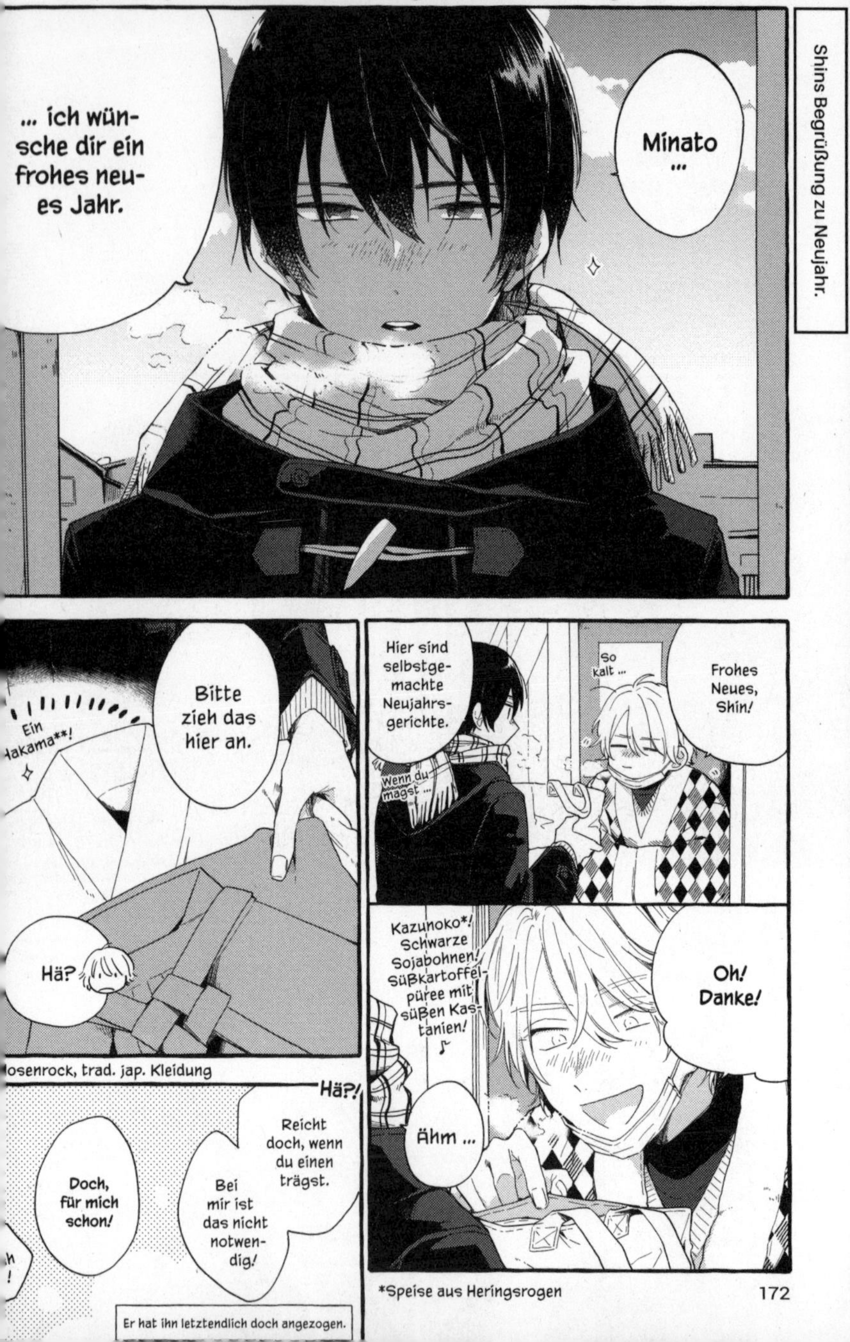

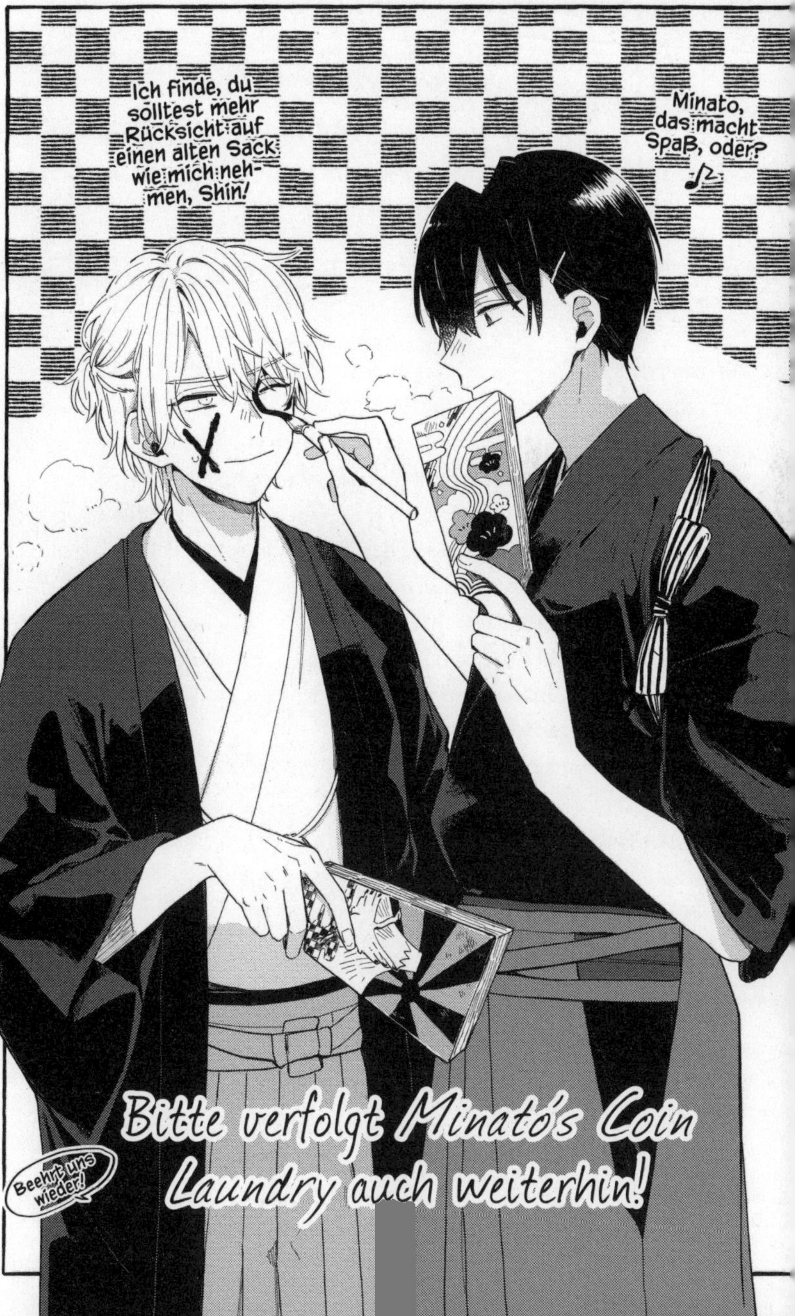
Minato, das macht Spaß, oder? ♪
Ich finde, du solltest mehr Rücksicht auf einen alten Sack wie mich nehmen, Shin!
Bitte verfolgt Minato's Coin Laundry auch weiterhin!
Beehrt uns wieder!

Minato's Coin Laundry

Bonusgeschichte: Morgen und auch übermorgen

Yuzu Tsubaki

Eines Nachmittags erwischten ihn die Worte einer älteren Stammkundin eiskalt:

»Sag mal, Akira, hast du in letzter Zeit zugenommen?«

Die Falten in ihren Augenwinkeln vertieften sich und sie studierte Minatos Gesicht mit einem friedlichen Ausdruck. Minato erschreckte sich dermaßen, dass er den Gamecontroller, den er in den Händen hielt, beinahe fallen ließ.

»Juchhu! Der Sieg ist wieder mein! Du bist so schwach, Akira!«

Riku, der Enkel der alten Dame, brach in fröhliches Gelächter aus. Auf dem Bildschirm flimmerte der besiegte Charakter, den sich Minato ausgesucht hatte.

»Du bist echt stark, Riku.«

»Nicht wahr?!«

Riku lächelte triumphierend. Minato wuschelte ihm durch die Haare und fragte dabei an die Großmutter gewandt:

»W… Wirklich? Findest du wirklich, dass ich zugenommen hab, Omi?«

Sie nickte gemächlich. Seit Minatos Geburt lebte sie in der Nachbarschaft und gehörte zu den Menschen, unter deren liebevollen Blicken Minato heranwuchs. Wenn sie dies also beteuerte, bestand daran kein Zweifel.

Dank der neu installierten Klimaanlage war es im Inneren der Wäscherei angenehm kühl. Draußen sangen die Zikaden wie mit einem Bann belegt weiterhin eifrig ihre Lieder. Im Laden befanden sich lediglich drei Personen: Minato, die Großmutter und deren Enkel.

»Vielleicht bilde ich es mir auch nur ein. Ich hab aber das Gefühl, deine Wangen sind runder geworden.«

Minato befühlte seine Wange. »F... Findest du?« Er verbarg nicht, wie geschockt er war.

»Yay! Dein Bauch ist auch kugelrund geworden, Akira!«, stichelte Riku und formte dabei demonstrativ eine Speckrolle an seinem Bauch.

»Gyah!« Mit diesem kämpferischen Aufschrei umschlang Minato Rikus kleinen Körper blitzartig mit seinen Armen.

»Wie war das?! Nimm das, Riku! Das hast du jetzt davon!«

»Ha ha! Das kitzelt! Hör auf, Akira! Aha ha ha ha!«

Schelmisch kitzelte er Riku weiter.

»I... Ich ergebe mich!« Erst als Riku, der bereits Tränen in den Augen hatte, seine Niederlage anerkannte, ließ Minato endlich von ihm ab.

»Akira, du Blödmann! Stinkender alter Sack!«

Minato blickte grinsend auf dieses kleine, niedlich verärgerte Lebewesen, das lautstark nach Luft japste.

»Ich danke dir, Akira, dass du immer mit ihm spielst.«

»Nicht dafür, Omi! Du hast früher schließlich selbst die ganze Zeit mit mir gespielt.«

»Das stimmt. Damals warst du so niedlich, Akira.«

Erinnerungen an früher spiegelten sich in ihren Augen und sie kicherte. In der Tat war Minato in seiner Kindheit so niedlich gewesen, dass er überall, wo er hinging, für ein Mädchen gehalten wurde. Im Kindergarten war er bei Mädchen wie bei Jungs beliebt. Wenn er so daran zurückdachte, war er damals wohl am beliebtesten gewesen. Während Minato in Erinnerungen an längst vergangene Tage schwelgte, knetete er seinen kugelrunden Bauch und seine Wange.

»Jetzt sieht's halt anders aus. Aber warum hab ich wohl zugenommen?«

»Vielleicht vor lauter Glück? Hast du da möglicherweise wen Nettes kennengelernt, Akira?«

Hinter ihrer Lesebrille blitzten ihre freundlichen Augen Minato neckisch an. Er vertrieb die Gestalt eines gewissen Highschool-Schülers, die urplötzlich in seinem Kopf auftauchte, kopfschüttelnd aus seinen Gedanken.

»D… Du irr… Du irrst dich, Omi! Du bist da zum falschen Schluss gekommen!«

»Ah, Akira! Du bist ja knallrot geworden! Wie peinlich!«

»Was hast du da gesagt?!«

Wie ein Phönix, der sich aus der Asche erhebt, schnappte er sich blitzschnell Riku. Dessen klägliche Schreie hallten noch lange in der kleinen Wäscherei wider.

***

»Ich hab wirklich zugenommen …«

Am Abend befand sich Minato allein im Verwaltungsraum.

»Warum? Warum hab ich plötzlich zugenommen?«

Er dachte über seinen Alltag und Gewohnheiten nach: Liegt's am Alter? Zu wenig Sport? Zu viel Alkohol? Obwohl er sich allerlei Gedanken machte, schien keine Antwort die richtige zu sein. Das Gesicht in den Händen vergraben, drehte er sich auf seinem Bürostuhl.

Und genau als er einmal rum war, erklang ein »Guten Abend!«

Die Tür zum Verwaltungsraum stand offen. Als hätte er vor Kurzem geduscht, kam Shintaro Katsuki mit feuchten Haaren herein, gerade so, als wäre es das Selbstverständlichste auf der Welt.

»Hier ist es schön kühl. Draußen ist es drückend heiß.«

»Ja, in den Nachrichten hieß es, es soll eine schwüle Nacht werden.«

Wenn man einen Blick aus dem Fenster warf, konnte man den riesigen Vollmond sehen.

»Minato, hast du schon zu Abend gegessen? Ich hab Frittiertes mitgebracht.«

»Ach, echt?!«

Minato, der Katsuki beim Auspacken der Lunchbox beobachtete, platzte fast vor Aufregung und hielt dann plötzlich inne.

»L… Liegt es etwa daran …?!«

»Hä?«

Katsuki neigte fragend seinen Kopf zur Seite. Sein Gesichtsausdruck machte deutlich, dass er keine Ahnung hatte, worum es ging.

»Was heißt hier ›Hä‹?! Deine teuflisch leckeren Gerichte sind schuld daran, dass ich Fettpölsterchen ansetze!«

Katsuki unterbrach seine Vorbereitungen und starrte Minato an.

»Fettpölsterchen … Hat jemand was zu dir gesagt?«

»Und ob! Die Omi aus der dritten Straße! Sie meinte, meine Wangen wären runder geworden!«

Katsuki war sprachlos. Er starrte Minato regelrecht Löcher in den Bauch, sodass dieser seinen Oberkörper unbewusst etwas abwandte. Katsuki musterte Minato eine Weile von Kopf bis Fuß und stieß einen tiefen Seufzer aus.

»Entschuldige bitte, Minato.«

Minato erschrak, als er Katsuki mit hängendem Kopf dastehen sah.

»Äh, ah, hey … S… Shin? Wenn du dich so entschuldigst, komm ich mir richtig kindisch vor.«

»Es ist aber meine Schuld. Ich fand's so furchtbar niedlich, wie du alles mit Genuss in dich reingestopft hast, dass ich dich viel zu sehr verwöhnt hab.«

»Hey, hey! Was soll diese Ausdrucksweise?«

»Fürs Erste nehm ich das hier mal wieder mit.«

Katsuki stopfte die Lunchbox zurück in seine Tasche. Ruckartig stand er auf, griff nach der Türklinke und sagte: »Ich komm ein anderes Mal wieder, Minato.«

»Shin! Warte! Warte! Hey! «

Minato sprang auf und griff nach Katsukis Handgelenk. Katsuki blickte mit einem überraschten Gesichtsausdruck auf Minato.

»Was ist los?«

Immer noch stieg aus Katsukis Tasche der köstliche Duft von frittiertem Essen empor. Bei diesem verlockenden Duft begann Minatos Magen lautstark zu knurren.

»Ich ess es …«

Als Minato das sagte, weiteten sich Katsukis Augen. »Muha ha!« Er brach in unbefangenes Gelächter aus.

***

»Na, dann hau ich mal rein!«

»Bitte, greif zu.«

Minato klatschte nur für einen Sekundenbruchteil die Hände zusammen und öffnete dann den Deckel der riesigen, doppelstöckigen Lunchbox. Wie immer war ihr Inhalt so farbenfroh wie vielfältig und sah unheimlich lecker aus. Als Erstes streckte er seine Essstäbchen nach den frittierten Speisen aus. Ob er alles direkt nach dem Frittieren hier rübergebracht hat? Es war noch warm, als Minato hineinbiss. Fleischsaft ergoss sich ins Innere seines Mundes und er fing unbewusst an zu grinsen.

»Das hier sieht auch so lecker aus!«

Die Onigiri, kombiniert mit knusprigen Pflaumen und frittierten kleinen Fischen, hatten die perfekte Säure und waren somit ideal für den Sommer. Auch der mit Erdnüssen verfeinerte Spinat und das in Sake gegarte Gemüse waren zum Niederknien.

»Hach, wie lecker … Das ist echt das Beste!«

»Das freut mich«, sagte Katsuki, während seine Mundwinkel sich unscheinbar anhoben und er Gerstentee in ein Glas eingoss. Als Minato dachte, dass er auch gerne was trinken würde, wurde prompt das Glas vor seine Nase gestellt. Lautstark schluckte er den kalten Gerstentee mit gemischten Gefühlen herunter.

»Danke fürs Essen! Oje, ich hab mich total vollgefressen! Ich kann mich kein Stück bewegen!«

Minato lehnte sich schlapp in seinem Stuhl zurück und genoss gedankenverloren sein Glück.

»Oh Mann, ich sollte mich vielleicht in einem Fitnessstudio anmelden … mit diesem kugelrunden Bauch …«

Als Minato seinen fülligen Bauch betastete, kicherte Katsuki vor sich hin.

»Du befindest dich doch noch nicht auf einem Bereich, der gesundheitsschädlich wäre. Ist doch alles okay, oder nicht?«

»Tu nicht so, als hättest du nichts damit zu tun!«

»Ich stör mich halt nicht dran.«

Minato fand, dass Katsuki ein seltsames Lächeln auf den Lippen hatte und verpasste ihm einen leichten Tritt.

»Hör auf zu grinsen, du Schönling!«

»Ich grinse nicht! Und übrigens liebe ich dich sowohl mit Waschbrettbauch wie zu deiner Highschool-Zeit als auch mit dem Schwabbelbauch eines Dreißigjährigen, Minato.«

Bei Katsukis Worten musste Minato schlucken. Da Katsuki ihm ständig seine Liebe beteuerte, fing er an, sich Sorgen zu machen, ob das alles noch in Ordnung war. Er fragte sich, ob Katsukis Zuneigung mit jeder Äußerung an Stärke verlor oder gewann. Würde er jedoch nachhaken, würde er sich wahrscheinlich nur noch mehr unnötige Probleme einhandeln.

»Mann! Sag gefälligst nicht schwabbelig!«

Minato ließ sich sein Gedankenchaos nicht anmerken und konterte Katsukis Stichelei. Katsuki stützte sein Gesicht mit seinen Händen auf dem Schreibtisch ab und schaute fragend hinüber.

»Ich dachte mir, dass es von Zeit zu Zeit nicht schaden kann und hab ein Dessert zubereitet. Was machen wir jetzt damit? Willst du lieber darauf verzichten?«

»Ich ess es!«, antwortete Minato ohne zu zögern.

Aus seiner Kühltasche fischte Katsuki einen durchsichtigen Behälter mit Wackelpudding. Die obere Schicht bestand aus einem so intensiven Blau, dass es einem regelrecht in die Augen stach, und die untere Schicht war milchig weiß. Minato hatte nicht die leiseste Ahnung, wie Katsuki es geschafft hatte, zwei so wunderschöne Schichten zu kreieren.

»Wahnsinn! Wie schön! Bist du ein Genie, oder was?!«

Voller Begeisterung starrte Minato den Wackelpudding an. Die Oberfläche des Wackelpuddings funkelte wie das Meer im Sommer.

»Ich hab mir eine Videoanleitung im Netz angeguckt und mich daran gehalten. Das kriegt jeder hin.«

Katsuki war nicht einfach nur bescheiden, er dachte wirklich so. Alles ohne Probleme hinkriegen zu können, ist das etwa ein Charakterzug von heißen Kerlen?

»Es ist nicht so süß. Möchtest du probieren?«

Die blaue Schicht schmeckte nach Limonade und die untere Schicht nach Sauermilch. Der Pudding war genau nach Minatos Geschmack. Es war typisch Katsuki, ihn zwischen Kühlakkus eingepackt mitzubringen. Angenehm gekühlt ließ sich er sich problemlos runterschlingen, Minato hätte endlos weiteressen können.

»Das ist so lecker! Danke, Shin!«

Als Minato Katsuki mit entspanntem Gesichtsausdruck anblickte, rieb sich dieser den Nacken und blinzelte zufrieden wie eine Katze.

»Dummkopf! Was machst du so ein zufriedenes Gesicht?!«

»Na weil ich glücklich bin.«

Auf Katsukis Worte hin hielt Minato kurz inne. Doch dann legte er einen lässigen Gesichtsausdruck auf und löffelte seinen blauen Wackelpudding.

»Ihn zuzubereiten, dabei an dich zu denken und dich dann zufrieden essen zu sehen, all das macht mich glücklich, Minato. Ich möchte morgen, übermorgen, bis zu meinem Tod für immer mit dir zusammen sein. So denke ich jedenfalls. Ich bin bereit, alles dafür zu tun.«

Minato hatte das Gefühl, seine Körpertemperatur sei um ein, zwei oder sogar drei Grad angestiegen. Er fragte sich, ob es sich hierbei um einen jugendlichen Impuls oder die Verbissenheit handelte, die Katsuki vom ersten Moment an an den Tag legte.

Sag solche Dinge nicht so plötzlich, du mit deinem hübschen Gesicht! Auf diese Weise raubst du mir ja regelrecht den Atem.

»Minato …?«

Minato schlang den Wackelpudding eilig hinunter.

»Danke fürs Essen! Es war unheimlich lecker!«, sagte Minato und stellte sein Glas weg. Katsuki, der zufrieden nickte, fing direkt an abzuräumen.

Was heißt hier weniger süß?!, motzte Minato in seinen Gedanken über Katsuki. Dessen zum Dahinschmelzen süßen Worte waren für alle Ewigkeit in Minatos Herzen verankert und hatten nicht vor zu verschwinden.

Er ist ein Highschool-Schüler. Er ist ein Highschool-Schüler. Er ist ein Highschool-Schüler, rezitierte Minato wie ein Mantra. Kann mich bitte mal jemand für die Selbstbeherrschung loben, die ich bis jetzt demonstriert hab?!

Draußen leuchtete der gewaltige Vollmond. Auch morgen würde es wohl glühend heiß werden.

»Minato, wie wär's morgen mit einer Reisschale mit Schweinefleisch und Kimchi?«, fragte Katsuki mit einem selbstzufriedenen

Lächeln, als hätte er gerade hundert Punkte erreicht. Minato sah auf seinen Bauch, griff sich an die runden Wangen und starrte Katsuki an.

»Magst du Reis mit Schweinefleisch und Kimchi nicht?«

Minato empfand gerade einen ziemlichen Hass auf diesen heißen Kerl, der offensichtlich versuchte sich ein Lachen zu verkneifen. »Als ob ich's nicht mögen würde! Shin, du Dummkopf! Idiot!«, keifte Minato. Seine Stimme war so hoch, als wäre er kurz vorm Heulen, nachdem es ihm zuvor die Sprache verschlagen hatte.

Für heute hat Minato's Coin Laundry seine Pforten geschlossen. Bitte beehren Sie uns morgen wieder.

Ende

Nachwort der Autorin

Ich bedanke mich ganz herzlich, dass ihr *Minato's Coin Laundry* erworben habt. Ich bin die Autorin Yuzu Tsubaki.

Es kommt vielleicht überraschend, aber in der Nähe meines Zuhauses befindet sich ein alter Waschsalon. Er ist wirklich winzig. Wenn fünf Erwachsene ihn gleichzeitig betreten würden, wäre es ein Ding der Unmöglichkeit, einen angemessenen Abstand zueinander einzuhalten.

Zu der Zeit, als ich mir Gedanken über einen Beitrag zum Manga-Wettbewerb für Newcomer machte, der von *Gene-Pixiv* zum Thema *Boys Love voller Herzklopfen, die euch durchrütteln* veranstaltet wurde, kam mir direkt dieses Szenario in der Wäscherei in den Sinn:

An einem glühend heißen Sommertag zirpen die Zikaden und ein Trockner brummt vor sich hin. Die Tür ist geöffnet und in Inneren sitzt ein Junge mit ernstem Gesicht, der in der *Jump* liest. Im Verwaltungsraum nebenan sitzt ein Mann Anfang dreißig, der Kreuzworträtsel löst.

Diese Idee nahm mich komplett ein. Ich hätte mir während des Schreibens nie ausgemalt, dass Minato und Shin in einem Manga zum Leben erweckt werden würden.

Diese Geschichte hätte ich allein niemals zustande gebracht. Ich habe es Sawa Kanzume, meinem leitenden Redakteur, sowie allen Beteiligten zu verdanken, dass das Werk in dieser perfekten Form in die Welt hinausgeht. Ich bin unglaublich dankbar.

Mehr als alles andere möchte ich mich aber bei euch, den Leserinnen und Lesern, aus tiefstem Herzen bedanken. Vielen herzlichen Dank! Dieser BL voller durchrüttelnder Gefühle wird noch eine Weile weitergehen. Ich glaube fest daran, dass wir uns im nächsten Band wiedersehen … Ich wäre jedenfalls überaus glücklich, wenn ihr bis zum Schluss dabei seid.

Yuzu Tsubaki

Wash
my heart!

Das »Ich liebe dich«-Spiel Bonus-Manga Nummer

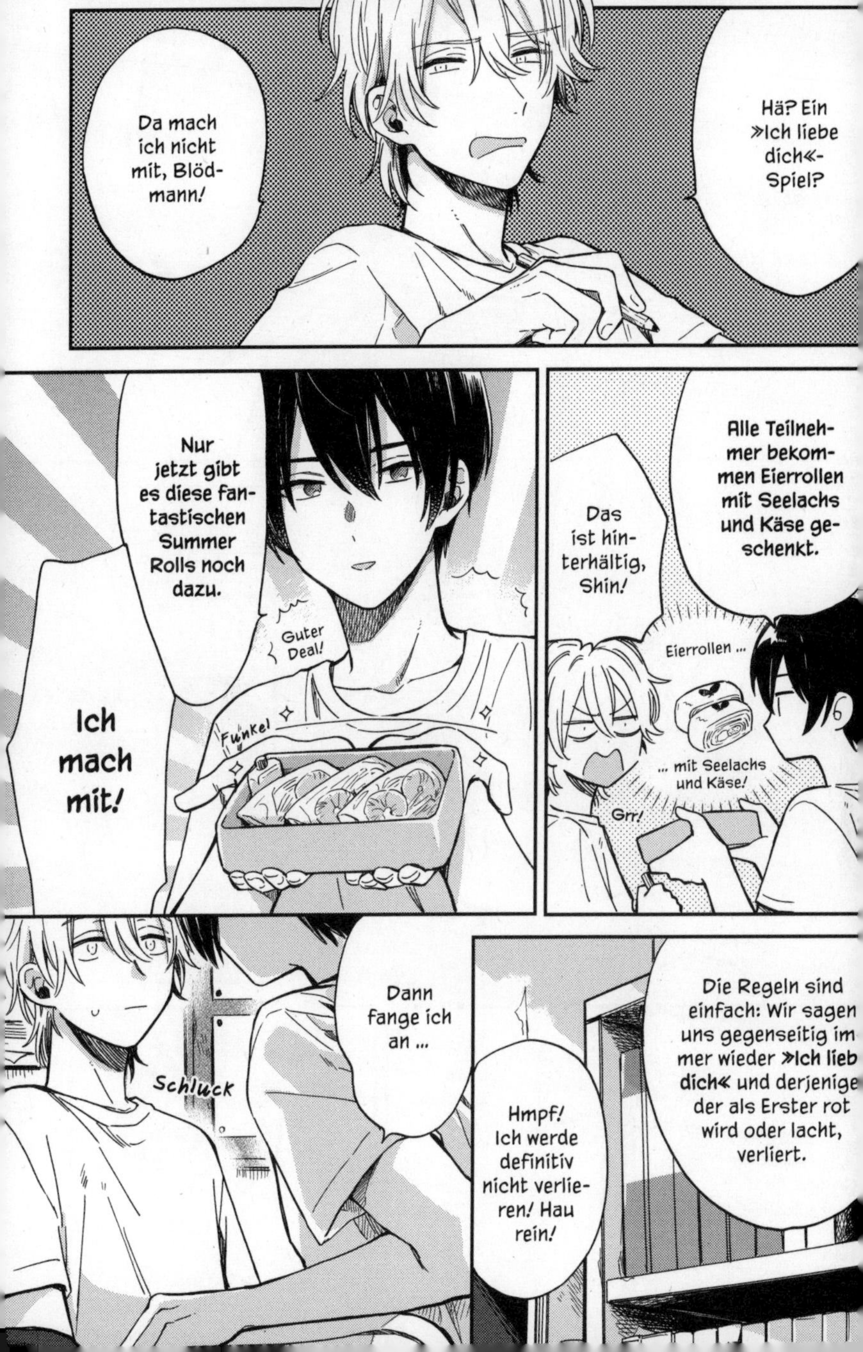

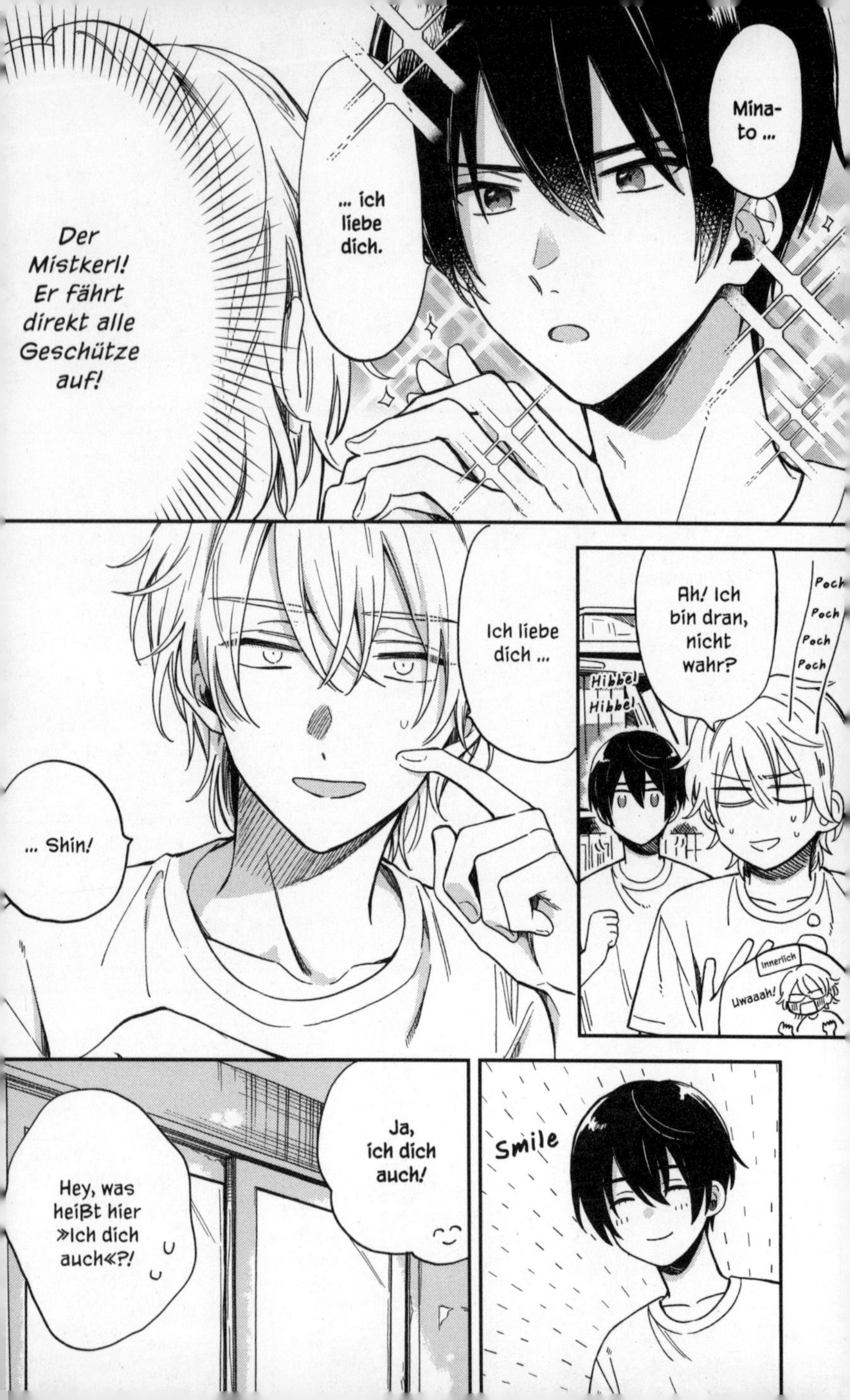
Mina- to ...
... ich liebe dich.
Der Mistkerl! Er fährt direkt alle Geschütze auf!
Poch Poch Poch Poch
Ah! Ich bin dran, nicht wahr?
Hibbel Hibbel
Innerlich
Uwaaah!
Ich liebe dich ...
... Shin!
Smile
Ja, ich dich auch!
Hey, was heißt hier »Ich dich auch«?!

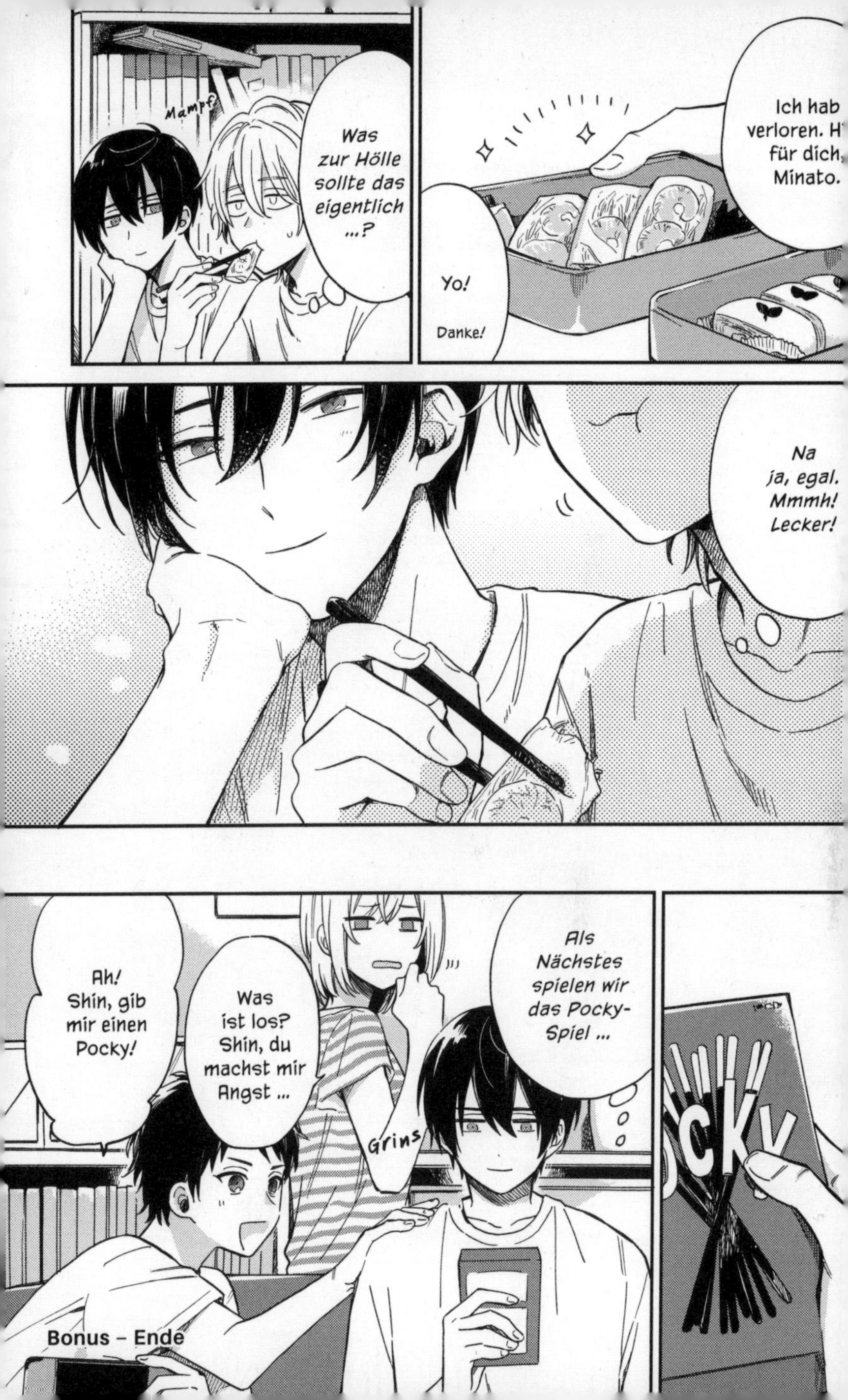
Ich hab verloren. Hi für dich, Minato.
Yo!
Danke!
Was zur Hölle sollte das eigentlich ...?
Mampf
Na ja, egal. Mmmh! Lecker!
POCKY
Als Nächstes spielen wir das Pocky-Spiel ...
Grins
Was ist los? Shin, du machst mir Angst ...
Ah! Shin, gib mir einen Pocky!
Bonus – Ende

Nachwort

Ich bin Sawa Kanzume, die Zeichnerin von Minato's Coin Laundry. Wir haben den ersten Band erfolgreich veröffentlicht! Ich freu mich!
Da dies meine erste Manga-Adaption einer literarischen Vorlage war, musste ich die ganze Zeit nach dem Trial-and-Error-Prinzip zeichnen. Die von Frau Tsubaki erdachte Handlung (also die Romanvorlage) ist echt gut, nicht wahr …? Ich hab mir echt Sorgen gemacht, ob ich die fantastische Atmosphäre oder das besondere Gefühl der Distanz zwischen den beiden im Manga wiedergeben kann. Aber ich hab auf meine Art mit vollem Einsatz vor mich hin gezeichnet. Ich würde mich freuen, wenn euch der Manga unterhalten hat.
Auch wenn's zum Heulen ist, aber einige Szenen mussten gestrichen werden, entsprechend würde es mich freuen, wenn ihr den Roman zum Vergleich hinzuzieht!

Da ich selbst nicht weiß, wie die Geschichte weitergeht, freue ich mich auf die weitere Entwicklung! Ich möchte gerne zusammen mit euch Leserinnen und Lesern die aufregende Geschichte der beiden weiterverfolgen.

Zum Schluss möchte ich mich bei allen bedanken, die diesen Manga erworben und bis hierhin gelesen haben. Ich würde mich freuen, wenn wir uns wiedersehen!

Special Thanks

Kadokawa Media Factory, Gene-Pixiv, meinen Vorgesetzten, den Designern, meiner Mutter, meinen Freunden, allen Lesern und Yuzu Tsubaki

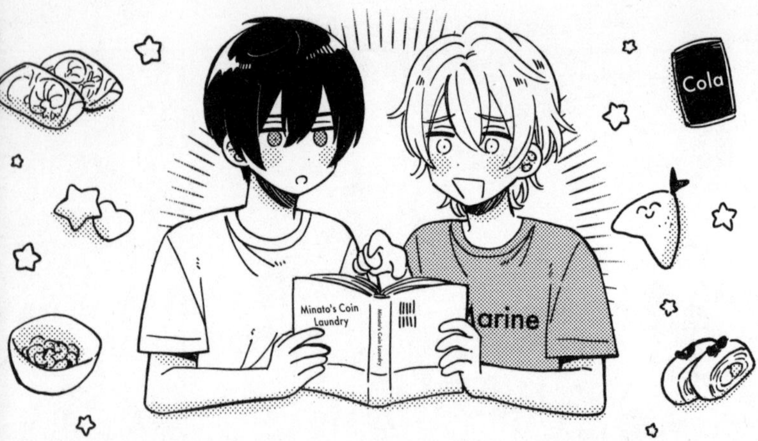

Minato's
Coin Laundry

Kommentare

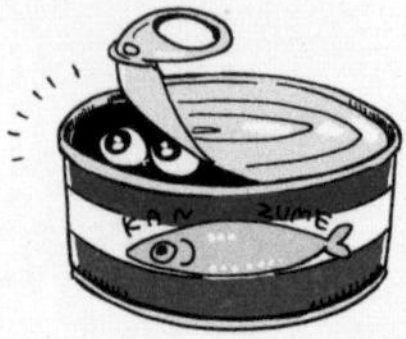

In letzter Zeit muss ich jedes Mal, wenn ich eine Wäscherei sehe, an die beiden Jungs denken. Ich würde mich freuen, wenn der Charme der beiden im Manga zumindest ein bisschen rüber-gekommen ist.

Sawa Kanzume

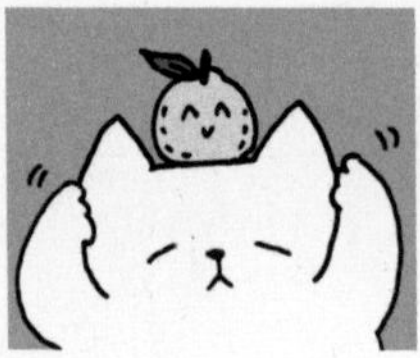

Der erste Band ist vollendet!
Vielen herzlichen Dank! Es würde mich freuen, wenn ihr weiterhin mitfiebert, wie die wiederkehrenden Herzklopfmomente das Leben von Shin und Minato durchrütteln.

Yuzu Tsubaki

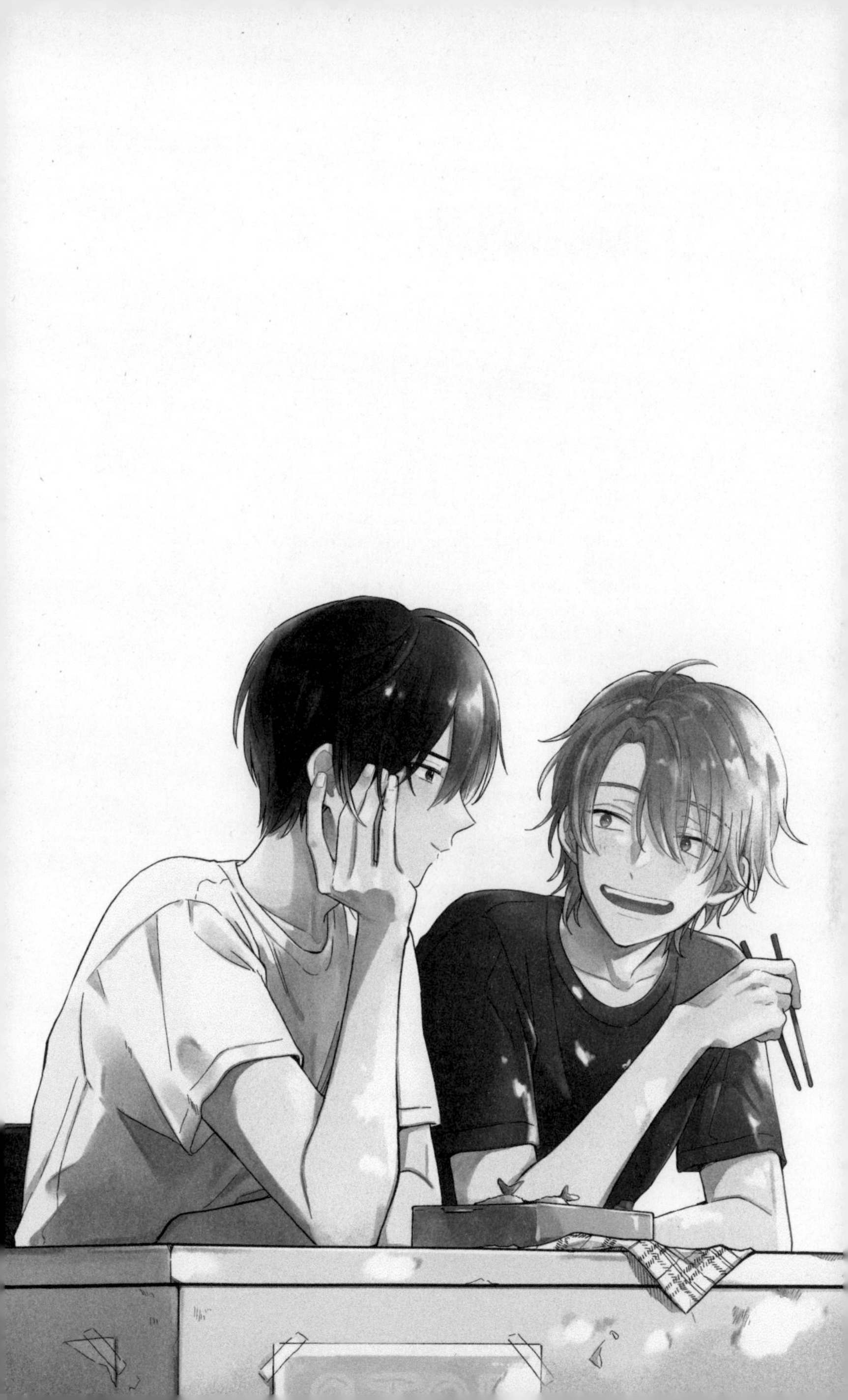

TOKYOPOP GmbH
Hamburg

TOKYOPOP
2. Auflage, 2023
Deutsche Ausgabe/German Edition

Aus dem Japanischen von Iga Marta Handtke

MINATO SHOJI COIN LAUNDRY Vol.1

First published in Japan in 2020 by
KADOKAWA CORPORATION, Tokyo,
German translation rights arranged with
KADOKAWA CORPORATION, Tokyo
through TUTTLE-MORI AGENCY, INC., Tokyo.
Original cover design:
Cho Kyufa + Kawatani Yasuhisa (kawatanidesign)

Redaktion: Lisa Duty
Lettering: Vibrant Publishing Studio
Herstellung: Alina Kronenberg
Druck und buchbinderische Verarbeitung:
CPI – Clausen & Bosse GmbH, Leck
Printed in Germany

MIX Papier FSC® C083411

Wir achten auf die Umwelt.
Dieses Produkt besteht aus FSC®-zertifizierten und anderen kontrollierten Materialien.

ISBN 978-3-8420-7366-1

www.tokyopop.de

Minato's
Coin Laundry

STOPP!

Dies ist die letzte Seite des Buches!
Du willst dir doch nicht den Spaß verderben
und das Ende zuerst lesen, oder?

Um die Geschichte unverfälscht und originalgetreu mitverfolgen zu können, musst du es wie die Japaner machen und von rechts nach links lesen. Deshalb schnell das Buch umdrehen und loslegen!

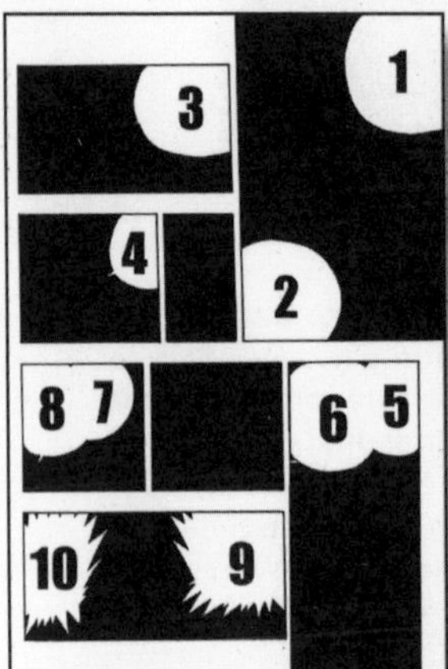

So geht's:

Wenn dies das erste Mal sein sollte, dass du einen Manga in den Händen hältst, kann dir die Grafik helfen, dich zurechtzufinden: Fang einfach oben rechts an zu lesen und arbeite dich nach unten links vor. Viel Spaß dabei wünscht dir TOKYOPOP®!